"十二五"普通高等教育本科国家级规划教材

21世纪广播电视专业实用教材
广播电视专业"十三五"规划教材

TELEVISION INTERVIEWING & REPORTING

电视采访（第3版）

融合报道中的人、故事与视角

曾祥敏 著

中国传媒大学出版社
·北京·

图书在版编目(CIP)数据

电视采访:融合报道中的人、故事与视角 / 曾祥敏著. --3版. --北京:中国传媒大学出版社,2018.6(2023.12重印)

ISBN 978-7-5657-2305-6

Ⅰ.①电… Ⅱ.①曾… Ⅲ.①电视工作—新闻采访 Ⅳ.①G222.1

中国版本图书馆CIP数据核字(2018)第060344号

电视采访:融合报道中的人、故事与视角(第3版)
DIANSHI CAIFANG:RONGHE BAODAO ZHONG DE REN、GUSHI YU SHIJIAO(DI-SAN BAN)

著　　者	曾祥敏
策划编辑	李水仙
责任编辑	李水仙
封面制作	泰博瑞国际文化传媒
责任印制	李志鹏
出版发行	中国传媒大学出版社
社　　址	北京市朝阳区定福庄东街1号　　邮　编　100024
电　　话	86-10-65450528　65450532　　传　真　65779405
网　　址	http://cucp.cuc.edu.cn
经　　销	全国新华书店
印　　刷	三河市东方印刷有限公司
开　　本	787mm×1092mm　1/16
印　　张	17.75
字　　数	365千字
版　　次	2018年6月第3版
印　　次	2023年12月第5次印刷
书　　号	ISBN 978-7-5657-2305-6/G·2305　　定　价　49.00元

本社法律顾问:北京嘉润律师事务所　郭建平

目 录 Contents

扫一扫，
加入本书读者圈，
与数千书友交流

第一章　电视采访理念探寻　/1
第一节　如何理解电视采访　/7
第二节　用视听形象叙事　/14
第三节　用个性、情感与思辨直击人心　/29

第二章　策划先行　/33
第一节　获取采访线索　/34
第二节　判断新闻价值　/41
第三节　策划的基本方式　/45
第四节　记者采访准备　/48
第五节　策划的基本要求　/57

第三章　开拓选题角度　/61
第一节　选题的原则和要求　/62
第二节　如何确定选题角度　/68

第四章　结构视听节目的思路与方法　/77
第一节　节目具体化的思路　/78
第二节　节目的动力机制　/89

第五章　探寻引人注目的中心人物　/95
第一节　以"人"为核心的报道理念　/97
第二节　引人注目的中心人物　/101
第三节　如何塑造中心人物　/111

第六章　动态呈现　/117
第一节　电视画面动态　/118
第二节　结构动态的采访过程　/122
第三节　摆拍　/131

第七章 细节是金 /137
第一节 细节的界定与特征 /138
第二节 如何刻画采访中的细节 /141

第八章 听事实的声音 /147
第一节 同期声的特点及创作方法 /148
第二节 同期声与主观声音的关系 /158

第九章 活在现场 /165
第一节 现场出镜报道 /167
第二节 电视新闻直播中的连线报道 /179

第十章 如何获得成功的采访（1）——现场采访 /185
第一节 理解现场采访 /186
第二节 如何接近被访者 /189
第三节 现场采访的总体原则 /192
第四节 现场随机采访的技巧 /199

第十一章 如何获得成功的采访（2）——人物专访 /207
第一节 人物专访的技巧 /208
第二节 人物专访的提问方式 /218

第十二章 特殊的采访报道方式 /229
第一节 体验式采访 /230
第二节 隐性采访 /232
第三节 连线采访 /236

第十三章 融合采访报道 /241
第一节 媒体融合新闻理念的变革 /242
第二节 采访报道方式的变革 /252
第三节 融合报道产品的变革 /258

主要参考书目 /273

后　记 /275

第一章
电视采访理念探寻

本章重点

- 采访是新的发现
- 采访报道是选择、提炼与聚焦的过程
- 采访报道关注事件的发展与影响
- 电视采访的核心是事件中的"人"
- 形象、准确、明晰地传达有效信息
- 从直观到形象
- 个性、情感与思辨是魂

 观众感受到的远远比他们被告知的要深刻得多。

一、电视采访是什么?

电视采访是求知、探索的过程,是为了获取事实真相、传达事实信息。更重要的是,电视采访是一门探究人的形象艺术,是对人的个性、人的心理、人的情感、人性本质、人性弱点、人性光辉的揣摩、印证与对质,"人是新闻的理由","新闻因人而生动"。我们依仗的电视媒介工具和手段只是为了更有助于展现、揭示我们的被访事件以及事件当中的人。

无论我们奉为圭臬的传播学者马歇尔·麦克卢汉(Marshall Mcluhan)将电视归于冷媒介或热媒介,作为电视媒介的使用者,我们一定要把它变为可以感知的、亲近的媒介。而能够感知、产生共鸣的就是事件中人的情感、人的内心与人的关系。有人说:"媒体要善于从大众情感的最深层寻找共鸣点、传播点,善于捕捉世道人心。"[①]长久以来,我们的学生在课程训练过程中极容易偏离到对技术和技巧的盲目崇拜中,而忘了电视采访的应有之义。

综观中外电视界颇有建树的记者,其成功的获得无一不是建立在对人深刻把握的基础之上。质疑者如王志,冷峻者如白岩松,倾听者如崔永元,老道者如CNN原主持人——"电视老妖"拉里·金(Larry King),无畏者如CBS《60分钟》原主持人——"斗牛犬(bulldog)"迈克·华莱士(Mike Wallace),锐利者如CNN *Anderson Cooper* 360°的安德森·库柏(Anderson Cooper),坦诚者如奥普拉·温弗瑞(Oprah Winfrey),以上记者或主持人,风格各异、个性不同,但他们共同的特点都是对人有浓厚的好奇心和兴趣。最重要的是,他们都是以一个有个性的普通人的视角、一个好奇的视角、一个求知的视角,而不是以一个全知全能的视角去体察人和事。作为一名电视记者,运用掌握的技术手段来表现光怪陆离事件中千奇百怪的人,呈现人的多面性、人的思想、人的个性、人的精神,才能赋予电视采访工作应有的人文精神。白岩松多年前在中央电视台《东方之子》中对游泳运动员蒋丞稷的采访至今仍令人印象深刻:

白岩松: 在你取得两个第四名的时候,你说过一句让人印象非常深刻的话,你说,可能两个第四这种缺憾也是一种美,你是怎么理解这种美的?

蒋丞稷: 其实我觉得这是无可奈何的,因为,已经成为事实,我只能说通过下一次的

---

① 杨华.新媒体时代也是主流媒体的新时代[EB/OL].新闻战线微信公众号,2017-04-11.

努力,我做得更完美一点。我感觉是,上天留了一点点缺陷给你,让你有这个机会再去创造,再去努力,所以说,我认为这也是一种美。因为你有了一个目标了。

白岩松:但是面对这14年的游泳生涯,你也说,你恨了14年游泳?

蒋丞稷:确实,这个项目我怨了14年,我从跳入游泳池开始,我没有喜欢过,是我的父亲,我的父亲告诉我一句话,"不管你做任何事情,尽你的能力做好它,就算做不好,但你尽过力了,这是一个人应有的做人品德",我记住了这句话,所以说,我做了14年,我也争取把它做好。

白岩松:你现在仅仅把这个游泳,或者说是体育,仅仅把它当成一种竞赛吗?

蒋丞稷:我认为不是,它是一个民族,它是一种气势,也是一个人的较量。它不光是肌肉,不光是体能,而是一个人,它是整个人的体形。当你在综合指标上超过别人的时候,你才有可能赢。好比以前说的一句话,四肢发达,头脑简单,我认为不适用于运动员,因为体育是人的竞争。

白岩松:很多人会有一种担忧,就是怕蒋丞稷这是他游泳生涯中离领奖台最近的一次。

蒋丞稷:我认为这种担心有道理,因为,我说过,太多的因素我不知道。但我认为也没有道理,因为我还年轻,我刚刚走向世界,凭什么说这是我的最后一次?

白岩松:你是否现在已经非常强烈地感受到,很多人的眼睛都在盯着你,盯着你的下一步?

蒋丞稷:我只想说,希望更多的人能来支持中国男子游泳,因为我们需要支持,我们需要人关心,太多的人说(中国游泳)阴盛阳衰,那个时候,我们的心里特别难受,因为我们努力了,我们拼搏了,我们是中国最棒的,我感觉中国男子并不比欧美男子差,我们不差在哪,完全有这个能力跟他们搏一下。

这段访谈能引起你的好奇心吗?能让你有兴趣去继续探索被访者的内心世界吗?答案是不言而喻的,访谈的内容远远超出观众的预料,访谈为我们呈现出一个有思想、有个性、有思辨、多面性的运动员。

实际上,新闻事件、新闻人物都有多面性,你如何抓到本质?冰山一角的人的特点显现为电视记者提供了探究的余地。记者不仅是对真相、真实的捕捉与抓取,同时也是对人在事件中的多面性的展示与披露。人与人生的复杂性才是世界的真实面貌,作为采访者和报道者应当用好奇、探索的眼光去挖掘它。正如《见字如面》第八期节目"那天,你被诊断为自闭症——蔡春猪写给儿子喜禾的信"中,蔡春猪幽默而感伤的文字里渗透出悲喜交加、苦中作乐、笑中带泪的人生体悟。而这才是最真实的表达。

在每次采访之后,记者要能产生这样的感悟:哦,原来人是这样的。

不仅如此,对于记者来说,对人的理解能使其在镜头里与镜头之外的采访具有重要的意义。人情练达即文章,如何接近采访对象,如何呈现采访对象,取决于你对"人学"的把握和人文素养的积淀。因此,对人的探求将贯穿本书所提及的所有采访方式与技巧中,这也应该是电视记者在采访中一以贯之的核心。

二、电视采访的技巧何在?

电视采访要发挥电视媒介的技术特性,其在追寻事件真相、探究人物心理的过程中当然有电视媒介自身的技巧和采访特点。我们在学习这些技巧时,应该注意以下三点:

1.技巧是手段,技巧是服务

事件与人是中心,而电视采访的技巧和特点只是为事件和事件中人的刻画服务。直观形象的画面表现(声画一体)、细节的展示与刻画、非语言符号的呈现、访谈中交流技巧的运用等都是为了更好地获得信息、更真实地还原事件真相、更深入地体察人的心理。在以往有些重大突发事件的报道中,因电视记者沉迷于技巧的使用,而丢失了对事件的真实抓取。如1997年香港回归直播报道时,在中英军队交接管辖权的场面中,由于记者在现场过多地推拉摇移镜头,致使一个具有历史意义的事件场面变得琐碎而模糊。这个案例告诉我们,当新闻事件发生时,用你的摄像机清晰明了地记录下事件,就是最大的成功。在真实的事件与人面前,任何一种多余的技巧都是苍白无力的。这时候,你只需要思考,谁是新闻的主角?

2.技巧至简原则

古人云:大道至简。对采访技巧的把握是从无到有,再从有到无的过程,也是从简单到繁复再到简洁的螺旋式上升的过程。达·芬奇说过,简洁就是最极致的复杂。美国剧作家大卫·马梅(David Mamet)也说,艺术家的任务是把最简单的技术学得完美,而不是去学太多的技术。如此才可以使困难的事变得容易,容易的事变成习惯,习惯的事因此可以变得更加美妙。① 古今中外这些颇具辩证思维的哲理性表述为我们把握与运用电视采访技巧提供了理论基础与方向指导。李白有诗云:"暮从碧山下,山月随人归。却顾所来径,苍苍横翠微。相携及田家,童稚开荆扉。绿竹入幽径,青萝拂行衣。"② 诗是眼前景,是平常话,但场景的既视感和亲近自然的况味油然而生。

作为传媒专业的学生,我们都渴望迅速地获得本专业的特有技能与方法,并运用到实践中去。但是,我们要知道,技巧是手段而不是目的。技巧是静态的,每一位学生都能很快地掌握,但决定未来职业的要义却不在此。所谓功夫在诗外,熟练的技巧背后需要丰富的人文内涵积淀,这才是高效、简洁的采访所要追求的效果。切记,不要让过多的技巧干扰观众对事件与人的理解。

---

① 马梅.导演功课[M].曾伟祯,译.桂林:广西师范大学出版社,2006:封面.
② 李白.下终南山过斛斯山人宿置酒.

3.灵活把握原则

电视采访是一项实务性很强的工作,许多判断与操作都要在具体的采访环境中去体察与转换。技巧是规律,是记者以往的经验总结与方法归纳,但技巧并非绝对的原则。美国学者罗伯特·麦基(Robert Mckee)在其著名的《故事》序言中就开宗明义:《故事》论述的是原理,而不是原则。原则意味着"你必须这样做",而原理则是"这种方式有效……而且是经过了时间的验证"。① 同理,电视采访中的拍摄技巧、出镜报道技巧、访谈技巧都是在实际采访环境中的具体运用,是针对现实状况的灵活操作。"任何一种技巧上升到原则都是危险的。"比如,我们提倡访谈中的提问最好简短,但是在很多访谈中常有大量的带背景的提问,问题较长且富含信息量。这两者并不矛盾,只是左右问题变化的是采访目的是什么,采访的出发点是什么,被访者是谁,采访情境如何。

本书所指的电视采访涉及多种电视节目类型,并不仅限于电视新闻,还包括专题片、纪录片、电视谈话节目、微视频等非虚构类的节目。因此,本书的采访技巧、所选案例覆盖了这些领域。

三、电视采访的变与不变

视听媒体的变革不可阻挡,然而当我们梳理报纸、广播、电视,乃至于视听新媒体的传播流变时,信息的呈现与接受在媒介迭代中既有变化,更有不变与传承。因此,在这个媒介瞬息万变的时代,我们需要思考的是电视采访的"变"在何方,它的"不变"又在哪里。

电视以及视听新媒体,这些依赖于视听作为信息传播载体的媒介形式有何自身特点?相对于阅读的主动思考,就很多人而言,观看电视这样的视听媒介似乎是一种漫不经心的过程,听到的、看到的信息能不能经过大脑好像并不那么重要。因此,有人称电视为后仰式(leaning-back)观看的媒介。如果是这样,电视似乎没有什么优势,但为什么有的报道却让你凝神而视,甚至屏住呼吸?有人说,这是事件本身的冲击力所致,电视媒介只是直观地将之呈现了出来。这样看来,一条电视新闻报道似乎没有什么操作的含金量可言。问题是,为什么有的报道能真实地呈现事件的现场,而有的报道却无法让观众感受到现场?不仅如此,为什么有的报道生动、鲜活,能把形象深刻地烙在观众头脑中,直击人心,而有的报道却枯燥、乏味,只是过眼烟云?

所以,信息如何呈现,这是一个重要的问题。

那么,一条好的电视新闻报道到底应具备哪些要素?许多初学者都想迅速一窥其门径。为了让复杂问题简单化,我们不妨用简单叠加的方式,简洁地绘出它的缩略图(见图1-0-1):

---

① MCKEE.Story—substance, structure, style, and the principles of screenwriting [M]. New York: Harper Collins publishers, 1997:3.

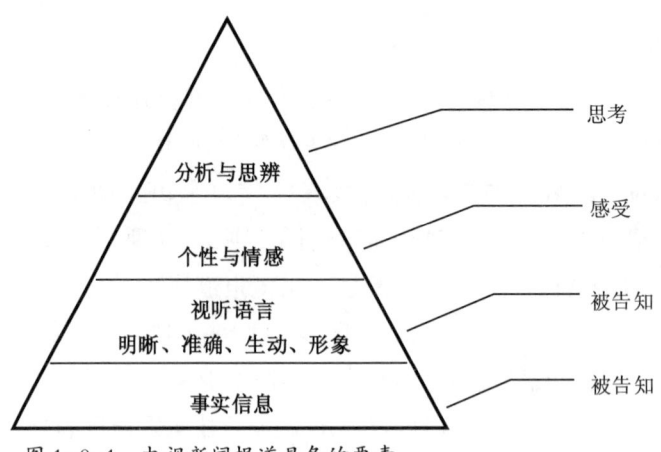

图 1-0-1 电视新闻报道具备的要素

首先,电视新闻最基础的功能便是传达事实信息。即把事件讲清楚、说明白,反映事件本质。它涉及选题的把握,即选题是否新颖,是否有意义(它与社区、社会的关系)。此外,还有角度的问题,即选择什么样的角度切入。

其次,用视听形象明晰、准确、生动、形象地传达事实信息。我们之所以赋予这一层如此多的词语限制,是因为它是发挥电视媒介优势的重要一环。它需要用电视语言去传达信息,这就要求记者对视听语言的功能与意义有深刻的理解与把握。将事实形象生动地呈现出来,似乎完成了报道任务,但这还远远不够。如果说前面这两步都还处于信息告知的层面,那么我们还应该让观众明白,电视媒介是能够提供切身的感受与思考的,因此,我们还得再往上走。

再次,揭示人的个性与情感才是电视报道的核心,而非事实本身。多数情况下,我们把事件描述清楚就足够了,但是,印象深刻的电视报道都还有一些更重要的因素,那就是对人的个性与情感的揭示:如何理解事件中的人?如何用视听形象呈现人的个性、情感以及人性?如何把个性、情感融入到信息的传达中,让观众去感受?完成这一步,还需要继续往上走。

最后,在事实信息的呈现、分析与思辨中,还要进一步促使观众思考事件,思考事件中的人,从而启发观众去作出深层次的判断。好的报道不仅仅是传达信息,更能够启迪人的思想和心智。

这样的缩略图虽然一目了然,但过于简单。所以,在下面的章节,我们不妨来看看笔者对电视采访报道的理解,着重分析其核心理念。

第一节　如何理解电视采访

一、新闻采访的内涵是什么？

我们不妨先抛开采访技术上的操作解读，首先专注于采访理念的形成与培养。因为没有这样的理念贯穿，报道便难有突破。

1.新闻采访是新的发现

新闻的"新"不仅仅是新的事件，更重要的是记者新的发现、独家发现。每天的事件从时间上来说固然都是新的，然而若千篇一律，其新意又从何体现？这恐怕就需要记者在事件探究中发现新现象、新问题。美国舆论学家沃尔特·李普曼（Walter Lippmann）曾说："新闻不是社会状况的一面镜子，而是对已经暴露出头角的那方面的报告。"①这句话一针见血地指出了记者应具备发现能力的素养。比如，在中央电视台"走基层"的许多节目中，呈现出的是记者在报道中的切身体验，更重要的是这些切身体验中有新的发现，有充满个性又能与观众情感相通的"熟悉的陌生人"，令人印象深刻。以《塔县皮里村蹲点日记》为例，报道塔县皮里村的孩子需要一年四次跋山涉水去县城读书，我们看到的是，记者在体验孩子们艰辛上学之路中的许多发现，其中令人印象深刻的是这样一些报道点：

缺老师，乡村孩子县城读书
蹚冰河，翻悬崖日行40公里
上学路上闯悬崖
跋山涉水，进村只为劝学
搁下一只脚就算一条路
一双鞋难倒一家人
姐姐的愿望，去趟县城

塔县皮里村蹲点日记（一）（二）

上学之路要"闯"悬崖，"搁下一只脚"与"一条路"，"一双鞋"难倒"一家人"，这些富有动感与具象的词语是记者在实地体验中新发现的描述，并把自己感受最深刻的点提炼、放大出来，它们串起了孩子们上学的艰难历程。没有这样的亲身体验，断然不会有这样的发现，而在亲身体验的基础上，更需要记者的独家发现与提炼。

2.新闻采访是一种选择

采访是记者作为把关人对事实的选择活动。面对纷繁芜杂的大千世界，新闻记者首先

---

① 李普曼.公众舆论[M].阎克文,江红,译.上海：上海人民出版社,2006：245.

要考虑的是应该选择什么样的新闻事实,选择什么样的切入角度。在一档电视新闻栏目中,策划、编辑首先要考虑的是今天的选题是什么,哪些是放在开篇的重头报道,哪些需要放大。而记者的采访工作其实就是一个对事件、对被访者、对事实角度的选择活动。记者能否从被访者洋洋洒洒的回答中提取20秒钟的话语作为同期声引语?能否从众多的素材中提炼出1分半钟的消息?这些需要记者思考以下几个问题:

(1)如何选择事件才能契合当代社会的历史背景与本质发展?

(2)如何选择被访者才能给事件提供一个更客观的表述、更全面而丰富的视角、更多样性的解读方式?

(3)如何从一般事实中挖掘出最有价值的新闻事实,切入何种角度才能提升新闻价值?

解决了这些问题才能抓到事件的本质与特点,才能体现出与其他把关人不一样的非凡体验。因此,每个记者的每一次采访活动都是一种选择,这种选择基于你的采访经验,基于你对事件高屋建瓴的本质把握以及对社会发展方向的深刻体察。正如有记者所言:"大部分情况下是你选择什么样的信息?你让谁的事实占据足够的分量?"①有人认为,选择即观点。中央电视台《世界周刊》曾经有一句栏目语叫"信息就是选择"。的确,记者的观点和主动性隐藏于选择之中,通过信息的选择来表达立场、传递理念。因此,选择是衡量一个记者新闻敏感度、新闻判断力的标尺。当新闻事件发生时,你选择的事实、解读人、采访形式,将直接决定你的报道的新闻价值,决定观众对事件理解的程度。

人生无处不选择,但选择意味着舍弃,选择是危险的,更需要审时度势。选择了一个新闻事实、一个新闻细节,就意味着舍弃了另外一些事实、另外一些视角,对于初涉采访的同学来说,最容易忽略的环节、最难把握的就是选择。我们常说,一个学生的采访作业大而无当,没有主题,只有对事件的概述,问题的症结就在于此,因为他没有选择的经验,也没有选择的勇气,结果只能大而化之地呈现。因此,从采访开始,就要训练自身的选择能力,勇于选择也勇于舍弃,懂得选择的多元原则、平衡原则,这样的选择过程也就是采访提高的过程。选择是采访的难点,而魅力也蕴含其中。记住,只有懂得有取有舍,才能有声有色。

3.新闻报道是提炼与聚焦

在发现与选择的基础上,新闻报道也是一种提炼,即记者自身的知识水平、报道经验与基层采访碰撞后产生的思考与聚焦。这种提炼实际上是一种特写式的故事化讲述,通过细节的呈现与主题的提炼放大话题。在现代新闻竞争的环境下,媒体所获得的独家信息、独家资源越来越少。大多数情况下,记者们所获得的只是相同的罐头信息,如何形成自身的报道角度显得尤为重要,如果只是一种流水账式的记录,没有独家的提炼,自然缺乏报道的独特竞争力。

新闻报道是一种提炼,当我们以这样的操作方式去面对纷繁芜杂的信息时,其主题的明

---

① 《新闻调查》栏目组."调查"十年:一个电视栏目的生存记忆[M].北京:生活·读书·新知三联书店,2006:37.

确、角度的凝练就相应而生了。作为报道者,如果仅仅停留在单纯信息的发布上,那么节目的不可替代性就很难凸显,而提炼恰恰是报道者主观能动性的体现,也是报道深度与价值的可操作路径。

（1）主题和话题

主题不仅体现新闻报道的角度,更反映记者对故事理解的深度。法国国家电视集团职业培训师德索莫先生就新闻报道提出了"话题和主题"的观点。① 依照笔者的理解,话题是一个事件,是报道的叙述范围,而主题是该叙述范围里独特角度下的提炼,是报道者在现场就事件提炼出的最有新意、最有趣、最有价值的核心报道点。因此,记者应该思考的是,如何从对事件的概述中提炼出独有的角度,在此基础上聚焦自己的主题(见图1-1-1),这样的探索是一个不断聚焦的过程,也是从熟悉的地方看出风景的过程。

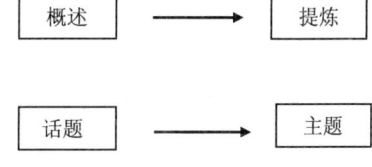

图 1-1-1　采访报道的重点方向

当然,并不是所有报道都绝对地体现这样的操作,但是作为记者应该有这样的追求,而不是仅满足于简单、平庸的记录。

越具体越有故事,越聚焦越有魂。如美国全国广播公司(NBC)《今日秀》(Today)的一条灾害性事故新闻报道《邻居的噩梦——飞机撞上民宅后的英雄拯救》(Neighborhood Nightmare-Hero to the Rescue after Plane Hits House),一架双引擎的飞机坠落撞上民宅,这本是一个灾难性动态事件,简单描述造成它的原因和产生的后果吗？没有,记者的选取角度却放在了事故之后的一位英雄的拯救故事上——"一个非凡的形象和一个非凡的故事(A remarkable story to go along with a remarkable image)"。事件主角的一句"这是我的时间,但是我必须救助他们(It's my time, but I have to rescue the people)"传达出了浓浓的人文情怀。这一报道的记者没有局限于简单的事件陈述,而是选取了一个独特的切入角度,在对事件进行新闻"5W"的陈述后,把着眼点放在了一个具有人情味的主题上。当然,并不是所有的信息传达都需要这样的操作方式,早间《今日秀》强调轻松传达信息,所以有这样的诉求点。但是,它却为我们如何处理日常性报道提供了一个思路。在媒体竞争日趋激烈的情形下,"跟着事件走"的模式已经不适应当下的环境,发挥现场记者的主动性,提炼主题正逐渐成为报道的重心。

（2）如何提炼主题

首先,什么时候形成主题？

一般而言,主题性的报道在采访前就有了一个大致方向,但这个方向具体怎么表现,放大其中的哪一点,却需要在实际采访中寻找答案。比如中央

西藏曲水：
5374甘巴拉山
巅上的坚守

---

① 笔者根据法国国家电视集团职业培训师德索莫先生在中国传媒大学电视与新闻学院开设的讲座整理而成。时间：2009年12月。

电视台"新春走基层"报道《西藏曲水:5374甘巴拉山巅上的坚守》,表现的是一年四季驻守在甘巴拉山巅上的子弟兵。在记者采访之前就有了家国情怀的主题,但这个主题只是一个方向,过于空泛。在实际的采访中,记者逐渐感受并通过令她印象深刻的细节形成了具体的方向。比如,一个18岁的小战士倒完垃圾后站在墙边观看狗和牦牛打架,在海拔5 374米的地方做任何事情都不容易,但这个小战士却愿意干倒垃圾的累活、脏活,而且他竟能如数家珍地讲述野狗、牦牛的习性,由此可见战士们的生活无聊到何种程度。对这些年轻战士而言,最大的挑战不是寒冷、不是高原反应,而是寂寞。片子的主题自然而然显露出来:我寂寞,但祖国知道我。

一个真正鲜活独特的主题,应该是在采访进入后半段或快结束后形成,是采访中得到的惊喜和意料之外的东西。那么,依据什么能形成主题?报道时,记者不妨问问自己:

- 这个事件最有趣的地方在哪里?
- 最让我好奇的地方在哪里?
- 我从这个事件中得到了哪些以前从未见过的东西?(这类选题和同类题材相比,差异性何在?)

图1-1-2 中央电视台"走基层"报道《曹家巷拆迁记》采访现场

当记者在报道一个事件时,用这样的问题去问自己,那么事件的聚焦就成为自然,话题成为背景,主题开始浮现出来。比如中央电视台"走基层"报道《曹家巷拆迁记》,关于类似拆迁报道已经有《新闻调查》栏目的《头号难题》、《看见》栏目的《99%对1%的拆迁》,而这一报道的主题和独特性何在?"曹家巷有自改委,这是全国首创独一无二的。曹家巷自改委的模式,正是曹家巷拆迁受报道关注的原因,也是它的样本价值所在。记者的采访围绕自改,围绕民主展开。否则,就和其他成千上万的拆迁无异,即使有再精彩的现场,它也失去了样本价值,没有更多的意义"[①]。

其次,如何提炼主题?

记者提炼主题的一个操作思路是,当报道一个事件现场的时候,能否用一句话去聚焦这个事件的主题,进而浓缩到能否用一个或两个关键词去提炼这个事件的核心新闻价值点。

---

① 作者对中央电视台驻四川站记者白璐的采访。时间:2017年3月。

回到上文提及的飞机坠落的案例,如果用一句话来聚焦这个事件的主题:

一个英雄的拯救

再聚焦,进而浓缩到一个词:

拯救

当浓缩到这种程度时,新闻报道就不是简单的告知,而是让观众去感受了。但是,需要强调的是,当我们以一句话概括主题时,切忌只是点出了话题,而非主题,例如:

一架飞机撞上民宅
飞机撞上民宅 居民获救

这只是一个新闻由头,一个话题,它可以做新闻的标题,但一定不是新闻的主题,主题是报道的魂,关乎价值观。我们头脑中的浓缩语不是简单的事件概括,而应是突出这个事件最值得报道的核心新闻价值、点明它的性质。当我们以这样的思维去统领报道时,就能抓住精髓。

除此之外,我们还需要遵循主题的单一化与明晰化原则。在确定选题角度时,要凝练主题,尽量只做一个主题。尤其是消息类新闻,应当简明扼要地切中主题,要纯粹、明确,而不是浮皮潦草地概述新闻事件。正如俄国作家伊萨克·巴贝尔说:"一句话里不能有一个以上的主题和形象。"

综观时下有些"走基层"的报道,要么是漫无目的,要么在同一条新闻中杂糅了过多的主题,致使报道角度混乱。"什么都说了等于什么都没说",在我们审视选题的时候,必须杜绝流水账式的浅表化报道,同时还要注意舍弃枝枝蔓蔓的东西,与主题无关的细节再生动都不要选取,抓住主要一点,把它说得彻底而纯粹。

4.采访报道的对象是事件本身吗?

答案为"是"和"不是"。谓之是,因为采访报道是以事件为切口,通过对事件的报道传播信息,但采访报道并不局限于事件本身,采访报道的重点是事件所产生的影响及事件进展,事件本身只是采访报道的由头。密苏里新闻学院教授格瑞利(Greeley Kyle)认为,新闻报道不是局限于事件本身,而是事件所产生的影响,对人的影响、对社区的影响、对社会的影响。[①] 当我们以这种角度思考问题时,报道的方向和思路会豁然开朗。记者在现场的职责,不仅仅是要告诉观众现场发生了什么,还要向观众传达这样的事件产生的影响,从而给观众建构一系列的关系。在对这一系列关系结构梳理的过程中,会逐渐帮助观众触摸到事件的

---

① 根据笔者于美国密苏里新闻学院的课程"Broadcasting News 2(广播电视新闻2)"上的课堂笔记整理而成。时间:2006年1月。

本质,而不是雾里看花。这正是记者多年的训练与实际操作的含金量的体现(资深记者与非资深记者的区别、新闻敏感强与不强的区别)。

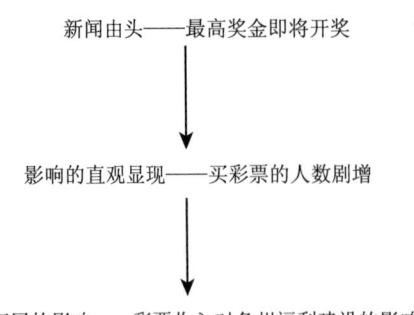

图1-1-3 《6亿4千万彩奖》主题解析

下面我们来分析一下《6亿4千万彩奖》[①]这条电视新闻报道。2012年美国史上奖金最高的"Jackpot"彩票即将开奖,总奖金达6亿4千万美元,美国全国广播公司《晚间新闻》报道美国42州的彩票销量巨幅上升,每小时达到了1 400万张,许多便利店都出现了排长队买彩票的场景。记者从面聚焦到点,切入到新泽西州的一个便利店做详细的现场报道。忙碌的店主、碰运气的买彩票人,现场热闹喧嚣,但如果报道止步于此,就只是一个简单的动态现象描述,无法体现出报道的独特价值。该报道做了进一步的延伸,它不仅讲到彩票销售收入使奖金提升,更由此点明彩票销售收入也为每个州的公共福利提供帮助,比如佐治亚州会用于资助学前教育和大学教育,爱达荷州会用于基础设施建设,宾夕法尼亚州会用于老人福利,这就意味着购买彩票的人其实是在自愿交税。

这则报道做出了有效的角度开拓,扩展了报道的视野。立足事件,但不局限于事件,而是关注事件的影响与发展,这样的报道思路实际上也是新闻与受众的接近性原则的体现。依据这种思路做出的新闻报道,才会有全国、国际新闻中的本地视角,本地新闻中的全国、国际视野。

5.从独家占有到独家解读

社会与传媒的发展使新闻进入了解读时代。过去,我们判断新闻媒体的重要标尺是其独家材料的获取能力。这个标准现在仍然适用,但是随着信息传播工具的普及、政府与社会机构信息发布的程序化、标准化,新闻媒体对事实的独家获得、独家占有越来越困难。各个媒体机构获得的信息几乎相同,而且信息越来越成为标准化的"罐头信息"。这个时候,对新闻事实的独家判断、对信息的独家整合、对信息的独家解读便成为传媒竞争的先导。从这个意义来考量,采访本身就应该包含新闻事实之外的对新闻背景、不同观点与解读的摄取与整合这一工作环节。通过独家角度、独家背景资料、独家观点来提升媒体的新闻竞争能力。

在当代的采访报道中,我们面临的一个新命题是,随着网络资源的扩张、信息来源的不再稀缺,传统的电视媒体将走向何方? 越来越多的专业媒体,也逐渐开始使用网络信息线索,采访报道该如何发展? 一位媒体人说:"当信息来源不再稀缺,专业新闻报道(journalism)的任务也就从'新闻采集'转到了对信息的核实和确认上。"[②]的确,随着网络上

---

① 美国全国广播公司《晚间新闻》2012年3月30日播出。
② 张翃.媒体未来路在何方? [EB/OL].[2012-05-01].http://zhanghong.blog.caixin.com.

市民新闻的逐渐发展,许多专业媒体开始在此基础上求证信息、拓展深度、提供解读。比如,新闻《见义勇为的成都"倒车哥"》①报道一位出租车司机倒车帮助警察拦截企图逃逸的汽车。记者从网上传播的公安交管监控视频获得新闻线索,再经过实地采访当事警察和司机,不仅对原有的视频给予印证,同时也为视频内容提供了背景与深度。这反映了目前电视媒体借助网络资源获得新闻线索,并进一步求证的趋势。脸谱网(Facebook)的记者项目经理拉夫如希克(Vadim Lavrusik)认为,未来会有更多由用户提供的新闻内容,职业记者的作用是将新闻"情景化(contextualize)",记者的主要任务不再是告诉人们"发生了什么",而是"为什么会有这样的事"。② 2011年中央电视台创办的《真相调查》栏目,其选题标准第一条就是"热点公共事件,特别是网络和媒体热炒的有疑点、有争论的新闻事件,容易滋生片面报道或虚假报道,引发社会非理性情绪的"。有人说,现在的时代是不缺素材、欠缺加工的时代,不缺问题、欠缺出路的时代,在众声喧哗的信息场,专业媒体的权威解释能为"围观"的问题提供最直接的真相解读,提供出路化的处理。

二、电视采访的界定及具体内涵

相对于报纸、广播媒介而言,电视采访是运用画面与声音选择事实的活动。其本质特点没有变,只是选择的手段、媒介技术发生了变化。因此,我们对电视采访做一个简单明了的界定:电视记者综合运用电视技术手段,为新闻报道而进行的素材采集活动。由于其运用的技术手段的特点,电视采访工作可以分为三个部分。这三部分建立在电视媒介技术特性基础之上。

- 拍摄:电视记者使用摄像机摄录声画一体的现场形象;
- 记者出镜采访报道:记者出镜提问、访谈、交流等动态过程;
- 画外采访:记者围绕事件所进行的文字、背景、资料等非形象素材的采集等。

根据以上的界定,我们可以明确,体现电视采访特点的主体活动主要聚焦在第一和第二部分。从第一部分来看,基于摄像机与采访话筒,把现场信息转换成可视可听的信息符号,传达给观众,这是电视采访最基本、最有效的信息表达与传递方式,也是电视采访的核心工作方式。随着媒介融合的发展,作为信息抓取工具的摄像机也扩展为手机、平板电脑等工具,但其形象信息的本质并没有改变。从第二部分来看,记者的出镜采访报道

图 1-1-4　中央电视台中文国际频道记者
　　　　　现场出镜报道

---

① 成都电视台播出,获得中广协会城市台电视新闻委员会2011年度(第23届)电视新闻节目评析会短消息一等奖。
② 张翃.媒体未来路在何方?[EB/OL].[2012-05-1].http://zhanghong.blog.caixin.com.

实际上是围绕着拍摄而展开的,是通过人性化的交流过程引导、激发、传递事件信息。由此,对电视采访的学习重点应该放在第一和第二部分,初学者应当在具体的采访过程中,体会电视采访与其他媒介的采访在方式、方法上的区别,从而更好地发挥电视媒介工具的特点。在第三部分,电视采访收集资料的方式体现出与其他媒介的相似性,但这种相似性又是相对的。电视采访的文字、背景、资料的收集与选取仍然具有自身的特点,那就是建立在形象叙事的基础上,即记者的素材收集要围绕如何用视听媒介直观形象地传达信息这一核心问题展开。围绕这一核心问题,记者在挖掘背景、人物关系、选取影像素材等方面才会更好地发挥电视媒介的特点。

> 记住:新闻采访报道是新的发现,更是一种选择与提炼;电视采访报道的核心是"人",是对人的理解与重视。

第二节 用视听形象叙事

作为电视记者,应该懂得用画面和声音叙事,善于用视听形象清楚、明晰地传达有效信息。电视记者头脑中应该时刻牢记三个词:准确、清晰、有效信息。这样的要求看似简单,实则需要记者具备良好的形象思维、高超的视听语言技能、扎实的电视采访功底。电视记者的工作重点不在于怎么用文字去清楚传达信息,而是用画面和声音来还原事件和现场。因此,在实际的电视新闻创作中,为满足这样的信息传达,电视记者应该对自己有独特的要求。

一、立体视角呈现信息

采访现场的综合性往往要求电视记者具备"场性思维"①,即不是从线性的角度而是从综合、立体的角度多面呈现现场的特质。具体到电视采访中,可以从两个层面来理解:一是电视现场采访拍摄的镜头角度,二是我们理解问题的角度。前者是具体的,后者则相对抽象,具体到电视新闻报道中,则必须用画面呈现这些多维的角度。为了说明这个问题,我们首先从一首耳熟能详的诗作开始分析,"横看成岭侧成峰,远近高低各不同。不识庐山真面目,只缘身在此山中。"这是指我们看一个事物的时候,既能入乎其中,又能超乎其外,才能认清事物的全貌。从传播学的角度而言,信息是不确定性地减少,当我们观察一个事物时,我们观察的视角越立体,获得的信息越丰富,我们体察事件的层次就越多元,对事件的不确定

---

① 场性思维指呈现在思维中的一个完整的生活场,在这个场中需要提供社会生活的全部信息。高鑫,高文曦.电视艺术:多元与重构:第2版[M].北京:北京师范大学出版社,2009:86.

性也越少。

有人说,知识的边界也就是无知的边界,知识越多,就越知道自己的无知。这句话提醒我们,对事实与真相要有敬畏与谨慎之心,更告诫我们尽量用多元的角度去无限地接近事实。具体到电视采访报道中,视角多元化体现为拍摄视角的多元化和观察视角的多元化。

图 1-2-1　拍摄视角与理解问题角度之关系

1. 宏观视角与微观视角的结合

作为记者,既要具备"三山半落青天外,二水中分白鹭洲"的宏观视角,又需把握"随风潜入夜,润物细无声"的微观呈现;既要有"前不见古人,后不见来者"的纵向观照,又要有"青山一道同云雨,明月何曾是两乡"的横向对应。当我们形象地展示一个事件的时候,不仅要关注事件本身的微观细节,同时也应该展现事件本身与周围环境及事物的关系,这样才能呈现出事件相对完整的性质。比如新闻《公交车停路中央,乘客学"青蛙过河"》①,由于线路规划不合理、司机偷懒,加之垃圾桶挡道,广州大德路和解放路的车站每到交通高峰期,公交车一般只停在路中央接送乘客,由此带来很大的安全隐患。首先让我们确定这条报道的主题:

公交车不当停靠,乘客上车存安全隐患

当我们审题的时候,根据主题可以确定这条新闻的采访拍摄重点应当是:

公交车停路中央,乘客学"青蛙过河"

明确地介绍停靠站台的公交车环境关系,尤其是公交站与周围环境的关系、公交车与车站的关系

究竟是什么导致了这样的状况?这样的状况会带来什么样的影响?

从还原事件现场的角度而言,镜头介绍关系尤其重要。可惜的是记者在介绍环境时,在现场只拍摄了相对孤立的局部和动态行为,而没有交代出完整的环境关系,致使观众对信息的理解支离破碎。如果记者能有一个高角度的俯拍镜头(宏观角度),或者是能有一个足以说明公交车与马路、车站整体关系的摇镜头,信息交代就清楚明了了。还好,记者使用了"青蛙过河"的游戏画面,从宏观角度模拟行人过路时的情形以及有可能带来的危险状况(影响),但这也只是在一定程度上弥补了整体环境的缺失。从这个案例可以看出,视角的问题不仅仅是拍摄镜头的角度的体现,也是审视问题的角度的体现。观察美国全国广播公司等

---

① 中央电视台《新闻30分》2009年9月23日播出,原标题为"公车停路中央,乘客学'青蛙过河'",作者改。

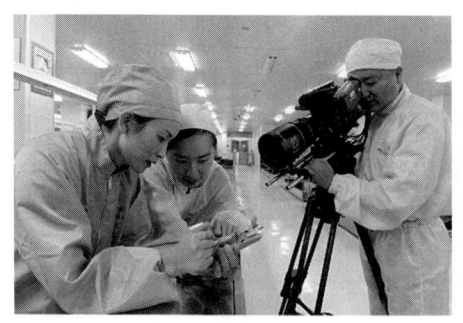

图1-2-2 中央电视台系列片《大国工匠》拍摄现场呈现细节

节目,我们发现,他们极为重视影像的逻辑结构层次及信息视角的完整,每一条报道都遵循观众审视一个事物的习惯。为了向观众交代新闻事件所在的区域,基本上都是从宏观的谷歌地图聚焦到所报道的事件地点,对事件的环境、细节等交代明确,镜头逻辑层次非常清晰。究其原因,这不仅是对视觉效果的运用,而是对形象叙事逻辑的合理运用,是电视记者用形象阐释问题的思维方式的体现。

2.行为动态与行为动态的反应结合

在实际的创作中,事件本身、动态行为本身往往成为记者天然关注的角度,一般情况下,记者的摄像机就停留在动态事件上。但是,让我们思考一下,事件的现场是立体的,是综合的,是一个"场"的概念,有实施行为动态的人,就必然有接受行为动态的人或事,抑或有观看行为动态的人,正是正反角度的信息集合才形成了事件的现场,只有用镜头全面地呈现出来,才能使观众对一个事件的理解更全面。那些受到行为动态影响的人和观看的人,不同样

在千钧一发的时刻……

也是摄像机需要抓取的内容吗?于是,"场"由此形成。而在实际的采访报道中,我们往往会忽视这一点。比如在《在千钧一发的时刻……》①,一名少年被洪水围困在山丘上,武警战士在千钧一发之际展开救援行动。记者的现场拍摄镜头只停留在江流中的少年以及展开救援行动的武警战士上,忽略了岸上关切救援行动的群众。虽然在解说词中点明"被困少年危在旦夕,人们的心紧紧地纠在一起",却没有任何画面表现岸上围观的人群。试想,如果用一两个镜头交代岸上围观人群以及个体关切焦急的表情是不是就足以说明问题了?《听证会上的惊天一"抛"》中,报道一位市民代表在现场因为屡屡举手请求发言不得,把矿泉水瓶扔向主席台事件,镜头呈现出了当事人的"动"态行为,但没有呈现出被这一行为影响到的主席台上的人的反应,这就是一种现场拍摄的遗憾。理想的状态是,此时镜头跟着一摇,抓拍到主席台上的人的反应,或者能有分切的镜头展示反应,如此一来报道对现场的结构就相对完整了。

二、用指向性的画面去明确事件信息

所谓指向性,就是画面呈现的信息正是记者想要传达给观众的信息,而不是单纯的空镜头。在实际的创作中,我们的很多电视新闻报道要么使用大而无当的万能画面,要么用一些看似与事件相关但无法明确传达信息的画面去填补空白、配合解说词,而不是让画面产生它

---

① 由四川巴中电视台报道,获2003年度中国广播电视新闻奖短消息一等奖。

应有的意义。电视记者应有的追求是,要用指向性很强的画面去清晰、明确地传达信息,使画面与解说词形成呼应,避免使用万能画面和杂乱无章的镜头干扰所要表达的信息。笔者印象比较深刻的一条报道《基层牌子何其多》①,围绕浙江省基层村(社区)"机构牌子多、考核评比多、创建达标多"这一热点难点问题,记者深入调查采访,揭示村(社区)负担过重现象及其带来的危害,剖析基层负担根源所在,探讨创新浙江基层社会治理路径。在第一集《挂不下的牌子》里,现场记者出镜采访报道,通过有序的现场调度和明确的镜头语言,非常明晰地展示了基层社区为了应对上级的任务而设计的花样百出的牌子。节目用大量准确、明晰的画面有力地呈现了主题——负担过重导致的上有政策下有对策的无奈之举。

图 1-2-3 《基层牌子何其多(一):挂不下的牌子》截图

呈现这样准确、明晰的画面需要记者具有在现场采访报道时的形象意识和视觉化信息的能力。然而把握这一看似简单的原则,其实需要记者对所报道的事件主题和新闻价值有清晰的认识与把握,所有的画面都是为所要表达的主题服务。达·芬奇说过:简洁就是最极致的复杂。贯彻这一理念的苹果公司原 CEO 史蒂夫·乔布斯(Steve Jobs)及其设计师乔纳森·伊夫(Jonathan Ive)也曾做过诠释:简洁并不仅仅是视觉上的,也不仅仅是去掉杂乱无章的东西,而是要更深入地挖掘它的复杂性。要想获得真正的简洁,就必须获得理解的深度。② 同样,当我们做采访报道时,必须充分理解报道的核心新闻价值,并能够用切实准确的画面信息集中有效地去传达。上面例举的这条新闻报道的核心点是基层负担重,外在的表现是基层牌子何其多。当我们明确了报道核心点时,就可以毕其功于一役,将其突出、集中地呈现出来。

三、从直观到形象

海德格尔(Martin Heidegger)曾说:"世界被构想和把握成图像。"电视媒介正是用直观、

---

① 系列连续报道《基层牌子何其多(一):挂不下的牌子》,时长 4 分 25 秒,浙江卫视《浙江新闻联播》2014 年 6 月 28 日播出。获 2013—2014 年中国广播电视大奖。
② ISAACSON W. Steve Jobs[M]. New York: Simon & Schuster, 2011: 242.

形象的视听语言传递信息、构造出人们对世界的印象。直观、形象,谓之简单,而实际操作却很难。最重要的是,我们应该意识到"直观""形象"是两个不同的概念,直观意味着具体、直接,当我们用摄像机拍摄下现场,其画面和声音信息就直观地传达给了观众。这是电视采访区别于报纸与广播采访的重要特点。然而有了直观的画面并不意味着一定是好的电视报道,因为形象才是信息表达的更高层次,形象并不是直观的必然,直观未必形象。比如,我们在电视媒体中看到的很多程式化的会议新闻是直观的,但是它们并不形象。因此,笔者认为相对于直观而言,形象是电视记者传达信息的更高要求,形象意味着生动、鲜活、立体。只有体现出了形象性,才能体现出电视媒介的采访特点。就形象性而言,可以从以下几个方面来理解:

1.现场信息的形象性

现场信息的形象性要求记者善于利用电视视听语言表达现场信息,我们平时所说的电视记者要具有"画面感"也蕴含了这个意思。形象性实际上要求记者用画面去体现现场信息与新闻价值,把静态的信息变为动态的信息,把过去单靠文字、声音构成观众想象的信息表达转换为以视听综合元素为中心的信息直观表达,把以空间展开的信息变为时间延续的信息。

下面,我们从《探寻电商亚马逊》(*Inside Amazon*)这条长消息入手分析。在美国圣诞节前夕,有分析预测即将到来的圣诞节电商销售量将飞速增长,可能会首次突破零售业总额的10%,这是一个标志性的突破。显然,单靠一条口播消息是无法体现其重要性的,那么如何去体现互联网销售的飞速增长,如何体现这个抽象的10%数字?我们看到,记者首先选取了美国最有代表性的一个电商——亚马逊,探寻亚马逊在节日前的工作状态。接着记者选取了亚马逊在全美44个大型仓库之一——纽约的仓储中心为切入点。问题来了,怎么才能用这个大仓库去表现"10%"这个数字,去表现互联网销售迅猛发展的态势?拍摄报道仓储中心,极易落入静态的报道中,但记者并没有落入窠臼,而是充分发挥了视觉思维和想象力,从宏观和微观等多元角度,调动动态报道的手段,通过丰富的现场出镜报道设计、不同维度的采访以及独特的拍摄视角,表现了亚马逊纽约仓储中心在圣诞节来临之际的紧张与忙碌。

• 在呈现商品从挑选到扫描、包装、运送的处理过程时,记者用传送带的拍摄视角以及富有节奏感的剪辑,生动形象地体现出现场忙碌的节奏(见图1-2-4)。

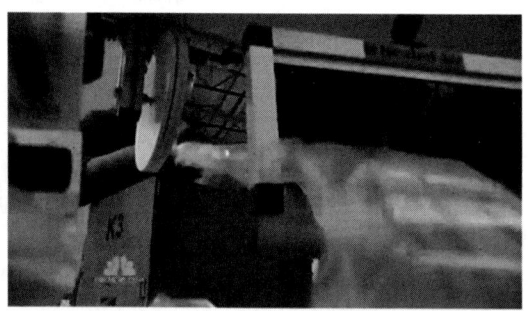

图1-2-4　货物处理过程

- 通过记者出镜与仓储中心的对比,通过经理的采访以及货柜商品密集排列的细节抓取,记者分别从宏观和微观角度呈现了仓储中心的空间巨大以及商品的繁多(见图1-2-5)。

图1-2-5　巨大的仓储中心和塞得满满的货品架

- 通过对其中一位员工的采访,呈现其在圣诞节劳动强度以及压力的增大,更进一步说明,亚马逊在节假日的繁忙(见图1-2-6)。
- 记者非常巧妙地采用骑自行车的出镜报道方式,进一步形象地说明纽约仓储中心的巨大(见图1-2-7)。

图1-2-6　记者采访仓储中心员工　　　　图1-2-7　记者骑自行车出镜报道

- 最后,讲述亚马逊在节假日要额外招收1.5万名员工,说明节假日网络销售的火爆(见图1-2-8)。
- 收尾再次宏观呈现亚马逊仓储中心的巨大,与开头进行呼应(见图1-2-9)。

图1-2-8 亚马逊在节假日要收1.5万名员工

图1-2-9 宏观展现仓储中心的巨大

由此,我们可以看到记者把"10%"这个数字非常巧妙地转换为电视的形象语言,报道思路非常清晰,画面呈现形象具体:

10%
↓
亚马逊
↓
纽约仓储中心
↓
仓库大、商品多
员工劳动强度大、压力大、员工人数多

图1-2-10 北京电视台《档案》节目截图

北京电视台的《档案》节目也生动地诠释了视听媒介的这一特点并且做了有效的开拓。传统的电视新闻及纪录片的做法是,当历史影像资料不足时,会用大量的万能画面进行填补,只要时代感符合就能说得过去,但这种方式只能给人一种隔靴搔痒的感觉。而《档案》通过它独特的信息整合方式,使画面信息具有很强的指向性,不管是沙盘的演示,还是文字资料的展示,不仅把信息落实到了动态的影像上,而且还体现出了当下解读历史的视角与形式。

2.理性、抽象信息的形象性

其实,在上面的案例中,我们已经论及理性、抽象信息的形象性。对电视记者来说,如何把本身不具形象性的信息用画面传达出来,这是一个挑战,但这同时也为电视记者提供了腾挪的空间。我们常说,记者未必是一个专家,但必须是一个好的翻译家,要把枯燥、难以理解的数据、文字等理性信息转换成观众可以感知的形象信息,对于电视记者来说,这样的工作更复杂。

(1)数据的形象性与贴近性

我们不妨从马未都的著作《马未都说收藏——陶瓷篇》一书的开篇谈起。他在开篇说:"我今年53岁,以我这样的年龄,两个人首尾相接就进清朝了,五个人就可以看到乾隆了。乾隆当时还是盛世,是他年轻的时候,大概有33岁。17个人首尾相接,就可以看到宋徽宗了;26个人就可以看到唐太宗。100个人首尾相接的历史,就是中华民族的文明史,五千年,从甲骨文出现到现在。以此看,历史没有多长,对吧?"①

精彩!我们在历史教科书中常常读到的数字被他赋予了强烈的人性化因素。一个曾经看似离我们很近、实际很遥远的数字被作者巧妙地转换成看似离我们很远却能息息相通、感同身受的数字。记者的工作何尝不是这样,需要把遥远的新闻拉近给观众,与观众的"心"很近!

布隆代尔(William E. Blundell)说,数据无异于毒药……但在许多新闻故事中,数据为整个新闻定性,有时候数据本身就是新闻。② 数据的重要性与抽象性尤其对电视记者而言形成了挑战。有的时候,数据引用不可避免,这就需要电视记者发挥想象力,实现数字的转换和形象呈现。可以利用以下几种方法:

方法一,利用形象的视听语言表达。

这是对数字最基础的报道层面。在相关的政府部门、调查公司等公布数字信息时,特别是随着电视民调新闻的发展,电视媒体以此形成具有新闻价值的报道。应当说,数字影像特技的发展为我们提供了便利。今天,我们看到许多电视媒体用清晰、动态的三维动画、图表等来归纳、表达这些抽象的数据信息,以简洁的方式直接呈现出数据的意义。

图1-2-11 美国哥伦比亚广播公司《晚间新闻》播出的民调数据图③

在新媒体语境下,数据可视化更为我们呈现出全新的视觉表达形态。数据可视化兼具科学性与艺术性,能够美观、实用、高效地呈现出信息。典型的电视节目如中央电视台的"两会"特别节目《两会解码:两会大数据》利用大数据呈现社会大现象,美国公共广播电视台(PBS)的《透视美国》和中央电视台的《数说命运共同体》等,使用卫星定位跟踪系统数据,通过大量GPS移动轨迹提升数据新闻的视觉表达效果;使用数据库对接可视化工具,在节目中全景呈现真实的数据轨迹。

---

① 马未都.马未都说收藏:陶瓷篇[M].北京:中华书局,2008:1.
② 布隆代尔.《华尔街日报》是如何讲故事的[M].徐扬,译.北京:华夏出版社,2006:160.
③ 美国哥伦比亚广播公司《晚间新闻》2012年5月6日播出。

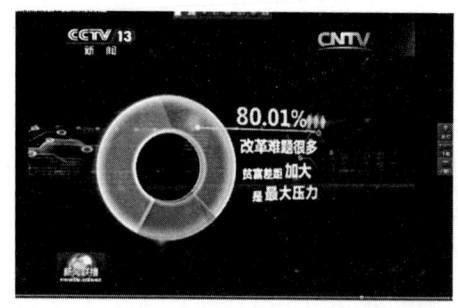

图 1-2-12　中央电视台 2014 年《两会解码：两会大数据》

这些数字为新闻提供了准确的判断。作为电视记者，除了在形式上赋予数字形象感外，还应在数字意义的拓展、挖掘及新闻价值提升上有更多的思考。

方法二，使用类比方式表达。

除了技术手段之外，我们还应借用传统的类比修辞手法来完成信息的形象化表达。比如"投入航线使用的空客 A380 有多高？"单纯的数字无法让观众理解，但记者可以说它"相当于 10 层楼高"来类比。再如"北京市新增住房面积 1 000 万平方米"，1 000 万平方米是个什么概念，观众无法判断，记者这时可以用"相当于 1.2 万套 80 平方米的两居室，能够解决大约××人的住房问题"来表述。通过类比的方式，给数字提供一个形象的参照对象。

在报道中，记者要把数字变得可感知、有趣味。比如纪录片《蚊子警报》[①]，在叙述蚊子传播疾病时，解说词写道："一只蚊子传播病毒的几率是一百万分之一，可是这已是人从床上摔下来致死的几率的三倍。"创作者十分巧妙地将科学数据转换成观众熟悉的方式，让观众获得了直观的认知。

方法三，用比率及概数代替具体数字。

比率能清晰地体现部分与全部的关系。比如，1 600 万是个具体的数字，占总量的 30%，它的性质是需要用比率来体现的。进一步说，当比率还显得复杂时，就使用概数。比如用"少于三分之一"来代替 30%。比率和概数实际上就是形象的表达方式之一。

方法四，避免在相邻的段落里出现过多的数据。

有效的方法是，删掉一些数据，或者用不同的表述方式来代替某些数据的表达。总之，避免在相邻的时间里让观众解读过多的数字。

方法五，提供数据的形象解读。

当一个数据出现后，往往伴随着这个数据的变化及其带来的影响。因此，记者在提供数据的同时，要紧接着提供对数据的解释——数据产生的原因、数据产生的后果等，从而提升报道的新闻价值。作为电视记者，更高的要求是为数据提供形象的注脚，从而让观众对这些数据形成直观的认识。比如在《安全性增强的高速路行驶》[②]这条新闻中，报道美国 2010 年高速路车祸死亡率比 2005 年减少了 25%，是 1949 年车祸每年攀升以来的首次下降。记者没有停留在数字的简单报道上，而是用视听形象分析了车祸下降的原因。报道引用了保险公司的防撞实验视频，对比了汽车安全措施改进前后的变化，从汽车结构、安全气囊及安全带的使用等多方面分析数字下降的原因，同时进一步报道了驾驶的安全隐患来自于驾驶员

[①]　中央电视台电影频道 2009 年 9 月 7 日播出。
[②]　美国广播公司《世界新闻》2011 年 4 月 1 日播出。

注意力的不集中等因素。

此外,也可以提供不同的数字组合,从而产生新的意义。比如美国哥伦比亚广播公司(CBS)《晚间新闻》报道2011年4月份失业率的新闻。报道称4月份的失业率是8.4%,下降得不多(这是数字的意义),如果仅仅报道这个数字口播就可以,但是报道者从8.4%这个新闻由头展开,又引用了新泽西州立大学对失业工人的调查数据,报道了失业对他们的生活及前景的影响。

方法六,赋予数字人的维度。

为出现的数字或数字变化提供背后的人的因素,解读数字会对谁产生影响、产生怎样的影响,报道会因此而生动。比如《就业上升》①中,报道美国2012年3月的数字表明,美国工作增加了21.6万个,失业率下降到8.8%,为两年来的最低点,但是仍有数以万计的美国人处于失业之中。为了让这些抽象的数据形成有吸引力的报道,记者选取了佛罗里达州布鲁明戴尔奥特莱斯购物中心,现场出镜报道这个卖场最近招收的雇员,并分别列举了北卡罗来纳州一位已经找到工作的妇女和佛罗里达州迈阿密尚处于失业中的中年男人的案例。这条报道把数据的意义与人有效地联系了起来,不仅使数据在观众头脑中产生意义,也增强了报道的人文内涵。

(2)会议简报、文件的形象性

会议报道往往是记者报道的难点。会议新闻的形象性绝不在于会场的规模与现场情况,文件的形象性也不在于简单直观地展示文件。这些报道形象化的关键是在会议简报和文件的内容上做文章。俗话说,会内新闻会外报。会议的重要决议、会议所影响的人才是报道的重点。

方法一,把会议要点化整为零,从内容中提取最有特点、最能体现会议情况的新闻价值点。比如,《中国电影报道》2009年9月13日关于第五届北京国际体育电影周的一条报道,记者直接以出席电影周的演员蒋雯丽为报道点,从其参演的体育电影《女帅男兵》深入讲述蒋雯丽的成长经历。为什么选择这个报道点?实际上,记者采用了以小见大的方式,以蒋雯丽这个报道点引出整个电影周的情况,同时也因为蒋雯丽现场出席这个角度具有可操作性和可视性。

方法二:从会议的同期声中提炼最有价值的同期声引语,作为新闻报道的实证性语言,更作为聚焦主题的方向。比如《市长痛斥不作为:不要为我市长干》用绍兴市市长俞志宏在会议中的批评话语作为新闻点切入,形成有分量的报道。

市长痛斥不作为:不要为我市长干

---

① 美国广播公司《世界新闻》中播出。

3. 内心感受、氛围的形象性

对于内心感受、感觉这种内在的、无形信息,是记者在影像表达中的难点。对于"难受""愉快""痛苦""隐忍"这样一些无形信息的传达,文学、绘画作品可以用不同的文字和形象元素来传递。如贾岛的"僧敲月下门"比"僧推月下门"更形象地传递了明月朗照,寂静无声的意境,更具有声音牵带出的空间感;"深山藏古寺"的画作以山脚下提水的小和尚含蓄形象地传递出深山空幽、古寺隐隐的禅意;而"踏花归去马蹄香"以蝴蝶翻飞马蹄间,形象地传达出花香。电视媒介当然可以通过画面、解说词、文字等多种手段综合表达无形信息,这种表达应当以画面信息为主;当画面信息不足时,用解说词与音乐来弥补。但无论是画面表达还是声音传递,都应该注意的是:要用具体、形象的视听语言去表达,避免用大量抽象的解说词去描绘。

比如,中央电视台《新闻30分》的新闻特写《返乡民工子女上学调查——从城市到乡村,心理落差大》①,在表现学生刘官杰回乡的孤独状态时,记者并没有过多的解说词描述,而是通过他骑折叠自行车、打电话等形象的细节展示出来。在表现另一返乡学生廖胜绪的孤单时,记者向廖胜绪提了一个问题:"孤单的时候做什么?"廖胜绪回答说:"我问邻居,他家狗生了,我就找他要一只狗。"相信这种非常生活化的信息传达是能够在观众心中产生共鸣的。

4. 再造想象,引发联想

通过画面信息,引发观众的想象和联想。这种想象和联想意味着观众主动参与到信息的构建当中。当调动了观众的主动参与意识时,新闻就成了观众挥之不去的念想,节目也就提升到了必看的地位。比如凤凰卫视在俄罗斯别斯兰人质事件报道中,经验不足的凤凰卫视驻莫斯科首席记者卢宇光在报道中简单地提到了现场散落的孩子们的作业本和鞋子,却没有深入下去。而其采编总监吕宁思从废墟堆里找到了一个名叫"安德烈"的男孩的作业本,这个作业本上面贴有卡通人物画,还有做错的算术题:"9-2=4"。吕宁思针对这道极其简单但却被算错的算术题做了现场出镜报道,将镜头推给作业本。② 这一刻,这个小学生的脸孔仿佛跃然纸上,虽然观众从来没有见过他,但是这道题却引发了观众无尽的想象。仔细揣摩,一个连一道基本的算术题都不会做的孩子,他该有多么纯真和稚嫩,而此时这个稚嫩的生命却已经不在了。鲁迅说过,悲剧是把美好的东西撕破给人看。这则报道传达了这种情感的力量,同一般的对现场简单的展示性采访报道不同的是,这则报道带给观众的心理参与,是不一样的感动、不一样的震撼,由此反衬了恐怖分子的凶残。在这里,情感因素已经深深地渗透到报道之中。

因此,我们在采访中应当揣摩的是,怎么样把这冷冰冰的媒介工具转换成可感、可知、可触摸的生命与情感体验的载体。正如有人说的那样,给你的报道一些温度,给你的新闻一点色彩。

---

① 中央电视台《新闻30分》2009年3月31日播出。
② 张林,等.大事背后:凤凰卫视资讯台揭秘[M].北京:中国和平出版社,2005:169.

四、现场意识

公元前47年,恺撒大帝在小亚细亚吉拉城大获全胜,欣喜的恺撒给罗马友人报捷时只用了3个拉丁语单词:"Veni! Vidi! Vici!"(我来! 我看见! 我征服!)惜字如金,却掷地有声,这是一个现场征服者的姿态。电视记者也应该以这样的姿态,充分把握和占有现场。正如有的记者所言,有新闻事件发生的地方,就有我的存在。

对于电视采访而言,现场已成为核心因素。声画一体、直观形象的画面决定了电视可以最大限度地直接记录现实生活中的各种信息并对其加以还原,传达给观众。观众从屏幕上看到的是现实的人和事。屏幕上用特定现场背景作衬托是电视采访独有的形式,也是同其他传播媒介采访形式最大的区别之一。

与报纸、广播相比,电视可以直接抓取现场的原始信息传达给观众。由于有特定现场背景作衬托,电视采访不但能够传达信息,而且还能够直接传达形象。电视传达的信息不仅显示新闻事件发生时记者在场,而且让观众感觉到"我就在新闻现场",从而让观众身临其境,能够在第一时间,以第一视角感受现场。美国"9·11"事件的报道为什么能引起全球范围的恐慌,让人们感到这是全人类的灾难? 正是因为CNN电视记者通过用不同角度的镜头来展示客机撞击世贸大厦、大厦倒塌,以及现场惊恐的人群的画面,使得观众比在现场还能感受到更多更全面的信息。借助现场信息本身的直观性、多义性和透视性,电视采访给观众提供了多方面的思考。随着无人机、VR等视听技术的发展,新闻采访的临场感、现场感更加强烈。

从这一特性来看,电视记者应当做到以下几方面:

1.亲历现场

"接近真相,从现场开始",即记者要再现现场的亲身经历。比如,2013年,叙利亚局势动荡进入第三个年头,冲突双方僵持不下,造成大量人员伤亡,而普通民众的生活更遭到严重影响,纷纷出逃。为了进一步了解那里的局势,中央电视台记者跟随叙利亚政府军亲历现场,反对派武装如何在墙上挖洞阻击,难民遗留在现场还没烧好的饭,记者采访时受到枪声惊吓,这些非常鲜活的现场信息给观众以非常直观的印象。现场的细节和同期声,记者与现场环境的互知,真正体现了视频新闻的最大优势。[1] 正如CNN的形象呼告语"CNN在那里(is there,现场),CNN去那里(go there)"。只有亲身经历现场,记者的独家报道视点、独家观察才会成为可能。

好的现场环境,能增加电视画面的冲击力,适合电视表达,适合人物情绪和个性的烘托。比如中央电视台"走基层"报道《悬崖村扶贫纪实》中,陡峭崖壁上的道路即说明了一切,极具震撼力。因此,环境的到位,是电视记者现场意识的表现,也是记者在报道中须考虑的重要因素。

---

[1] 《本台记者探访大马士革南郊战区》中央电视台2013年1月12日播出,此片获2013—2014中国广播影视大奖。

2.尽快给观众呈现现场

事件现场是新闻的由头,是观众可以感知的具体空间。如何让节目有现场感?电视采访报道应该由现场切

图1-2-13 中央电视台"走基层"报道《悬崖村扶贫纪实》

入,让观众看到记者所处的现场氛围、空间,听到现场富有质感的声音。我们经常看到许多采访报道大而空,就是因为记者缺乏从现场切入的意识。在报道中,记者要善于从现场最新的事态入手,从现场的细节入手,这是一个巧招。

3."视点"的亲历和独家

记者不仅身在现场,还要通过观察,寻找反映现场的独特位置、独特视角,获得第一手资料。比如重庆电视台大型系列报道《走近贫困山区》第一集,记者采用体验式报道深入四川巴山山区。在报道中,记者抓住"行路难",向观众展示了山区崎岖险峻的路况。其报道特点有三方面:

第一,独特的新闻价值点。节目放大了事物的特点,向观众展示了新闻事实中最独特的视点。记者用广角镜头拍摄路边犬牙交错的山岩,其贴近逼视的角度使画面中的岩石扑面而来。"广角镜头极强烈地夸张了相对大小,靠近摄像机的物体显得相对较大,而沿z轴在其背后仅一小段距离之隔的类似物体却展现出急剧减小的图像"[1],这样的镜头样式放大了事物的特点,使其清晰地呈现在观众面前。

第二,独特的拍摄视角。记者使用了许多非常规的视角,比如在靠近拖拉机轮子的位置和贴近悬崖的位置拍摄,让观众得以多角度接近现场。

第三,立体而丰富的视角。节目视角不仅独特而且形成呼应,既有表现山路具体特征的镜头,也有体现山路与大山关系的镜头;既有展现事物的镜头,也有表现记者拍摄事物的镜

---

[1] 泽特尔.图像、声音、运动:实用媒体美学[M].赵淼淼,译.北京:北京广播学院出版社,2003:152.

头。这些视角相互呼应，为观众传达出一个立体的时空。

"青衫磊落险峰行"，没有现场的独到观察，是很难获得如此形象而生动的信息的。很多记者深入现场，拍回来的素材却千篇一律，原因就在于惯性思维支配着其惯常的视角。记者在现场需要考虑，能不能换一个角度看世界，能不能换一个位置看事件，能不能从熟悉的事物中看出风景。比如，美国电影《死亡诗社》（*Dead Poets Society*）里的英文教师约翰·基廷（John Keating）引导学生用新鲜的视角观察事物的方式令人印象深刻，值得记者借鉴学习。

想想，身在现场的你，视角在何处？

4. 用同期声传达现场

电视新闻报道的优势除了现场画面，还在于现场的同期声，自从 ENG、EFP 等电子采集系统出现以后，新闻信息便从现场开始即通过信息双通道的模式被采集、编辑与整合，便携式摄像机、手机的使用，为信息的采集提供了更大的便利。这其中，现场的同期声与画面一起成为电视采访信息的载体与重要表现元素。作为电视记者，应该追求的是，能够用现场同期声传达信息、说明问题的，就尽量使用同期声，只有在一些背景因素的介绍或者无法用现场画面与同期声说明问题的情况下，才使用解说词等后期声音与音响。

图 1-2-14 中央电视台大型电视纪录片《南海一号》采访拍摄拾音现场

关于这个问题，我们将在第八章中进一步阐释。

五、人际交流的采访方式

电视的优势在于真实还原人际交流，用人际交流呈现信息，好的采访要让被访者忘记采访本身沉浸在交流中。"电视采访是人本化的采访，它比其他任何媒介都更加要求交流的人际化和采访的个性化。"[①]通过展示记者与被访者、被访者与被访者之间的交流来传达信息也是电视采访区别于其他采访的重要特征。这种交流不仅是电视采访的形式，同时也是电视采访的重要内容。信息就是在这样的互动状态下形成的。在这里，我们有必要厘清电视采访报道中人际交流的不同层次：

- 出镜记者通过人际交流的方式与被访者互动，获得信息（与文字记者不同的是，这种互动可以直接加以展示，形成电视采访的重要内容）；
- 出镜记者通过自身报道行为向屏幕前的观众传达信息，引导观众参与到现场中来，观众则是以心理投射的方式与记者产生互动；

---

① 朱羽君，雷蔚真.电视采访学[M].北京：中国人民大学出版社，1999：25.

- 电视采访是通过镜头展示人际交流,让观众感到自己与现场的人物进行着面对面的交流,是在现场获取信息。

通过以上不同层次的人际交流展现,新闻的真实感、动态交流感、互动参与感就凸显出来了。从这一点来说,电视访谈和谈话节目就是最大限度地发挥了电视善于展现人际交流这一特质的节目形式。

在这一方面,我们考虑的重点不应该是其原理,而是采访中的具体交流状态,即如何在现场还原出相对生活化的交流场,使交流呈现出一个相对自然、轻松、信手拈来的状态。从电视媒介诞生伊始,其重装备的特点便决定了电视采访是一种形式感很强的采访方式。某种程度上,这一特点恰恰妨碍了电视采访中信息的传达。被访者的紧张、矜持及故作姿态等都是因为镜头的存在。因此,在电视采访中,记者应该着重考虑如何打破电视形式感因素的束缚,具体而论,有以下两点:

第一,如何体现互动。既称之为"互动",就是一个双向沟通的状态。交流是平等的状态,是双向的信息流通。在采访中,记者可以提问,被访者也可以提问,采访是在双方碰撞中激发信息、闪现情感的。笔者曾经参与文献纪录片《中国广告二十年》的拍摄工作,其中一集讲述凤凰自行车的广告发展史。作为摄像与编导,我在创作中首先考虑的是如何从观众可以感知的视角切入主题。如果节目一上来就是车间、厂房,甚至辉煌的历史叙述,显然不具有可视性。我们找到了拥有一辆 36 年历史的凤凰自行车的主人钱凤鸣老人。在上海的一个普通的弄堂里,我们的摄像机开始了叙述。镜头记录的是钱凤鸣老人把她的自行车从弄堂的角落里搬到显眼的位置。笔者一边拍摄,一边插入提问:"您这自行车有多少年历史了?"老人回答:"36 年了,1963 年 10 月份买的。"这时老人突然转身问笔者:"它的年龄可能比你还大了吧?你几岁了?你还没有 36 吧?"被访者的突然发问使笔者一下子意识到这正是这段采访的精彩之处。摄像机在转动,我的思绪也在飞转。我赶紧接上对方的提问:"还没有。"这时,老人倍感自豪:"啊,它年龄比你还大了,待会儿看看发票你就知道了。"这样,老人对凤凰自行车的情感自然鲜活地展现了出来,一个企业的历史也自然鲜活地呈现了出来。在实际拍摄之前,我只与老人通过一次电话,告诉她,我们想看看她的自行车。现场这段没有任何修饰的交流,让笔者思考到电视采访中记者与被访者形成互动的要义,同时也意识到电视采访应该还原一个真实自然的交流状态。

此外,交流中的碰撞与交锋同样也是人的思维与情感在交流中的自然闪现。比如,中央电视台《新闻调查》之《与神话较量的人——刘姝威》[1]是该栏目新闻人物访谈的一次试验。被访者刘姝威在节目中所表现出的个性、坚持以及她与记者的交锋、碰撞令人印象深刻。中央财经大学研究所研究员刘姝威在《金融内参》上发表了《应立即停止对蓝田股份发放贷款》一文,粉碎了上市公司蓝田股份的神话。刘姝威因此受到公司方的起诉、威胁和恐吓,记者在这

---

[1] 中央电视台《新闻调查》2002 年 3 月 23 日播出,获 2002 年度全国电视评论及谈话类节目一等奖。

个时候对刘姝威进行了专访。在这次专访中,记者与被访者闪现出精彩的交锋,比如:

记　　者:你指的这个因素是权力吗?

刘姝威:你说呢?

记　　者:我问你。

刘姝威:我问你。你听了我讲述的话,你认为这个因素是什么?

记　　者:你是当事人。

刘姝威:这个问题我想应该让公众来分析吧。

在访谈中,记者提问尖锐,但态度冷静。他的提问既有对采访对象命运的关注,又始终与之保持着一定距离,显得既有职业素养又有风度。而学者出身的刘姝威个性鲜明,既有强烈的感性色彩又有理性思辨的张力。正如古人所说"棋逢对手,将遇良才",双方在交锋中共同推动了节目的发展,笔者认为,这个节目对中国电视媒体的意义在于,它使我们意识到什么是真正的好的电视访谈,什么是记者与采访对象的互动,怎样才是一个专业的电视访谈记者。

第二,如何还原自然的交流状态。像上文提到的钱凤鸣老人这种呈现出自然状态的行为不多,更多的被访者需要依靠记者去有效地引导。记者应该帮助被访者忘掉摄像机、忘掉灯光、忘掉所有与电视采访有关的事物而完全沉浸在与记者的探讨之中。正因为电视媒介具有很强的形式感,记者在采访中的重要工作之一便是去除这种形式感,其实也是消除被访者的紧张感,让其重新回到生活的自然状态中。这实际上也是被访者从"要我说"向"我要说"谈话状态的微妙转变。

> 记住:电视采访报道的基本要求是准确、清晰传达有效信息,更高要求是叙事的形象性,报道要从直观到形象。人际化的交流是最自然的采访交流。

第三节　用个性、情感与思辨直击人心

有人说,有渗透力的新闻可以战胜岁月。通常认为新闻是"易碎品",但所有的记者都想让新闻没有皱纹,能够经得起时间的检验。其核心何在?就在于新闻报道已经超越简单的信息传达层面,直指人心。

一、个性、情感与思辨是魂

一条电视新闻报道在信息传达的过程中包括三个层次:

一是信息层面。要准确明晰地运用视听语言传达有效信息,承担社会监测功能,传播社会生活等方方面面的资讯信息。

二是个性与情感层面。要从现场的人物刻画、叙述中传达出情感,或者从现场信息中升华出直击人心的情感。需要说明的是,这样的情感高度,是以信息传达为基础的,是在信息的基础上自然牵带出的,而不是无源之水的空洞抒情。

三是思辨层面。要有多面的事实和观点呈现,形成碰撞、冲突、交流和交锋,以呈现多面观点和事实为基础,给观众一个开放的思考空间。

用影像视听语言清晰传达事件信息,这只是一个基本要求,对记者而言,电视采访报道在信息传递中还应该有更大的空间。直观、形象的视听语言是电视媒介的独特表现形式,尼尔·波兹曼认为:"电视最大的长处是它让具体的形象进入我们的心里,而不是让抽象的概念留在我们脑中。"①电视内在的独特机理是什么?笔者认为,电视诉诸感性印象远远大于抽象的告知,观众从电视新闻中感受到的远远比他们被告知的要深刻。当你看完一个节目之后,在头脑中留下印象的恐怕只是一个画面细节、一句同期声,而正是这些颇具感性的因素拨动了你的心弦。美国资深媒体顾问阿尔·汤普金斯(Al Tompkins)说:"伟大的故事抓住观众的眼睛和耳朵,能直击人心,最好的电视新闻故事不仅仅告知信息,更能教导、引领、启迪观众。"②而这样的引领与启迪则需要采访报道中呈现出的情感与思辨去承载。一则好的新闻故事不只是呈现,更能引起观众的共鸣与思考,共鸣与思考就是节目与观众心理互动的结果。

二、个性与情感

1. 记者感受现场

电视记者在现场不仅要通过影像信息的传达还原事件,更重要的是带领观众一起感受现场,感受事件中的人的个性与情感。从记者的职业状态而言,应当具有理性中立的态度,但是有人说,采访本身就是站在一种傲慢的立场上,唯一能够消减这种傲慢的方式就是投入到他的感受中。③这样的感受把冷冰冰的摄像机变成了真正可以传达情绪、个性的人性化的工具。用理性去分析,用情感去感受。记者理解得越深、感受得越深,他在信息的传达过程中,才能明白个性与情感的力量,才能有意识地形成这样的力量。当然,个性与情感的力量,是建立在用视听语言陈述事实的基础之上的,绝对不是空穴来风、穿凿附会。

2. 让观众去感受

在记者用视听语言传达信息的过程中,和观众一起感受事件中人的个性与情感,在感受

---

① 波兹曼.娱乐至死[M].章艳,译.桂林:广西师范大学出版社,2004:159.
② TOMPKINS.Write for the ear,shoot for the eye,aim for the heart—A guide of TV producers and reporters[M].Bonus Book,2004.
③ 骆沙,柴静.记者要表达的是事实而不是情绪[N].中国青年报,2011-10-23(03).

中形成对信息的理解。具体包括:
- 承载感受的个性化人物。让观众感受到个性与情感的前提,是所报道的主题与事件通过具体的人物呈现出来,通过人物的个性与情感呈现出来。
- 细节呈现个性与情感。电视的视听元素在表达细节上更直观、形象、多义,通过画面细节能够把人物的个性、情感具体地呈现出来。被访者的动作、表情等形象细节都能成为传达情感的载体,让观众去细细体味。
- 同期声呈现个性与情感。被访者的个性化的语气、沉默无声等感性化的因素都能在真实的记录中表现出来。
- 交流呈现个性与情感。电视善于展现动态的人际交流过程,在记者与被访者、被访者与被访者之间形成的交流互动、碰撞中,能够牵带出个性与情感。

让观众去感受,这对于常常表现乏力的主题报道与典型报道尤为重要。我们想要表达的概念、思想都应该化为观众可以感受的信息表达,而不是抽象的概述。

三、思辨探讨

思辨性为观众提供了参与报道建构的途径。比如苏州广播电视总台的《道德向善 呼唤媒体理性传播》[①]这条报道,针对当时吵得沸沸扬扬的"小悦悦事件",没有简单地跟风炒作,而是进行了实地采访与考察。针对网络谴责的18位见死不救的路人,记者在现场实地分析事发环境及光照程度,发现在当时的情形下有些路人的确无法辨清,而有的路人曾有发现情况后告知街坊邻居的举动,但视频被有意删减。这样的分析精辟独到,不仅提供了多元的解读事件的视角,也对媒体行为进行了理性反思。当然,我们在这里提到的"思辨",不是用滔滔不绝的道理去说明,而是在事实的层层剖析过程中让观众来一次思想的旅行。

有的时候,我们看了一个节目的开头,就知道它的结尾,因为这样的节目提供的信息是单面的、一边倒的信息,缺乏较为全面的解读与分析。如果我们提供多元的信息和观点,形成碰撞,并能够分析问题而不是简单地描述现象,更不是简单地下结论,那么节目所呈现出的复杂、多面不仅能让我们更清楚地了解事情的本质,也更能激发观众在新闻所传达的信息基础上主动参与到新闻报道的建构中,形成多元的思考。在中央电视台"新春走基层""走基层·蹲点日记"的报道中,记者把现实生活的个案放在国家、民族、社会转型的大背景中,从政治、经济、医疗、教育等视角去分析,而不是简单下结论。《塔县皮里村蹲点日记》《北京儿童医院蹲点日记》《湖南板桥村蹲点日记》《北京同仁医院蹲点日记》《铁道宿营村蹲点日记》等长篇系列作品,揭示出我们改革发展中的短板,剖析问题背后的现实复杂性,体现出了记者对问题的辩证思考。中央电视台《新闻调查·一只猫的非常死亡》,记者千辛万苦地挖掘出虐猫当事人,不是为了批判他们,而是为了让他们说话,揭示他们虐猫的动机和心理,展

---

① 苏州电视台播出,获得中广协会城市台电视新闻委员会2011年度电视新闻节目评析会评论类一等奖。

现他们更丰富的现实处境和内心状态。虐猫与反虐猫者双方所呈现出来的矛盾冲突是尖锐的,但节目没有停留在虐猫事件本身,而是从虐猫引发到虐人的反思,反映出更多的社会问题、心理问题。

> 记住:信息是基础,个性、情感与思辨是魂。

思考及练习题

1.选择一个事件,用一句话或一个词提炼这个事件的主题。
2.如何用视听语言清晰、有效地传达信息?
3.电视采访的核心是什么?

第二章
策划先行

本章重点

- 具备勇于发现的眼光、善于等待的耐心、深入挖掘的恒心
- 采访线索是选题的具体指向
- 新闻价值是选择和衡量新闻事实的标准
- 现代电视新闻价值要素：影响、兴趣、信息和可视性
- 新闻敏感是指记者判断什么值得采访报道的能力

凡事预则立，不预则废。

策划是事先的谋划，更是事前的准备，是方法论，更是一种态度。

孙子有言："夫未战而庙算胜者，得算多也；未战而庙算不胜者，得算少也。多算胜，少算不胜，而况于无算乎！吾以此观之，胜负见矣。"这是告诫人们开战前要进行充分的谋划。美联社负责新闻企划的主编乔恩认为，所有的新闻报道都可以策划，包括不可预见的突发新闻，在它发生后的第一时间，策划行为就开始了介入，然后一步步展开、深入。①

什么是策划？

图 2-0-1 中央电视台系列片《大国工匠》拍摄现场

《电视节目策划技巧》一书认为，策划是"为实现某一目标，在尽可能全面、客观、准确、科学地认识与该目标相关事物的基础上，而制订出有助于实现这一目标的最终行动步骤、计划或指南"②。《电视节目策划学》一书认为，"电视策划是对于电视的某一种行为，借助特定电视媒体信息、素材，为实现电视行为的某种目的、目标而提供的创意、思路、方法与对策"③。

从电视采访的角度来理解，电视采访策划是指电视记者为了迅速准确地采访到新闻事实，在采访报道之前所制定的方法与对策。由此看来，采访策划更具体，更有针对性。

第一节 获取采访线索

采访线索仿佛蛛丝马迹、草灰蛇线，需要记者具有勇于观察与发现的眼光，需要记者对事实新闻价值有敏锐的认知和判断能力，更需要有善于等待的耐心、深入挖掘的恒心。

世界报业巨头约瑟夫·普利策（Joseph Pulitzer）说，倘若一个国家是一条航行在大海上的船，记者就是站在船头的瞭望者。他要在一望无际的海面上观察一切，审视海上的不测风

---

① 浅谈欧美电视新闻策划[EB/OL].南方报网.(2009-07-08)[2012-05-16]. http://media.nfdaily.cn/content/2009-07/08/content_5345378.htm.
② 张联.电视节目策划技巧[M].北京：中国广播电视出版社，2002：2.
③ 胡智锋.电视节目策划学[M].上海：复旦大学出版社，2006：1.

云和浅滩暗礁,及时发出警告。作为把关者的记者,如何从大千世界中寻找到有新闻价值的信息?采访线索即是新闻报道的一个参考方向,是确定选题的最初指向。

一、采访线索界定

采访线索就是新近、正在或即将发生的新闻事实的简明信息和信号。

采访线索建之于事实,但不等于新闻事实和报道。它的特点是比较简略、笼统,没有细节、过程,最多告诉记者一个片段或一个由头。其最终的指向为何,无从知晓,需要记者进一步挖掘。

二、采访线索的特点

1.采访线索形态简单、零碎、不完整

有些采访线索的内容很详细具体,不仅有时间、地点、人物、事情经过、原因等完整的新闻要素,而且有生动的细节,记者采访核实之后获得的材料并没有超出新闻线索所提供的情况,但这种情况少之又少。大量的新闻线索是比较模糊、零碎的,有些线索甚至与新闻事实处于完全相反的状态。它需要记者寻门而入,发展线索,获得完整的新闻事实,从而在新闻事实的准确性和新闻价值上获得提升。

比如长消息《我国首次取得东北虎渡江迁徙证据》[①],记者获得了一段东北虎从俄罗斯横渡松花江来到中国境内的视频。按照互联网的逻辑,这段视频不过是一个病毒性传播的视频,但记者并没有简单地停留在这段视频表面的新鲜与猎奇上,而是先判断其真假,然后深入挖掘其背后的深层意义。由此,记者立刻到国家林业局猫科动物研究中心鉴定,同时联系东北虎研究领域泰斗、中国工程院院士马建章进行采访,证实了东北虎可长距离渡江迁徙,为正在进行的东北虎跨国通道建设提供了事实依据。同时,节目还梳理了黑龙江生态移民政策,结合林区珍稀动物频现的监测画面,证明了东北林区生态环境修复、老虎归来的现实。

2.采访线索具有突现性、隐蔽性,稍纵即逝

采访线索往往只是一个简单的信号,具有不稳定性和隐蔽性。记者只有具备高度的新闻敏感,才能从众多的事实中发现采访线索,并进一步挖掘出有价值的新闻。有经验的记者善于从别人发现不到的线索中,追踪出有价值的新闻、从别人看不到的角度挖掘出有深度的新闻。比如长消息《廉价蒲草

廉价蒲草"编"出亿元淘宝村

---

① 黑龙江电视台《新闻晚点名》2014 年 6 月 16 日 21 时 40 分播出,获 2014 年度中国广播影视大奖广播电视新闻类节目奖一等奖。

"编"出亿元淘宝村》①,讲述山东滨州博兴湾头村利用淘宝网店推销当地传统的蒲草编织产品的故事。记者深入到当地采访②,一走进村子,手机就蹦出了无数个 Wi-Fi 热点,说明这里的无线网络非常密集。为何会这样?原来全村共有大大小小的网店 700 多家。在这里,家家户户都在生产一种极具地方特色的草柳编产品,而打开产品销路的就是网店,家家户户都开设了网店。记者顺着这样的线索,蹲点两个月,最终挖出一个富矿,切中互联网经济与新农村建设这两个大的时代主题。

3.采访线索的可信度小,变动性大

新闻线索往往只是直观而感性的东西,是事物的某些表象,还远不能反映事物的本质。有些采访线索可能引导出重大的新闻事实,而有些采访线索并不具有新闻价值和宣传价值,只是一般的材料而已;有些新闻线索只是道听途说、子虚乌有,有些新闻线索则可能引导出一条有价值的重大新闻。因此,记者需要在调查研究之后,根据自己的判断和选择,形成新闻报道,否则就可能造成新闻失实。

在中央电视台舆论监督栏目《焦点访谈》中,节目大概有 10% 的选题是在采访中发现最初设想与新闻真相不符后放弃的。

4.采访线索不是新闻事实本身,二者不能简单等同

采访线索也许只是冰山一角,而真正的新闻事实是隐藏在海面下的冰体。例如笔者印象深刻的《焦点访谈·追踪矿难瞒报真相》③中,记者根据仅有的新闻线索经历重重困难,终获真相。记者接到匿名举报,山西临汾发生煤矿瓦斯爆炸事件,有瞒报死亡人数问题,而当地有关部门和煤矿矿主却对此予以矢口否认。记者并没有轻易放弃,寻找一切线索,从路遇矿难知情人到死亡矿工电话本,继而奔赴安徽、河南等地,从最初的头绪全无到最后挖出当地政府瞒报真相的事实,最初的线头牵扯出一个巨大的真相。

采访线索不能凭空想象、主观捏造,必须以事实为基础。作为采访线索的事实,从时态上讲,可以是已经发生的,也可以是正在发生的或将要发生的,这些事实都可能成为采访线索的依据。无论这些事实是完整的还是零碎的,采访线索都必须做到有源之水,而不是空穴来风、道听途说。比如北京电视台的"纸包子"事件,一位编导在栏目组选题会上提出,曾接到过群众电话反映"包子肉馅内掺碎纸"的问题,引起栏目制片人的兴趣,于是被确定为专题选题。该编导在北京四环路一带调查,始终没有发现"纸包子"的现象,于是人为地制造了纸馅包子的制作过程,并拍摄制作了专题节目《纸做的包子》,该报道后来被证实为虚假报道。

在互联网新媒体时代,网络舆情越来越复杂,采访线索也千奇百怪,由于传播的便利性

---

① 山东广播电视台电视生活频道《生活帮》2013 年 11 月 12 日播出,时长 4 分,获 2014 年中国新闻奖消息类一等奖。
② 牟宗平,李伟.背后故事:基层是好新闻的"富矿"[EB/OL].齐鲁网,(2015-05-12)[2016-07-08]. http://www.iqilu.com/html/zt/other/gdryb/zpsx/2015/0512/2402155.shtml.
③ 中央电视台《焦点访谈》2003 年 1 月 12 日播出,获第十四届中国新闻奖电视评论类二等奖。

和快捷性,无论是真有其事还是子虚乌有,转发与分享间,往往一个线索有可能被迅速放大、发酵,成为人们关注的焦点。因此,对采访线索的判断、甄别、求证与核实成为当代记者面临的一个新课题;同时,这样的工作方式也发展成为一个新的报道样式——求证式报道或证实性报道。

三、开掘采访线索的源头活水

采访线索的获取来源没有一定之规,渠道多种多样,记者应该以开放的姿态去开掘采访线索的源头活水。但是,需要引起重视的是,在新媒体技术发展的背景下,网络舆情既提供了丰富的线索,也造成了采访的复杂性。结合中国国情和新闻界自身的特点,记者可从以下渠道获得采访线索:

1. 形象解读政府的文件、决议、指示、法令、法规

国家颁布的各种法令法规等都是新闻报道的线索,这一来源可以使记者了解当前政治、经济形势、政策动向和新任务,察势而谋,顺势而为。像《消费者权益保护法》《民法总则》等法规的出台,记者可据此作出相应的新闻报道,但问题的核心是如何去解读、呈现这些法规。记者在进行这类新闻报道的时候,不应简单地照搬这些法令法规条款,而应该运用形象的画面报道和相关事实对其作出通俗易懂的解释,指出该法令法规出台的背景,对观众的影响,与以前的相关法令法规相比有什么变化,为什么会有这样的变化。比如,2017 年 3 月 5 日第十二届全国人民代表大会第五次会议开幕,李克强总理作政府工作报告。政府工作报告发布后,新华网与中国日报网、中国政府网联合制作的微视频《无人机航拍:换个姿势看报告》,采用无人机航拍与数字动画可视化呈现的方式,辅以李克强总理在人大会议上作政府工作报告的原声音轨,将工作报告关键性内容和数字予以鲜活呈现。航拍的视角配合李克强总理的报告原声并采用数字跟踪技术这一可视化手段,将国家发展的成果进一步形象化,给用户以直观的视觉感受,可视化数据动画在航拍画面中布局合理,二者有机融为一体,起到了 1+1>2 的效果。

图 2-1-1 新华网微视频《无人机航拍:换个姿势看报告》

此外,还可以从各级内参上寻找采访线索,这些内参中的事件由于可能造成比较严重的社会影响,不适合公开报道,就通过内部渠道,送至中央等各级领导手中,领导看到之后进行批示、处理。目前,许多中央级媒体都有内参,比如新华社的《国内动态清样》。内参中的线索经过审慎处理,选择最佳的报道角度,往往能成为很好的报道选题。

2. 善挖会议纪要、简报、情况反映的线索

记者平时参加各种行业会议和学术会议，翻阅各种简报、情况反映，也能从中发现采访线索。有些记者不太重视对这类采访线索的挖掘，长期以来，电视会议新闻简单停留在会议画面加会议摘要的层面上。其实这些会议往往是某一时期的工作总结或下一阶段的工作部署，从中能挖掘到许多有价值的采访线索。作为记者，应该带着分析的眼光去看待这些会议纪要、简报，从中挖掘出新的变化和有价值的信息。

从会议中提炼出独特的报道点或者从会议中延伸出报道点，这是目前许多电视媒体改进电视会议报道的方法，比如获奖电视新闻《北京听到我心声》《小手机折射出大发展》《听证会上的惊天一抛》《市长痛斥不作为：不要为我市长干》等都是记者从会议中找到的新闻线索，不在会议程序和规模上做文章，而是化整为零，放大最有价值的新闻点，形成独特的报道角度。

3. 审慎处理主管部门直接提供的线索

在具体采访中，不同记者分管经济、社会、交通、服务等不同渠道的新闻。一般来说，记者与相关行业的主管部门都保持着密切的联系，直接从这些主管部门获得采访线索往往能事半功倍。

需要说明的是，有的时候，提供采访线索的主管部门会要求记者按照其自身利益或目的去报道事件，引导报道方向。记者应该具备独立分析和判断的能力，本着实事求是的原则，按照新闻规律进行报道，而不是简单地搬用和顺从。

4. 整合从其他媒体获取的线索

在互联网环境下，有人说不做"新闻的生产者，而是新闻的搬运工"，这句话反映了互联网媒体借助大数据技术手段和开放的网络信息源整合的特点，虽有失偏颇，但其从一定程度上延续了传统媒体获取采访线索的途径。

电视采访报道的选题并非都是硬性的突发事件，许多采访线索是从报纸、广播、杂志等报道中再次发现的，并经过电视的"包装"，以新的视角和视觉形象手段进行传播。这是视听媒体善于借势借力的有效方法。

目前，互联网的信息越来越成为记者获取采访线索的重要来源，有些话题通过微信、微博等媒介的分享和转发，往往会形成一定的舆情焦点，这为记者的报道提供了很多线索；但同时也要注意虚假信息陷阱，需要借助新的技术手段去应对。

此外，研究国外媒体关注的热点以及国外对中国的相关报道，也是记者进行对比参照、发现报道点的方法。

5. 巧用新闻发布会的线索

随着我国各级政府新闻发布制度的完善，依靠新闻发布会、记者招待会获取有价值的新

闻线索成为常态。新闻发布会一般分为例行新闻发布会,如我国各级政府的例行新闻发布会;突发事件新闻发布会,如因"东方之星"号客船翻沉事件而于2015年6月2日到6月13日期间召开的15场新闻发布会。

图2-1-2 美国电视媒体记者在新闻发布会现场

记者招待会、新闻发布会是获得采访线索的有利时机,会上发布的信息本身就是重要新闻。有经验的记者不但能够完成采访任务,而且还善于从中发现其他可供进一步挖掘的线索。西方媒体称新闻发布会获得的信息多是"罐头信息",即所有媒体获得的是一样的信息。这就需要记者在新闻发布会提供的信息基础上,对信息进行独家选择、独家提炼和独家解读。比如,中央电视台《一个不断说"不"的奥委会主席》[1],开篇便是记者在现场出镜解说:伦敦奥运进入倒计时10天了,但是伦敦奥运会主席塞巴斯蒂安科看上去养成了一个新习惯,那就是他在回答问题的时候,总是先否定说"No",然后再解释,因为抛给他的质疑尤其是安保的质疑太多了。接着画面用6个不同长短、不同内容的否定性回答,来佐证记者的现场观察。新闻背景是负责伦敦奥运安保的私营公司GS4突然发现人手严重短缺,以一个记者现场发现为由头,辅以一连串的"No"的汇编,这条新闻开场30秒便把这位主席和媒体之间的紧张关系展现无遗,也从这位主席的声声"No"中感受到了伦敦奥运会开幕前的种种狼狈和尴尬。然后是一个相对完整的关于否定之后的陈述,其实也反映了塞巴斯蒂安科对现有安保人力短缺的无力掌控。"一条2分钟的新闻,没有质疑甚过质疑,没啥描写却已描写,合并同类项就是观点,2分钟还原一个1小时长度的发布会,气场、生态都有了,让观众觉得有兴趣、有看点才有信息传播的可能。"[2]

一个不断说"不"的奥组委主席

6.做好日常观察

亲眼所见是最可靠的信源。[3] 记者是"千里眼"和"顺风耳",在日常生活中要善于观察,善于发现采访线索。最是寻常动人处,通过记者的日常观察与挖掘,往往能找出独特的报道角度,形成生动的新闻报道。新闻采访中的体验式报道,更多的是依赖于记者的观察和体验所发现的报道点。比如《走近贫困山区》是靠记者在现场对不同视角的抓取而获得的有冲击力的画面和报道点。

此外,一些长线选题,需要记者有足够的耐心和精力去培养。"长线选题的特点是:

---

[1] 中央电视台新闻频道《朝闻天下》2012年7月18日播出。
[2] 作者对中央电视台驻欧洲中心站首席出镜记者陆幽的采访,时间:2017年6月。
[3] 来源于美国资深记者Jim Wolf在中国传媒大学电视学院的新闻公开课,2015年。

慢,耗费时间长,需要对一个问题持久地关注,并且这种关注对你个人来说可能没有什么回报。如果没有合适的时机,就有可能一直没办法推出来。或者由于个人难以坚持下来,半途而废。长线选题就像是一种生长缓慢的名贵植物,应该对它进行悉心呵护。"①比如《新闻调查·派出所里的坠楼事件》②就是栏目组在收到观众来信后,调查了好几个月才形成报道的。再如,消息《干细胞疗法治疗心脏病获得突破》③,记者从两年前就开始跟踪第一个接受干细胞疗法的心脏病患者米勒,但报道却是在两年后,美国心脏病学会发布干细胞疗法治疗心脏病试验获得突破这一天,整个选题"养"了两年的时间,找准时机,才形成有分量、有说服力的报道。

干细胞疗法治疗心脏病获得突破

7.建立信息网络

记者在日常采访活动中建立起的广泛的人脉资源,有助于记者获得核心信息源;同各级通讯员保持经常的往来,有助于养成固定而多元的信息源;同电视观众有着直接的互动关系,有助于形成最广泛的信息源。

在社会网络方面,值得一提的是有的记者所称的"线人"。中央电视台《焦点访谈》《新闻调查》等舆论监督报道栏目非常重视"线人"的作用。据统计,从1996年起,《焦点访谈》历年中国新闻奖的节目,如《巨额粮款化为水》《"罚"要依法》《粮食"满仓"的真相》《吉烟现象》《铲苗种烟 违法伤农》《河道里建起商品房》和《违法收缴违民心》等节目,报道线索均来自"线人"反映的情况。④ 而西方新闻界把匿名向记者透露丑闻和内幕消息的告密者,称为"深喉(deep throat)"。记者要善于在日常生活与工作中发现能切实提供信息的"线人",并在日常的交往中培养各界"线人",为采访线索的获得做长线准备。

从观众的来信、来电、短信、邮件、来访中也可以获得采访线索。中央电视台《新闻调查》《焦点访谈》等栏目经常从观众来信、来电中挖掘出一些有价值的选题,且这些选题一旦实现往往是重头的独家报道,比如《新闻调查·疫苗风波》就是从观众来电中获取重要线索而形成的报道。

除此之外,媒体可以建立稳定的线索来源机制,尤其是借助于互联网信息平台的技术条件,真正建立新闻线索的源头活水。当前的用户生产内容(UGC)就构成了一个重要的信息来源。比如CNN的《我报道》(I-Report)栏目,成功搭建了整合报道选题与素材的平台,还有如《赫芬顿邮报》(Huffington Post)的"分布式新闻",《卫报》(The Guardian)的"开放式新闻"等。江苏广播电视总台推出了手机新闻客户端——"荔枝新闻",动用近百名荔枝特约通讯员、1 600多名校园记者、3 000多名荔枝热心网友,平均每月收到稿件约3 000条,其中发布的

---

① 余仁山,杜骏飞.解密《新闻调查》,福建人民出版社,2008.
② 中央电视台《新闻调查》2003年11月3日播出。
③ 美国哥伦比亚广播公司《晚间新闻》播出。
④ 梁建增关于线人的反思[M]//中央电视台新闻评论部.新闻背后.北京:人民文学出版社,2005:180.

约1 200条,做到了"第一时间、第一现场",提升了报道的时效性、现场性和参与性。同时江苏广播电视总台还专门开设了针对普通用户的《在现场》栏目和"投票"版块,前者可以上传身边趣事、突发消息,后者则可以参与相关报道和活动。① 这些都是媒体开放获取新闻线索和内容的有益尝试。

图 2-1-3　中央电视台《等着我》现场

除了新闻节目之外,值得一提的是许多电视节目都设置了互动环节——媒体与嘉宾的互动、媒体与观众的互动,这实际上为节目提供了一个丰富的线索资源。比如,中央电视台公益寻亲栏目《等着我》,栏目组从最初的单打独斗到后来获得公安部、民政部以及启东警务协作平台等国家部委和不同层次官方资源的帮助,也吸纳了公益明星、热心志愿者以及广大观众的加入。现在,栏目的官方网站上已有注册会员近百万人,"宝贝回家"的志愿者也达到 20 多万人。自开播以来,报名网站已经收到寻人信息 20 多万条,使近千个家庭实现了团圆愿望,寻人成功率达 60%。在演播室现场,许多生动、鲜活、感人的信息是当事人与节目组在现场激发、碰撞产生的,节目的开放性成就了节目的宽度与高度。

有人说,现在是全民皆媒体的时代。面对这样的趋势,媒体要充分利用各种手段和方式,以开放的心态,获取民间的"源头活水",这是节目持续发展的动力和源泉。

> 记住:采访线索不等同于新闻事实本身;要多元开掘采访线索的源头活水。

第二节　判断新闻价值

新闻价值是选择和衡量新闻事实的标准。

所有的新闻、娱乐、教育、服务类节目中的采访都离不开提供信息、沟通社会、服务大众、指导生活的原则。因此,新闻价值依然可以作为记者判断事物、确定选题的参照和依据。

一、传统的新闻价值标准要素

新闻价值观念产生于西方 19 世纪初的大众化报纸时期。由于报纸成为当时广为流传

---

① 卜宇. 强化平台意识 传播主流声音:"荔枝新闻"客户端的探索和思考[J]. 新闻战线,2015(7):14-15.

的读物,因而读者兴趣成为判断选择新闻的"试金石"。围绕读者兴趣,新闻界逐渐形成了一些衡量事实的价值尺度,可以归纳为:①

- 时新性——时间近,内容新,事件是新近或正在发生的大众所不知道的。
- 重要性——事件对大众的切身利益的关系程度。
- 显著性——新闻人物的显著程度往往能引起人们的普遍关注。记者判断事实时要考虑人物知名度。
- 接近性——新闻能否产生影响、引起兴趣同受众接近程度有直接关系,记者判断事实时要考虑接近性因素。接近性分地理上的接近和心理上的接近两种。
- 趣味性——新闻蕴含的人情味和积极的生活情趣,往往能够引起观众的共鸣。

上述五个要素作为传统的新闻价值标准,反映出记者判断事实所依据的尺度。笔者认为,记者判断事实时,在新闻价值要素的选取上并不是没有主次的,有些新闻可能选取其中某几个要素,而这几个要素中必然有一个是主要的。而有些要素比如兴趣,具有很强的主观性,不同的群体具有不同的兴趣。因此,新闻价值要素也只能是某种程度上的参考,而非绝对。

随着新闻报道的发展变化,许多新闻已经不能用传统的标准来衡量其价值了。

二、电视新闻价值要素

随着大众化传播方式的多样化发展,出现了诸如"生活方式"等报道形式,硬性新闻之外增加了许多软性新闻信息,新闻价值要素得以浓缩和补充。美国出版的《广播电视新闻报道写作与制作》一书,将电视新闻的价值要素归纳为四个:影响(impact)、信息(information)、趣味(interest)和可视性(visual)。分析发现,这四个要素是围绕着现代电视传播的功用而形成的。

前面我们提到,提供信息、沟通社会、服务观众、指导生活是电视各档节目采访策划的准则。以上新闻价值的四个要素同这四个具体功用的发挥是紧密相关的。这些要素可以通俗地归纳为:有用、有趣、有料、好看。在此基础上,笔者总结电视新闻的价值要素有:

1.时新性

快和准是新闻的生命。新闻报道的是新近或正在发生的、观众所不知晓的事件,即时新性。对于电视新闻来说,时新性也被提到了新的高度,而互联网和社交媒体更重新定义了时新性。

《纽约时报》前副总编罗伯特·莱斯特说,"二战"前最没有生命的事物,莫过于昨天报纸上的话,今天,最没有生命的事物莫过于几小时以前发生的新闻。采摄技术和传播技术的不断更新,推动着新闻采访不断缩短新闻事实的发生与采访报道之间的时间距离。现在看

---

① 李良荣.新闻学概论[M].上海:复旦大学出版社,2001:263.

来,最没有生命的事物莫过于几分钟前、几秒钟前的事物。电视媒介真正把过去的新闻采访报道"TNT"("Today News Today",今天的新闻今天报),转变成现在的新闻采访"NNN"("Now News Now",现在的新闻现在报)。互联网和社交媒体更是把这种"快"定义到了用户的社交和个人化领域。

2.重要性

重要性是指新闻对观众的重要程度。新闻是否对观众有吸引力,还要取决于它是否与观众的切身利益相关,是否满足观众的使用需求。这就涵盖了影响和信息的功能。

新闻对观众产生的普遍影响,不单纯指政治影响,对观众生活产生的影响往往更能产生效果。记者在判断事物时需要考虑对哪些受众或用户产生影响,是否会立即产生影响,直接影响有多大,间接影响有多大。一般说来,具有政治、经济、社会等重要意义的新闻都是具备影响力的,比如从国际角度而言,全球经济发展问题、全球气候变暖问题、叙利亚战争以及移民问题等;从我国国内而言,国家社会经济发展、"一带一路"等命题关涉重大,影响深远。不过这种影响是一种间接的影响,那些涉及社会、经济、生活等具体的信息产生的则是直接的影响。

信息功能是指新闻对观众能否提供有用的信息。新闻是否对观众有吸引力,与信息对观众的密切程度和有用程度有关。信息包括各种信息,特别是同人们生活贴近的信息更能引起普遍的关注。记者判断事实时需要考虑新的信息,这些信息不仅是观众想知道的而且还是观众应该知道的。

不同领域、不同题材的新闻,如经济、体育、文化、法律、社会等新闻会诉诸不同观众的兴趣需求。

3.显著性

人物的显著性往往也决定了新闻的价值,政治、文艺、娱乐等明星往往能吸引更多的"眼球"。人物的显著性需与新闻性相联系,如果单纯靠挖掘显著人物的隐私博人"眼球",只会成为西方新闻界所谓的帕帕拉奇式的记者。这样的新闻操作违背新闻伦理与道德,其新闻价值也就无从说起。

4.接近性

新闻与观众在地理上和心理上的密切程度是相关的。从地理角度而言,本地相关的事件能使观众产生心理上的接近性。因此,我国省级和城市电视媒体的民生新闻成为深挖本地观众群诉求的重要节目形式。心理的接近未必局限于地域,更多的是与观众的兴趣和切身利益相关。

5.趣味性

新闻在内容形式上的鲜活、生动、有趣,给观众带来感性满足。但趣味并不是指俗不可耐、毫无意义的噱头,更不是网络上的一些诉诸感官的低俗与庸俗。趣味蕴含人情味和积极的生活情趣,能与观众产生情感上的共鸣。因而,记者判断事实时需要考虑向观众传播什么内容才能让观众既产生兴趣又能有所回味。换言之,要把新闻做得既有意思又有意义,即使是趣味性为主的软性新闻也应该折射出时代趋向与社会背景。比如电视新闻《小鸭跳楼找新家,银行员工成救星》[①]报道了美国华盛顿斯伯堪闹市区附近一银行大楼二层窗台上的鸭妈妈带领小鸭崽迁新居的新闻。该事件正值美国金融危机爆发、大量员工失业之时,新闻报道的主人公与金融业有关,而新闻报道的标题与内容使寒冷的金融风暴里闪现出浓浓的人情味与趣味性。

另外,还可使硬新闻浅显易懂,增加趣味性,使新闻报道富有贴近性与生动性。比如江苏卫视的《新闻眼》、湖南卫视的《晚间新闻》、黑龙江电视台的《新闻夜航》等许多地方媒体的民生新闻栏目,在一些重大、有影响力的报道上增强趣味性和可视性,以使节目更接地气。

6.可视性

对于视听媒体新闻来说,可视性逐渐成为一个必不可少的要素,并且随着视听新媒体的发展,可视性的地位日益重要。不言而喻,可视就是让观众看到新闻影像。由于电视新闻具备可视性要素,因此有些被广播、报纸采用的新闻,电视不能报道;有些广播、报纸只略提几句的报道,在电视中可能报道达30秒或更长。例如,一场火灾报道,广播、报纸可以只报道一个简要消息,而电视则要展现火灾现场,必要时可能还会做连续报道。

新闻价值标准从传统到现代的变化反映了新闻价值观念上的发展。其实,关于新闻价值要素的构成历来都是新闻学中最难定义的,因此,记者在判断事实时也很难掌握新闻价值标准的尺度。不过,传统的新闻价值标准要素和现代的新闻价值标准要素可以为记者判断事实提供具体的依据和参照。在网络信息环境下,信息的价值又增加了一个凸显的元素——话题性,即能否构成大家可以讨论、可以产生社交分享的话题,成为信息产生影响力的一个要素。比如2016年巴西奥运会上,中国游泳选手傅园慧的"洪荒之力"爆棚网络,影响力远远大于获得金牌的其他中国选手,其夸张的表情、情绪化的率真表现以及网络化的语言,成为新生代自我展现的典范,成为网民转发、分享讨论的话题。

> 记住:电视新闻价值六要素——时新性、重要性、显著性、接近性、趣味性和可视性。

---

① 中央电视台《新闻30分》2009年5月20日播出。

第三节 策划的基本方式

电视采访重装备、需集体协同作战的工作特征，以及新闻事件的突发性和瞬时性的特点，都决定了电视采访的复杂性和难度。这种特殊性使策划显得尤为重要。因此，在采访之前，进行周密的策划是电视采访必不可少的工作环节。

同时，电视采访的媒介技术特点是直接利用镜头抓取现场的生活形态，再经后期编辑成片。因此，在采访中抓取到的信息直接决定了后期编辑所能形成的样式，这就要求电视记者在前期采访中就能够预测节目后期编辑时的风格样式，并在前期采访拍摄中抓取到相关信息，否则到后期编辑时，会"巧妇难为无米之炊"。这些都需要记者在采访前进行认真的采访策划。

一、以编辑部为核心的采访策划

以编辑部为核心的采访策划首先是一种运作机制，其次是媒体全局协调、整合资源、把握采访方向的一种能力。

在电视新闻日益发展的今天，电视采访首先应该建立在媒体编辑部整体采访报道的基础之上，特别是深度报道、现场直播、连续报道和系列报道等大型采访报道，都不是靠单个人能够完成的，而是需要电视媒体明确整体采访报道的思想，确定具体采访意图、采访范围，协调电视采访各工种之间的关系。一方面，在各电视媒体竞争日益激烈的今天，反映一个电视媒体的报道实力和竞争力，不是靠一两条新闻分出高下，而是看这个电视媒体的议程设置能力、整体报道能力、对新闻事实的反应能力和集合各种信息的能力。这就需要电视媒体做出整体的采访报道策划。另一方面，电视采访的整体策划可以对电视台的采访活动进行统筹调度，保证资源得到最有效利用，避免人力物力的浪费。

英国广播公司（BBC）、美国有线电视新闻网、美国哥伦比亚广播公司、美国全国广播公司很早就实行大编辑部的运作机制，大编辑部制实际上是整合运作的机制，对统筹资源、发挥效率具有积极的作用。CNN设有专门的新闻企划部，负责搜集新闻线索，发展和实施报道计划，并确保这些报道符合CNN的制作水准，然后，将画面和信息分发给CNN的所有新闻平台。同时，企划编辑负责将CNN的产品和服务提供给重要的国内和国际客户。NBC对新闻企划编辑的职责有更具体的规定：策划并实施新闻报道计划，逐条作出新闻编辑方针和决定；协助新闻采集过程并确保新闻采集实现编辑思想；派遣新闻摄制组，并对他们进行指导；就报道进度和新闻的最新情况与报道团队保持沟通；开发和培养与所负责报道区域的各相关机构和人员的良好关系;与 NBC 的各新闻频道密切合作并提供支持。① 在中国,一向注重投入与产出核算的凤凰卫视首开大编辑部的运作机制,比如在一次赴伊朗采访报道中,记者为资讯台的《日常新闻》节目拍摄新闻;为《时事》直通车电话连线报道,为《时事开讲》提供分析;回来之后还要做一个《周末黄牌大放送》的专题节目。② 近年来,中央电视台也在新闻改革和机构重组中积极推行大编辑部的运作机制,其统一调配新闻资源,形成重头报道的能力逐渐增强。

具体来说,以编辑部为核心的采访策划包括以下环节:

1.明确阶段性报道计划

编辑部以高屋建瓴的视角确立报道思想,为节目提供阶段性报道计划和重点、注意规则以及政策、法律助力。在报道资源相对缺乏的淡季,能够抓住社会关切的热点,策划选题,进行议程设置。在突发事件中,则能够迅速整合力量,确定报道重点和方向,形成报道合力。比如中央电视台在 2017 年春节期间派出 100 多路 400 多名记者开展"新春走基层",在《新闻联播》持续推出了《厉害了,我的国》《一路回家》《家是什么》《零点后的中国》《说句心里话》《天下父母》《二孩之后》等系列报道;在新闻频道晚间时段推出《家和万事兴》大型直播互动节目,敏锐地抓住老百姓关注的节庆、团圆话题,通过海采以及观众的自拍内容,充分展示社会情绪,引领舆论场。

2.确定报道意图

采访意图主要是指采访报道的主导传播意向,主导传播意向是根据编辑部在一定时期内的总体报道思想而确立的。具体的采访报道目的是根据具体的报道提示而确定的。

(1)明确传播主旨

采访策划首先要根据编辑部的总体报道思想明确传播主旨。编辑部总体报道思想是根据党和政府的方针、政策、中心工作、全局和实际情况,经过通盘考虑综合确定的。比如中国"一带一路"的构想与提议,全国各层级媒体围绕这个中心,展开不同角度的报道与传播。

孙玉胜在《十年》一书中谈到了栏目"选题的季候特征"③——就像自然界动植物的春生、夏长、秋收、冬藏一样,不同类型选题的季候性分布体现着一个栏目的生命力和竞争力。孙玉胜认为其意义重大,是达到结构平衡的一个法则和依据。例如《焦点访谈》第一季度以"新闻人物""真情故事"为主;第二季度末和第三季度集中安排"正面人物"和表现有关部门查处力度的"配合性"节目;第四季度则是以展现个性鲜明的"行动型记者"的敏锐发现和精

---

① 浅谈欧美电视新闻策划[EB/OL]. 南方报网. (2009-07-08). http://media.nfdaily.cn/content/2009-07-08/content_5345378.htm.
② 钟大年,于文华. 凤凰考:建构一个新传媒[M]. 北京:北京师范大学出版社,2004:158.
③ 孙玉胜. 十年:从改变电视的语态开始[M]. 北京:生活・读书・新知三联书店,2003:123.

彩调查过程为主的舆论监督节目。在这里,孙玉胜所指的季候性特征其实也和中国政治、社会气候的发展相一致。

采访策划只有在明确了传播主旨的前提下才能确定选题。可以说,传播主旨是选题的理论依据,是采访策划的出发点。采访记者要从全局考虑问题,必须对编辑部的报道设想和意图有宏观的把握。

(2)具体采访目的和问题

一般来说,"采访目的越明确,采访越容易取得成功"①。采访报道的具体目的是依照具体的报道提示而确定的。而具体报道提示又是根据总体报道思想形成的,它指明了采访的方向、重点。

一些重大的新闻事件或活动,如全国"两会"中的总理记者招待会,记者在这些现场的提问水平往往关系着一个媒体的形象。因此,倾编辑部之力设计问题与提问角度便很必要。明确具体采访目的就是分析清楚此次采访要发挥什么样的作用,这种作用能达到什么样的传播目的。具体说来,就是明确所要进行的采访属于哪一种类型:是透露信息还是揭示个性,是碰触思想观点还是披露事件原委,是肯定赞扬还是否定批评……

3.统一调度电视采访的各部门和工种

在大型电视新闻报道中,编辑部必须统一调度各路人马,对整个新闻事件进行全方位、多角度的采访报道,这就需要电视机构在采访前做好周密部署,例如确定不同的报道地点,确定相关采访对象,收集资料,安排报道整体时段等。尤其是在大型电视报道中,这种协调和统一调度显得尤为重要。比如"东方之星"号客轮翻沉事件,中央电视台迅速建立突发事件2级响应机制,有效调动北京、湖北、四川记者站的人力,不仅实现事件信息、中央批示和新媒体的一连串首发,而且迅速实现24小时直播公用信号的传输,每隔两小时进行一次直播连线。

图 2-3-1　中央电视台纪录片《中国人的饭碗》拍摄团队

在互联网语境下,媒体的统一调度能增强报道合力,迅速应对突发状况。

二、记者负责的具体策划工作

这主要是指记者在电视采访前所做的"前前期"工作。"前前期"是中央电视台《新闻调查》栏目提出来的概念,即在前期采访之前记者深入采访,进行先期的收集资料、了解相关情况的工作。虽然在不同类型的新闻节目中担任这类任务的人员不同,如《新闻调查》等栏目

---

① 梅茨勒.创造性采访[M].李丽颖,译.北京:中国人民大学出版社,1997:16.

有专门的策划人员,而有的新闻节目是由记者来完成具体的策划准备工作,但二者完成策划的基本方式是一样的。关于记者采访前的具体准备工作,我们将在下节中着重探讨。

> 记住:以编辑部为核心的策划,既是一种运作机制,也是媒体高屋建瓴地全局协调、整合资源、把握采访方向的一种能力。

第四节　记者采访准备

新闻中有"2P"原则,一是 persistence——坚持,另外一个就是 preparation——准备。采访准备对记者而言,与其说是技巧与方法,不如说是一种态度,这种态度很大程度上决定了记者采访工作的成败。

一、全面准备

全面准备可以给记者一种安全感。"采访前宁可准备过头,也不要准备不足。"[①]

准备是采访成功的保障。准备的作用在于缩短主体认识客体的距离。采访准备没有捷径可走,但却有方法可循,即准备不是单项的,而是全面的。

1.提高理论素养

恩格斯说过,一个民族要想站在科学的最高峰,就一刻不能没有理论思维。凤凰卫视新闻总监吕宁思曾提出,记者应该是学者。[②]

在某种程度上,记者理论水平和报道水平的关系是成正比的。在当前中国社会飞速发展的时期,涌现出了许多新的问题、新的知识领域。记者作为处于时代前列的思想者,应该随时储备、学习相关理论,以指导其采访。

负责任的媒体对大众起到的是引领作用而不是迎合,记者则应该是引领风气的先行者。这就对电视记者提出了更高的要求,要使自己的作品具备一定的理论深度,就必须多读一点理论书籍,关心理论界的新成果,勤于观察、勤于思考,不断提高理论水平。正如有专家所言,对于目前强大的传媒手段,用好了能比以往任何时候更广泛、更有效地开发民智;用得不好,也比以往任何时代更能造成"一言堂"的后果。

对于电视记者而言,应注重一般理论培养以及专业理论素养。既要形成较为完整、系统

---

① 布雷迪.采访技巧[M].范东升,王志兴,译.北京:新华出版社,1986:50.
② 吕宁思.凤凰卫视新闻总监手记[M].北京:昆仑出版社,2005:141.

的对人类、社会、国家的理论认识,也要掌握新闻学原理、传播学原理、新闻心理学、电视理论等相关专业理论。

2.熟悉相关政策和法律法规

记者不了解国家政策的话,写出的报道要么缺少针对性,泛泛而谈,要么与党和国家的政策、宣传口径相违背。因此,记者平时要不断学习、领会国家的大政方针,才不致在采访中迷失方向。具体到不同记者的采访领域和每一次采访任务,还需对与报道选题相关的各项政策有所把握。

正如梁建增在谈到政策是舆论监督报道的选题依据时所言,政策不仅是衡量节目选题角度是否正确的依据,同时也是确认舆论监督报道导向最可靠的"保护伞"。① 比如上文提到的《追踪矿难瞒报真相》,其法律依据就是2002年11月国家开始实施的《安全生产法》,瞒报安全生产事故是一种严重的违法行为。

3.重视情况准备

准备"十"做"一",而不是"一"做"一"。准备"十"做"一",到了采访现场就有回旋的余地;而准备"一"做"一",如果现场突发状况,则难以灵活调整。记者应该了解采访的大系统和大背景,考虑到现场每一个可能出现的新状况,做好充分的准备。采访前,如果能对报道的对象、事件、问题的相关情况和内外在联系有较透彻的了解,就会形成十分清楚的采访路径,采访时就能知道从什么角度去接触事物、表现事物。

在某种程度上,预判现场多种可能发生的状况,对于人物采访和深度报道更具特殊意义。我们不妨分析一个流传于国际新闻界的著名例证,来说明情况准备之于人物采访的作用。

美国记者埃·杰·利布林(A. J. Liebling)采访赛马骑术师埃迪·阿卡罗时提的第一个问题是:"你脚踏在左马镫的时间比踏在右马镫上的时间长多少",阿卡罗对这个内行的问题反应极为热烈,兴致油然而生,不厌其烦地回答了记者提出的一系列问题。记者回忆道:"那个问题让他开始轻松地谈话。在一个小时的采访中,我只插入了大约12个单词。"采访结束后,阿卡罗对记者说:"看得出来你对骑马师了解得很多。"②

事实上,利布林是在采访阿卡罗前一个星期才熟知这些内容的。利布林在进行采访准备时得知,美国的赛马跑道方向是逆向的,并且从起跑到终点,紧靠着围栏走的路程是最短的。为了帮助平衡身体和紧挨着围栏跑,绝大多数赛马骑师的脚踏在左马镫上的时间长于踏在右马镫上的时间。当然,利布林提的第一个问题并不是他采访的重点,他采用这个问题开头,目的是引发采访对象的兴趣,以便为触及实质性问题打下基础。由此,我们得到的启示是:做人物采访时情况准备的最终目的"不是为了博得采访对象的好感,而是为了卓有成

---

① 梁建增.《焦点访谈》红皮书[M].北京:文化艺术出版社,2002:197.
② 门彻. 新闻报道与写作[M]. 北京:华夏出版社,2003:383.

效地使他谈透所触及的问题。这对于准备采访某位专家的新手来说尤为重要,因为专家是不屑于同新手交谈的。"①

情况准备对于揭示重大社会问题与对现象进行深度报道不仅仅具有间接作用,而且还直接关系采访的入手点和拍摄的切入点。比如,中央电视台《面对面》栏目就"神舟五号"载人飞船的采访准备,早在"神舟五号"载人飞船发射前的两个月就开始了。在飞船顺利升空的当天,观众就在《面对面》中看到了对杨利伟的专访。但是,《面对面》的报道并未简单地停留在飞船升空这一事件上,而是将其扩展到整个新闻事件系统,采访了进入航天员梯队的另外两名宇航员、中国载人航天工程飞船系统总设计师和航天员选评委员会的专家。这些采访以"神舟五号"载人飞船和航天员为核心,给观众展示了一个全面、深入的新闻事件。

4.做好物质准备

电视采访的设备复杂,人员多,耗费的资金也比较多,这需要电视记者对电视采访设备,以及资金等做好充分的准备。采访的全套装备哪怕有一点疏漏,都有可能因小失大。

最有效的办法是,建立标准化的工作流程和标配的设备工作手册,临行前逐一对照检查,确保各项装备到位。在采访前有专门的工作程序来检查、试用所有设备。不要想当然地以为所有设备都运转正常,而忽略某些部件损坏的可能性。不要忘记确认:摄像机运行良好(镜头、后焦等),三脚架稳固,话筒拾音清晰,灯光正常,现场的光源是否复杂,需要哪种色温纸,摄像机和话筒电池足够使用……

二、确定重点

业界有一句行话:什么都说了等于什么都没说,什么都拍了等于什么都没拍。这些话意指报道大而无当,只是流水账式的记录与叙述。确定重点即是寻找采访的主攻点。具体来说,就是确定采访的重点范围、重点对象,分析和了解采访对象。

1.确定采访的重点范围

确定采访重点范围,可以事半功倍,反之则会事倍功半,许多刚刚学习采访的记者往往觉得什么都重要,导致采访时平均使用力量,做出的报道面面俱到。

那么,怎样确定采访的重点范围呢?解决方法是,根据采访目的确定"主攻方向"。

有经验的记者采访前首先要明确采访的目的,目的越清楚,主攻方向越容易确定。如果采访前自己都搞不清楚采访目的,自然也就难以确定明确的目标。没有明确目标,采访范围也就没有了确定的依据,其后果必然是盲目被动,眉毛胡子一把抓。

需要指出的是,有些采访题目纯粹是探索性的,往往难以确定某一个侧重点。例如,人物个性采访以及思想观点的揭示采访,大都要对广泛的题目进行交谈。在这种采访中,记者

---

① 布雷迪.采访技巧[M].北京:新华出版社,1986:52.

不能局限在某一思路中。然而,思路宽并不意味着漫无边际。记者可以根据探索性问题的逻辑顺序确定采访范围,也可以根据思想、观点的重要程度安排采访的主次顺序。

2.确定采访的重点对象

电视采访在采访对象的选择上有三种方式:一是定向选择;二是阶段选择;三是随机选择。

定向选择指在采访前就确定好重点人选,即在前期策划中精心挑选最有典型性、有表现力的当事人;阶段选择往往随着采访的深入,按照新发现的人物线索进行特定选择;随机选择主要是在采访现场临时选择。总结起来,定向选择注重典型性,阶段选择带有指向性,随机选择具有代表性。

采访时怎样确定重点采访对象?原则上,采访对象应该是与报道事实直接有关的当事人、事件的参与者和目击者,或虽不是当事人,但却是了解有关情况的知情者和能发表见解的权威人士或代表人物。

3.分析和了解采访对象

分析、了解采访对象的目的有三:第一,与采访对象迅速拉近距离;第二,分析采访对象的合作程度,有充分的预案使采访顺利展开;第三,使采访有信息量,甚至能达到前所未有的深度,尤其是故事性、情感性的素材。

记者对采访对象的基本情况了解得越充分,研究得越仔细,对其在采访过程中的心理活动就能判断得越准确,也就越能与对方沟通,迅速达到采访的最佳状态,得到可贵的材料。记者对采访对象的了解不应在与采访对象见面之后才开始。在明确采访对象之后,记者便应该通过各种间接的渠道了解采访对象的基本情况,例如性别、年龄、籍贯、业务专长、爱好等。事先进行这种初步的认识,有利于记者与采访对象见面之后找到"共同语言",形成一种良好的心理状态;他是我"第一次见面的老朋友",或者是"熟悉的陌生人",从而打开采访局面。

在对专家、学者或某一专门领域进行的采访准备工作中,除了要了解采访对象的基本情况之外,更重要的是要根据采访对象的情况进行相关的知识准备。记者每天接触的人各种各样,"术业有专攻",不可能要求记者对他们的专业都做到十分内行。采访前抓紧时间进行"突击补课",了解一些基本的"行话"。比如前文提到的美国记者利布林对阿卡罗的采访。下面我们看看《人物》杂志的采访案例,记者在去采访作家麦家前,阅读了麦家所有的长篇小说,仅采访提纲就写了8 000多字。"那天在被植物重重包围的别墅中,在作家孤独而专注的气场中,采访时间一再延长,作家推掉晚上原定的饭局,步步为营走向内心。最终采访时间长达8个小时。麦家后来这样回忆受访的感觉:'说实在的,像我们这些名声在外的人,经常被迫地接受一堆采访,也许两个小时对方也会露出疲惫,但这次与你们的合作让我感觉意犹未尽,印象深刻,当然时间之长也是其中一个原因,但更主要的是想让时间一直停住,让自己继续把自己掏空的冲动居然会那么强烈。'"①

从另外一个角度而言,记者与被访者之间存在着一种心理较量,特别是面对一些棘手的问题和采访对象,记者应该多揣摩对方的心理,才能适时调整自己的心理状态,挖掘到有价值的新闻。中央电视台《焦点访谈》资深记者赵微善于做批评性报道,在采访中常常能抓住对方的心理,步步紧逼。在《治病哪能添心病》这一期节目里,面对事故嫌疑人,记者充分揣摩对方的心理,攻破对方百般狡辩的心理防线。她分析采访对象时指出:"显而易见,我们面对的这位是典型的'以攻为守'型的采访对象,这种人的特点是在精神上压倒对方,理亏气势不亏。为了避免给人心虚的印象,他们往往极其合作,急于并乐于回答任何问题,当然对于自认为可能要涉及的任何问题,他们都已准备好了答案,一个提问会招来一篇洋洋洒洒的演说,一不留神,采访者会陷进有理说不清、有劲使不上的困境。唯一的办法是避其长就其短,从对方意想不到或准备薄弱的地方入手,挫其锐气……"②

就采访对象的分析准备工作,我们还将在第十章、第十一章中进一步探讨。

三、研究背景

研究背景是采访的入手点。我国知名记者艾丰认为,研究背景是为采访而进行的采访。背景研究一般是在确定了选题和明确了采访意图之后进行的,所以具有针对性。

研究背景的目的是开掘报道的深度。研究背景的作用是提高认识、增强洞察力、发现线索、吸收使用。

在日常采访活动中,研究背景时易犯的一个通病是停留在一般性了解的水平上。究其原因,一是对研究背景的作用理解单一,误以为仅仅是熟悉一下采访的人和事,必要时在报道中运用一些;二是对研究背景的基本环节把握不好,侧重于广泛浏览,忽略综合分析。为此,我们必须在背景研究中做深入挖掘。

四、设计问题

记者确定了采访的重点范围,选择了采访对象,进行了背景研究,在这个基础上便可以着手设计问题了。设计问题主要是为正式提问作准备,同时也有利于记者理清头绪,排除疑问,抓住关键。

1.通用原则

问题设计应该建立在充分了解采访对象的基础上,提出有针对性的问题,这样才能从对方口中得到有价值的信息。中央电视台记者水均益在谈到如何对不同人物提出有针对性的问题时,比较了他采访美国前国务卿基辛格和联合国前秘书长加利时对问题设计所做的思考:

---

① 《人物》编辑部.真正有关人性的故事是如何浮出水面的[J/OL].《人物》微信公众号,2015-11-10.
② 孙克文.焦点外的时空[M].北京:生活·读书·新知三联书店,1997:216.

1994年我采访基辛格时,《东方时空》还没有名气,我本人也没有什么资历,要基辛格接受采访很难。他只给了我们5分钟,我们希望能把采访时间延长,因此我们想利用问题本身,第一要压住他,第二要吸引他,从而使整个采访拓展得很开,这是一种考虑。另一种考虑就是基辛格是个风云人物,是个彻头彻尾的政治家和外交家,而且是世界级的。应该说是属于那种身经百战的人,特别是和记者打交道,从(20世纪)70年代就开始了,他见得太多了。对于这样的采访对象,你用柔弱的方式来切入问题、进行访谈是不利的。你用怯生生的方式也不利,说得不好听一点,他可能会看不起你,觉得就是中国的一个小记者来采访。其实,当时我们有很多问题要问,因此问题摆放的位置也很重要。10分钟也好,半小时也好,你先问什么问题,后问什么问题也是一种技巧,多少带有点心理学在里面。是投其所好还是反其道而行之?对基辛格我们采取的就是反其道而行之。他见的世面很多,我第一个问题就要问得很有分量。

对基辛格是这样,对加利就不一样了。加利虽说也是政治家、外交家,但他是学者型的。他为人一贯和蔼可亲,对中国也极友好,他属于那种知识分子,对媒介没有任何戒心。面对这样的采访对象,我们访谈就不应采取交锋式。我们的目的是通过见面让我们的观众更多地了解国际上的事,了解联合国是怎么回事,了解这个人作为联合国的最高行政长官,他的职权范围、能量、处境和难处是怎么样的。所以我们事先的策划就要让这个采访尽量多些人情味、亲和力。①

在做到有的放矢的基础上,一般来说,记者对问题的设计应遵循以下三条原则:

第一,必须清楚应该从采访对象口中得到哪些要点以达到采访目的;

第二,必须有把握能够使提出的问题准确地传达给采访对象,避免对方对所提问题迷惑不解;

第三,提出的问题应该也让观众一听即懂。相对来说这一点尤为重要,但也最易被忽略。

2.总体设计

电视记者在采访前设计问题同文字记者有所不同,不但要考虑采访过程中提什么问题,而且还要考虑在镜头前后怎样提问。因此,电视记者对问题的设计必须是总体的设计。

(1)镜头后的问题设计

记者在镜头后采访的目的是厘清事实、背景、关系,问题设计可以根据采访时间、采访对象来确定问题数量及问题形式。一般来说,记者同采访对象直接交谈时,提问方式可以灵活选择,但设计问题时应以问号形式一一拟定出来。

---

① 叶子.中国电视名记者谈采访[M].北京:长城出版社,1999:44-45.

镜头后的问题设计可以围绕采访题目从多个角度来考虑。记者应将想到的问题一一列出来,较好的方法是围绕重点多想多列。许多著名记者采访前特别重视问题的设计,有些重头采访甚至会设计出上百个问题。例如美国《60分钟》的华莱士采访邓小平时,事先便设计了100个问题。

(2)镜头前的问题设计

电视记者在采访前最重要的准备是镜头前的问题设计。有了前期问题的准备,镜头前的问题设计不应只是停留在采访提纲上,更应在记者头脑里。优秀的记者会让采访如行云流水般,而不是简单地一问一答,更不是只看提纲而忽视双方的交流。

镜头前的提问要求记者设计问题时多考虑电视的特点。这里也有两条准则要遵循:其一,准确具体。记者提出的问题应该使采访对象很快地领会,从而作出相应的回答。其二,问题简洁,口语化。记者的访谈是以人际交流的形式出现的,人际交流的语言状态应该是口语化的,若使用过于书面化的语言提问很容易产生隔膜和距离,甚至使被访者紧张,难以达到松弛自然的效果。

五、拟定采访方案

我们先梳理一下电视采访拍摄的流程,以便更好地理解策划、采访提纲、拍摄方案以及解说词在采访拍摄中的作用。笔者认为,一个标准的电视新闻节目制作流程应该如图2-4-1所示。

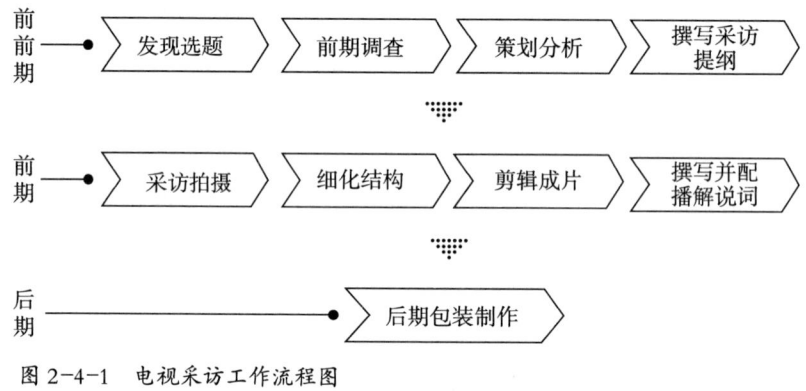

图2-4-1 电视采访工作流程图

按照这样的步骤:电视新闻节目首先要论证选题的可行性,展开前前期调查,继而根据调查制定采访提纲;然后是现场采访拍摄,创作人员根据采访拍摄,细化结构,剪辑成片,撰写解说词;最后进行后期制作。这是一个标准、严格的步骤,但在实际操作中,会简化一些环节。

在有些政论节目中,在前期调查时,解说词台本就已经撰写得相对完整了。即便这样,在一些现场拍摄采访的段落,仍然需要根据实际情况予以调整。

在媒体实践中,所有的新闻节目都是先审解说词,再看成片,实际上这是本末倒置的,并不符合新闻现场瞬息万变的规律,违背了新闻鲜活性、真实性的原则。

1.前前期采访方案

前前期采访方案包括预约采访对象、采访时间、采访地点,索取有关资料,筹划商议正式采拍。

在电视采访中,除了突发性事件,绝大多数的采访都须拟定初步计划,并按着计划进行先期采访。

电视采访方案在西方被喻为是比赛计划(game plan),意思是采访方案应该同比赛计划一样在时间、地点、项目等方面做到按部就班,而不是毫无头绪。

最初的计划在先期采访中会不断得到完善、修正,最后形成正式的采拍方案。需要注意的是,前前期采访计划以及具体采拍的方案并不是固定不变的,有时还要根据实际情况和变化进行调整。

图 2-4-2　中央电视台"走基层"《悬崖村扶贫纪实》前前期采访

2.具体摄制方案

(1)确定电视报道的风格和样式

电视记者在确定重点时,就要对电视报道最后成片的样式进行构思;是否需要记者出镜现场采访;是否出现记者的声音;是运用隐性采访,还是正面采访。明确这些后才便于摄像师、录音师事先做好准备,并在现场工作时配合出镜记者进行合理的采访工作。此外,还要考虑是否有现场评述,主要拍摄哪些画面,运用什么样的报道风格,等等。

在正式采拍前,记者必须设想:

第一,未来的报道在画面上的表现形式;

第二,预计能拍到哪些画面;

第三,哪些环节必须拍摄画面才能有说服力;

第四,期望能够拍到什么样的形象画面;

第五,如果拍不到动态感强的影像,采取什么办法来构成特定的画面内容;

第六,以什么方式将采访对象引入屏幕,在画面上怎样出现;

第七,记者以什么方式出镜采访,以什么样的特定现场画面背景作衬托;

第八,这些内容如果在画面上不易表现的话,采取什么形式来改善这一情况,同画面又怎样配合。

总而言之，就是要考虑报道由哪些主要画面来支撑。

实行采摄分工，记者或许不负责画面拍摄的具体操作，但是对主要画面的确定是必须要考虑的，这是由电视记者采访的特殊性和电视新闻的特性所决定的。作为电视记者，确定重点的着眼点不仅要围绕报道选题来考虑，还要从电视屏幕的特定表现形式来考虑，以求达到理想的传播效果。

（2）确定具体拍摄方案

具体拍摄方案包括确定采访报道的表现形式、选择拍摄现场、规定表现的实际内容等。对于一些策划性的直播报道而言，必要时还需进行预演。

图2-4-3　中央电视台中文国际频道记者报道现场

具体摄制方案往往要经过深思熟虑，除了突发性事件，绝大多数的摄制方案都是反复地进行可行性推断后才确定的。而且，有经验的记者常常不满足于一套方案，为保险起见还会拟定第二套方案。对于科学实验等事先未果的、可能存在突变因素的题目，拟定第二套方案是较好的对策。

采访方案在具体实施过程中往往要进一步完善，特殊情况下或许还要重新推倒重来。因而，拟订方案时必须在思想上有充分的准备，不要把事先拟订的方案变成一成不变的框框。头脑灵活的记者，大都能够在采访实施过程中验证、调整、完善、充实先期拟订的方案，遇到变化，总能设法找到回旋的余地。

> 记住：记者的采访准备首先是一种态度，其次才是技巧与方法。准备"十"做"一"，而不是"一"做"一"。

第五节 策划的基本要求

策划实际上是一个辩证的过程，一方面策划要周详，尽可能地预判拍摄的方方面面，另一方面策划要灵活，要应对瞬息万变的社会现实。有的时候，事物发展如果超出了策划的预判，意料之外的变化恰恰能带来报道的新意。因此，记者既希望一切尽在掌控之中，又期待有意料之外的惊喜，这是一个有意思的悖论。

一、策划要以调查研究为基础

电视采访不是凭空想象，而是在充分占有事实材料基础上的去粗存精、去伪存真、由表及里、由浅及深、由近及远的思考、判断、选择，它为新闻报道提供灵魂和方向。

比如中央电视台《新闻调查》栏目早期形成了一套严格的前期调查工作机制，由固定人选组成"策划组"，在"前前期"工作的基础上，对每一期报道提供一个详细的策划方案。所谓"前前期"，是指在前期采访拍摄之前的采访调查，是介于选题确定和前期拍摄之间的工作环节。"前前期"的工作任务包括了解事件的来龙去脉，确定可以在镜头前接受采访的被访人，选择调查方式和路径等。策划完成"前前期"调查后，如果发现节目难以拍摄，要向制片人提交书面报告；可以拍摄，编导应拟定书面拍摄方案，提交制片人，经策划会讨论、制片人认可后方可进入拍摄阶段。

二、策划必须尊重新闻规律

新闻采访的策划必须严格遵循新闻规律来进行，不能无中生有地制造新闻事件。有的记者为了追求轰动效应，不顾新闻采访的规律和新闻工作者的职业道德，通过扮演和刻意组织来进行新闻采访。新闻采访应该以新闻事实为基础，不能凭空想象和捏造，更不能通过揭私等手段来制造新闻事件。比如，颇受争议的考验式隐性采访拍摄，在被摄对象不知情的情况下，预设许多圈套，考验被访者的行为及态度。某电视台为了调查社会上乐于助人的情况，由一名记者假扮成盲人在街头行走，假装遇到许多困难，然后用隐藏的摄像机拍下人们对这位假盲人的态度。这种考验人性的采访策划，即使真的拍到了有新闻价值的事件，也是违背新闻规律的，不值得提倡。

三、策划方案要有可操作性和可行性

策划方案的制订不能闭门造车，它应该由经验比较丰富的记者来完成。经历过各种现场的记者能在策划时比较准确地预测策划方案是否可行，避免由于现场条件的限制以及情

况变化带来的"停摆"。在这方面,我们可以从早期《新闻调查》策划案的产生得到一些启发:

> 《新闻调查》节目的策划,产生的直接原因在于45分钟的节目,单靠个人的智慧、单靠记者和编导的前期把握很难完成。于是,我们想通过策划,给前期采访一个智力上的支持。最初,我们请了北京的一些电视圈外的学者定期开策划会,对某一选题进行论证,他们主要提供一些背景资料和前瞻性建议,但具体节目的采编、制作还是由编导记者完成,由此开启了策划之路。这种策划方式进行一段时间后,出现了两个问题:一是这些学者对策划工作仅仅是客串参与,无法自始至终关注;二是有时编导较难准确把握策划建议,节目质量难以保证平稳。由于很多东西要到前期拍摄时才知道,编导的压力仍旧很大。这样我们又想出一个点子:请一批外面的人过来形成一个固定的策划圈,每当选题出来后,先由他们到实地了解情况,搜集信息,确定节目的报道思路。结果这种方式为编导提供了很大的帮助,但同时又遇到一个问题:这些策划人员先前几乎没有任何电视新闻工作经验,他们可以搜集丰富的资料,并提供一份可看性很强的文字方案,但离节目状态仍旧很远,缺乏实际可操作性。于是,我们又借鉴国外的做法,想通过社会化分工,即通过一个工业化流程使节目正常运作,抽调有电视工作经验的人来做专职策划,最终拿出一份非常详细的表格式策划案。策划工作具体到采访对象的选择、提问的方式、镜头设计以及串场等。①

四、策划要具有灵活性和可变性,要有多个应变方案

为了应变现场,策划要充分考虑各种可能遇到的问题甚至麻烦,制定几套方案,以便在一套方案行不通时依然有后备方案可以继续进行。否则,记者置身于新闻现场时会因事件的突变而慌乱,无法高质量地完成采访工作。

新闻采访策划的重点在于行动方案、风格样式、应变装备等,而具体情节、人物行为、对话等全靠现场的抓取和选择。

此外,在一些重要的可预知的新闻事件采访前,电视记者应该对拍摄现场进行事前的勘测,做好充分的技术准备,确定好机位,设计合理的运动路线。电视记者还要在拍摄前做好设备的检查,带好所有拍摄必需的设备,防止因小失大。

当然,在实际的采访中,很多纪实性节目的策划案也只是一个非常基础的蓝本,最后节目完成的效果,跟最初的策划相比,也许会发现完全没有了当初设想和策划的影子。比如《新闻调查·大官村里选村官》,这个主题性报道,在节目的实际拍摄中,出现了与策划案完

---

① 叶子.中国电视名记者谈采访[M].北京:长城出版社,1999:122-123.

全不一样的情况,记者根据当地村民的实际竞选过程结构出了完全超出策划案的调查报道。还有一些策划案会根据实际操作不断调整,比如,虽然前期进行了精心的策划,但采访对象、采访现场却发生了变化,这时就需要记者在实际拍摄中持有开放的心态,灵活地调整报道方案。

> 记住:策划要周详,但超出策划之外的惊喜更有魅力。

思考及练习题

1. 新闻线索的特点有哪些?有什么作用?
2. 什么是新闻价值?主要有哪些要素?
3. 新闻敏感的内涵是什么?
4. 选题主要考虑哪些因素?
5. 策划的基本要求是什么?

附录:策划案样本

2017年"新春走基层"《零点后的中国》报道方案

2017年春节特别节目《二孩之后》报道方案

第三章
开拓选题角度

本章重点

- 选题是报道思想与栏目定位的交集
- 报道思想应是记者头脑中随时绷紧的一根弦
- 选题角度的独特不是剑走偏锋,而是准和深
- 从现场、历史、反常、对比、联系、提炼中寻求采访角度
- 组合关联,开拓角度

 没有不好的选题，只有不好的把握。

新闻选题的分析与确定是电视采访的首要环节。有人说，一个好的选题是节目成功的基础，选题是节目的"命根子"。其实，选题的好与坏是相对的，因为选题还涉及角度的问题。有人认为，没有不好的选题，只有不好的把握。这当然并非绝对，但关键是看事物有几个坐标系，能不能从多个角度挖掘事实，从而提升选题价值。因此，新闻选题的这种重要特质，为电视采访策划提供了可辗转腾挪的空间，是含金量很高的一个操作环节。

第一节　选题的原则和要求

选题能不能击中观众最敏感的神经，决定了之后的报道能不能产生影响力。它不是记者单方面的判断，而是与栏目定位、社会发展相契合、与观众同声共气的。

笔者对采访选题的界定是：电视记者根据国家社会在一定时期的政治、经济、社会生活等方面的变化以及事物从平衡向不平衡发展的态势，对事件的新闻价值形成判断，从而做出的报道内容、报道方向、报道角度的选择。这种报道内容、报道方向、报道角度的选择与时代脉搏形成共振，符合观众的收视兴趣，同时也能引领观众、社会的发展趋向。这个界定说明了选题与国家社会发展相契合，同时也指出记者作为把关人对信息的主观控制力。正如梁建增所言，选择什么样的题材，就是报道什么样的内容，也就是想传播什么样的媒介观点，表达什么样的判断趋向。[1]

具体而言，对选题的理解应该从两方面切入：一是不同的事实构成不同的选题，也就是从众多的一般事实中，挖掘出最契合社会发展的事实，即最有价值的事实；更重要的是，我们要意识到，同一事实会有不同的选题角度。如果说前者更依赖客观事实，那么后者则更强调记者的主观判断与选择。当然，这种判断与选择是建立在事实这个真实语境之下的。只有明白了这点才能调动记者的主观能动性，去考察事实的多面性和问题的不同角度。

一、确定选题的原则

选题原则的确定对栏目至关重要，它实际上构成了栏目发展的基础。我们之所以把选题提到电视栏目的高度而不是单个节目来考量，是因为栏目的定位将直接影响单个节目选

---

[1] 梁建增.《焦点访谈》红皮书[M].北京:文化艺术出版社,2002:187.

题的操作。栏目化的操作实际上是一个固定化、标准化的节目运作方式,它以观众定位、内容定位为依据,规定了选题方向、固定版式、固定时长、固定播出时间,在这个规制下栏目才能稳定发展。在这其中,选题原则无疑是指导单个节目方向的一个标尺。

1.选题原则以栏目的总体定位为核心诉求

不同的栏目会选择不同的新闻事实。同一个事实,不同的栏目所报道的角度可能大相径庭,切入点也会有很大的不同。这种不同是由栏目的定位决定的。随着电视媒体可选节目越来越多,栏目越来越趋向于分众化,面对不同的观众群而产生了不同的定位。这种定位决定了我们从纷繁芜杂的大千世界中选择什么样的新闻事实和报道角度来呈现这个世界的多面性。比如,2009 年美国纽约州州长斯普利兹(Splitzer)因为性丑闻而离职。CNN 的一档新闻是直接从州长宣读辞职演说切入的。而当日的辛迪加节目《内幕》(*The Insider*)则是从与州长有染的"坏女孩(bad girl)"切入,其报道点截然不同,严肃和八卦各自为战。

下面我们来分析一下 2017 年开始走红的文化类节目。

作为一档文化类节目,《见字如面》定位于有一定教育和人文产品消费的观众,其选择的信件,涵盖古今,涉及科学、军事、情爱、文娱、政治诸领域,选择的信件"应该是直接打开一个重大历史事件或经典历史场景的窗口,它应该是对人性和人际关系极致状态的精彩表达;它必须有趣"①。

另一档文化类栏目《朗读者》虽然也是读书,但重点却在朗读人的故事与情感上,所以朗读者本人作为有故事的人,是节目选择的标准。再来看《中国诗词大会》,不仅参赛选手是有故事的人,而且为了与观众拉近距离,选择的诗词是熟悉的陌生题:80%的题目是观众非常熟悉,或模棱两可的,只有 20%的题目很难,但诗句优美,能够激发观众的兴趣。由此,节目能面对较为广泛的观众。② 我们可以看到,选题原则依赖于栏目清晰的定位,而按照这个定位确定的选题又不断强化着栏目的定位独特性。

2.选题原则以报道思想为依据

从具体的运作来考量,选题还必须紧密贴近一定时期的报道思想,这体现了新闻适宜性的价值取向。报道思想是编辑部在一定时期内,为达到预期的新闻传播目的而制定的新闻报道的设想、意图。报道思想实际上为栏目确定了阶段性的选题重点和选题依据,它一般包含一个时期的总体设想和具体的报道提示。

一般来说,报道思想是依据政府当前的工作重点、方针政策、社会关注点、全局和实际情况,通盘考虑之后综合制定形成的。对记者来说,报道思想往往是题材选择的依据和出发点,它指明采访的方向、范围、内容、重点,同时也是判断事物是否具有新闻价值的参照以及报道角度选择和主题立意构思的出发点。所谓新闻报道中的"政治意识"与"大局意识"即

---

① 李邑兰.读信有什么好看的?《见字如面》背后的故事[N].南方周末,2017-03-04.
② 笔者与《中国诗词大会》总导演颜芳的交流,时间:2017 年 5 月.

是从中而来,新闻价值要素的时新性、重要性和显著性也由此而立。以政府工作重点、社会热点为重心,新闻栏目中的这种版块设置往往是体现媒体策划能力、议程设置与竞争重心的手段。比如,2015年中央电视台新闻中心推出的《数说命运共同体》,用数据呈现出"一带一路"国家间前所未见的联系图景。2015年,浙江卫视的《新丝路上浙江人》全方位展现浙江在"一带一路"中的影响力、辐射力和带动力。2016年,北京电视台推出《天涯共此时——"一带一路"大型新闻行动》,重点报道"一带一路"沿线国家与中国在"设施联通""贸易畅通""民心相通"方面的联系。2017年,深圳卫视推出的系列片《共赢海上丝路》,记录了"一带一路"倡议是如何通过"深商"的实际行动在海上丝绸之路沿线国家落地、一步步实现的。这些节目都契合了国家"一带一路"的倡议,不仅以此为选题依据,而且从自己的角度去传播"一带一路"的发展理念。

由此,我们可以理解,选题原则处于栏目定位和具体报道思想的交集处。

正如上海广播电视台的《人间世》①,采用跟拍、蹲守的方式,采访报道上海瑞金医院心脏外科和急诊室的抢救案例。选题切中当前中国医患关系这一重要主题,不回避问题,坚持报道中的正面价值,传递真情

图3-1-1 选题原则集合图

大爱。北京电视台的《生命缘》②栏目遵循"有意义,有价值"的原则,记录报道北京几大医院的救护案例,但主题立意在处理社会关系、思考生死价值、传播医疗健康知识等方面进行多层次的开拓。可以说这两档栏目都在报道思想和节目定位的指导下,切中社会发展的难点、热点,从而获得了影响力。

"牵牛要牵牛鼻子。"记者要记住,报道思想应该是记者头脑中随时紧绷的一根弦。

第一,它是新闻选题正确舆论导向的基础,只有在这个尺度下考虑选题,在具体操作中才不会偏离主方向,而这也恰恰是许多栏目奉行的原则。

第二,报道思想是新闻选题的源头活水。报道思想在很大程度上能为采访选题明确方向,使选题切中社会发展脉搏、紧跟社会热点、击中老百姓的痛点。

二、选题角度的要求

在日常生活中,我们认识事物都会有自己的坐标参照,在不同的坐标参照下,对问题有不同的观察角度。采访报道亦是如此。在实际的采访中,记者首先要思考的是能否从一个事件中提炼出一个独特的角度,能否找到多种角度,哪个角度最有新意,哪个角度最接近事件本质。

---

① 上海广播电视台播出,其中《人间世·救命》获第二十七届中国新闻奖电视专题二等奖。
② 北京电视台播出,其中《生命缘·请你替我活下去》获第二十六届中国新闻奖纪录片一等奖。

选题角度也即新闻角度、报道角度。叶凤英曾指出,新闻角度是记者凭借新闻敏感,为了充分展现事实的价值而选择的报道角度……从方法来看,新闻角度即报道角度,是指记者观察、挖掘、表现新闻事实时的着眼点、侧重点。选择报道角度同确立主题思想也是密切相关的,它直接关系到报道的客观效果。因此,有经验的记者都十分重视选择最佳的角度,以增强报道的新闻价值。① 在选题策划的具体阶段,分析选题角度非常重要。

1.选题角度以事实为基础

新闻"用事实说话",事实是新闻的本位,选题确立以及角度选择都应该建立在事实基础上,不能凭空捏造。同时,记者在采访活动中不能被报道思想所束缚,继而通过寻找例证生搬硬套,切记不要为了体现报道思想而强扭角度。

就新闻的"新"而言,新闻报道应以"新"的事实为基础,而这首先建立在记者对生活的实际走访与调查基础之上。"脚底板下出新闻",在中央电视台"走基层"活动中,大量优秀的作品都是记者深入基层一线的观察与思考所得。"蹲点日记""第一手调研""抗旱日记""雪域冬行"等连续、系列报道就是记者在当地"进入、深入、融入"的结果。很难想象一位不关注社会实际生活的记者能找到新鲜的报道角度,闭门造车、凭空想象只会失去角度选择的源头活水。

2.选题角度以独特为方向

当我们确立了"进入、深入、融入"的标尺以后,实际上是为选题的操作设立了一个基础。问题是,这些都是显性的标准。当所有记者都以这样的标准捕获选题,那自身的优势又如何体现呢?当记者们对社会热点、难点都闻风而动的时候,自身选题的独特性又如何体现呢?如果说,以上提到的方面是选题存在的基础,那么独特性就是选题的活力。高标独立、卓尔不群应是记者在策划选题时的追求。简言之,独特性就是指人无我有、人有我新以及提供给观众最有价值的信息。

当我们分析选题的时候,应该多运用发散思维、统摄思维、逆向思维等思维方式对选题做出独特的采访延展、分析、解释。阿尔·汤普金斯在工作坊(workshop)案例教学中提出了一个具有代表性的案例。② 美国军队曾经在索马里的一次行动中遭到当地游击组织的重创,损失惨重。在美国军人回到美国本土的时候,如果记者到机场进行采访报道该如何确定采访对象?一般来说,记者事先都会有拍摄方案,这个方案可能包括这样的拍摄场景:

- 等待的家人
- 人们给军人献花、礼物
- 军乐队
- 眼泪、人们哭泣

---

① 叶凤英.电视新闻节目研究[M].北京:北京师范大学出版社,1999:124-125.
② TOMPKINS A.Write for the ear,shoot for the eye,aim for the heart-A guide of TV producers and reporters[M].Bonus Book,2004.

- 降落的飞机
- 人们拥抱
- 士兵走下飞机
- 官员致辞
- 旗帜
- 索马里的历史资料和照片
- 人们欢呼

这是对现场最初级的一个判断,但是这个拍摄方案设定的场景似曾相识,它的独特性在哪里?它的"新"在哪里?进一步探讨,你能想到这样的拍摄方案,其他记者也能想到,那么如何做到与众不同?事实上,这样的选题操作只是对事件的一个描述,并没有深入其中抓到有价值的新闻点,于是还需要进一步分析选题,找到独特的报道角度。比如可以进一步做这样的设想:

- 有没有这样一些军人,他们回来时,没有家人在机场等待他们?
- 有没有一些士兵还驻守在索马里,而他的家人却已经在机场等候了?
- 当所有人都在关注回家的男人的时候,我们能否找到一个女兵的丈夫,他正等待妻子的归来?(战争与女人、温情与冷酷的对峙)
- 能否找到在索马里阵亡的士兵的家人?(不从生之人着手,从牺牲的军人着手,从覆盖着美国国旗的棺材着手)

这样的选题角度构想,瞬间拓宽了思路,而且更能反映事件的特点与本质。如此一来,报道就不仅仅是对事件的简单描述,而是提升到了生离死别、万里重逢的情感高度,其"失去与拥有"的命运跌宕、"生、死、爱、恨"的情感纠葛使报道富含人文信息,主题自然丰富而深邃。

虽然可以从多方面理解独特性,但独特性最本质的一点应该是剖析事件的深入与精准。当占有的事实材料足够丰富、采访视角足够多元,自然与其他媒体形成差距,独特性也油然闪现;当切入问题的本质,抓住了事物的特点,独特性便成为水到渠成的事。梁建增在谈到选题的独特性时说:"选题角度的独特,不是越偏越刁越好,而是越准越深越佳。"[①]在这里,梁建增指出了新闻选题独特性的终极追求。简言之,选题的独特性可以从事实的独特以及观点的独特两方面来理解,二者是相辅相成的。

需要说明的是,选题的独特性追求要避免剑走偏锋,不切要害。选题的独特以抓住事物的本质特点为要义,而有些报道,如一些帕帕拉奇记者追踪隐私的报道、娱乐报道中的低俗化现象等,特别注重细枝末节,并放大这些细枝末节,从而获得一种看似新奇的角度。其实这种做法,是在新闻事实上的错误选择,是对事件本质特征的忽视。从哲学角度来看,这是

---

① 梁建增.《焦点访谈》红皮书[M].北京:文化艺术出版社,2002:197.

一种没有全局观的做法，忽略了个体与整体的关系。

3.选题角度以可视性为要求

电视节目要用形象来说话，这就牵涉到选题的可视性问题。可视性注重的是影像表达的具体化与独特性，有些人又称之为"电视化"。换言之，如何用形象说话，这是电视采访必须重视的要点。在前文中，我们也把可视性列为电视新闻的新闻价值要素之一，记者在考虑电视新闻报道选题的时候，应当把选题可视性提升到一定的高度。

"可视性"这个词比较笼统、抽象。具体而言，可视性是指选题是否具有能够发挥电视媒介视听手段来传达事件信息与观点的基础。在这里，我们把"可视性"进一步具体化，即通过选题是否能延伸出具有传达事件信息的、以视听语言来结构事件的中心人物，是否有鲜活的、能用视听语言来展现的事件场面，是否蕴含了独一无二的生动细节、能够提供大于思维的形象性元素。这些要素都构成了选题可视性的衡量标准。此外，我们还可以使用排除法来理解可视性，即选题的可视性意味着它不是一个抽象的概念集合，不是一个论文式的逻辑推理与思辨，不是一个没有个性人物与典型事件的空洞的论述。

4.选题角度以观众的兴趣点为参照

选题角度以观众感兴趣的话题、社会关注的问题为参照，由此确定选题的方向。比如中央电视台2017年春节期间"新春走基层"推出的《天下父母》和《二孩之后》等系列报道，聚焦当下老百姓关注的养老与养娃的社会热点问题，由此激发观众和网友了解他人故事和参与评论的兴趣。

哥伦比亚广播公司《晚间新闻》原主持人丹·拉瑟（Dan Rather）曾经提出过"后院篱笆原则"，认为新闻应是家庭妇女在后院谈论的话题。虽然他是从新闻世俗化的角度提出的，但也反映出采访要抓住大众感兴趣的话题。传统媒体的新闻报道方向也越来越世俗化、越来越以观众和用户为中心，而媒介迭代更加速了这一变化。这些变化把原本高高在上的新闻报道，把过去只以国际、国内时政为主的媒体触角拉回到普通大众的生活之中，满足、引领观众和用户的需求。

5.选题角度以具体的核心人物为承载

这是电视新闻节目具体化、形象化的基础，能否找到当事人在镜头前说话，能采访到最了解事实的核心采访对象和相关人物，成为节目能否实现操作的重要因素。在后面的章节中，我们将进一步分析电视新闻节目中的"中心人物"的作用。

总的来说，对选题的具体分析多种多样，不同的栏目有不同的要求。消息类选题与深度报道类的选题在题材、选题容量、发展空间等方面均有不同。在把握基本规律的情况下，可以具体问题具体分析。比如《新闻调查》栏目在确定选题时会有一个对选题的质疑过程：

选题有没有故事？有没有意义？有没有足够的容量？有没有证据可寻？有没

有可能通过记者自身找到证据？有没有知情人会出来接受采访？有没有可视性？（适合不适合拍成电视画面？）观众会不会爱看？有没有收视率？（也可以说是事件的普遍性和典型性）。①

这样的质疑对选题的把握是切实可行的。

> 记住：选题要与栏目定位、社会发展、观众定位同声共气。选题角度不是越偏越好，而是越深越准越佳。

第二节 如何确定选题角度

在前文，我们谈到新闻报道的话题与主题的区别，而选题角度的确立实际上就是从话题聚焦到主题的操作路径。现代新闻的竞争已经逐渐从独家信息占有的竞争转向独家角度、独家解读的竞争，信息占有是基础，独家角度则出奇制胜。

在现代电视媒体发展中，新闻直播以及不同时段的滚动新闻得到了凸显，对记者就新闻事件多角度的开掘也提出了更高的要求。美国密苏里新闻学院"广播电视新闻课程"在实践操作中要求学生对每个新闻事件都提炼出两个以上的报道角度，以便在不同时段的新闻中滚动播出，这是电视媒体发展到直播时代的新要求。电视采访报道在选题角度的开拓上与其他媒介报道有共通性，但也有独特性。在以下分析确定选题角度的方法中，不同的方法间或许会有有交叉，笔者只能按照相对单一的标准进行分析。

一、从现场中寻求采访角度

电视媒介声画一体的视听形象有助于记者放大现场的信息，形象生动地结构报道角度，做活现场。

记者可从现场人物的语言、现场事件的发展中寻求报道角度，凝练主题。比如，2008年北京残奥会一场五人制足球赛中，记者在现场听到观众齐声呐喊"4号，好样的"，原来观众在为场上的4号球员张祥——一个身患脑瘫的球员加油。记者以此为由头，聚焦到对张祥的采访报道。节目把张祥虽然身有残疾，但是在体育赛场上尽情拼搏、展现自我的坚强呈现给观众，将体育精神与人性的光辉巧妙地融合在一起。

在现场，还要善于抓住事件富有戏剧性的节点与高潮来组织报道角度。这样的节点或高潮场面，往往有助于记者摆脱程序性的、大而化之的报道方式，从一个特写切入。比如《市长痛

---

① 解密《新闻调查》[EB/OL].腾讯博客.(2009-05-04).http://user.qzone.qq.com/611994195/N1.

斥不作为:不要为我市长干》,在绍兴市越城小区移交管理专题会议上,市长俞志宏对个别官员的浮夸作风进行了痛斥,记者抓住这一场景,改变常规时政报道的套路,从会议上的高潮点切入,形成"以民为本"执政理念这一主题(详见第23页视频)。

二、从事物历史的延展中寻求角度

1. 从事物变化中寻求采访角度

图3-2-1 中央电视台时政记者在会议拍摄现场

这是事物发展纵向考量的思路,新闻的新在其变化中,在于其有新的现象、新的特点出现。"变动是事实形成新闻的要素。"①变化是记者最能抓住报道角度的显性因素,把事物放在时间的维度,作纵向的对比,往往能够找到较好的报道角度。比如,电视新闻《李百祥搬家》②,记者花两年时间跟拍了辽宁省棚户区的改造历程,在这条消息的结尾,记者用对比手法突出了棚户区改造前后老百姓的感受。

李百祥(两年前):我今年76岁了,我希望呢……下边不用说了吧?在我没死之前,能享受几天,好房子。

李百祥(两年后):我做梦都想不到,能住上今天这个楼,我76岁时说的话,那是梦话,做梦都梦不见,可是现在实现了。

需要注意的是,事物的变化有激烈、明显的显性现象,这是一般记者都能捕捉到的。但有的时候,事物的变动是潜移默化的,这就成为检验记者是否具有新闻敏感性的试金石,优秀的记者会从变化的蛛丝马迹中抓住现象背后的本质。比如电视新闻《人工林里来了野生鹿》③,记者在黑龙江拜泉县的人工林看到了一大群奔跑的野生鹿、一只灰狐和几只狍子,这个现象引起了记者的注意,于是作了深入调查与报道。原来在20世纪六七十年代,由于开垦农田,大片的森林被砍伐,拜泉县的生态环境岌岌可危,引发了多起水灾和旱灾。20世纪80年代,拜泉人开始大规模人工造林,经过几十年的努力,终于重新恢复生态,森林覆盖率从2%提高至23%。从标题上看,讲述的仿佛就是一个自然现象的变化,但反映的深层主题是环保带来的人类生存环境的变化。

老子曰:故有之以为利,无之以为用。在关注事物的变化的时候,同样也应该关注其不变。变化是选题角度,但有时不变也是新闻角度,不变也能反映某种特点。在处理这样的选

---

① 叶凤英.电视新闻节目研究[M].北京:北京师范大学出版社,1999:126.
② 辽宁电视台2007年11月29日报道,获第十八届(2007年)中国新闻奖电视消息二等奖。
③ 黑龙江电视台播出,获第十四届(2003年)中国电视新闻奖短消息一等奖。

题操作时,我们同样要注意与变化对应的不变以及变化中的不变。比如中央电视台大型电视纪录片《再说长江》《香港十年》等都是从变中看中国社会的发展,从不变中看中国社会文化的恒定因素,主创人员很好地处理了这种变与不变的辩证关系。

2.从历史累积对比中寻求采访角度

这仍然是从时间这一维度上寻求事件的独特角度。它的微妙之处在于不仅仅是对比,更是把事件或事物放在时间链条上整体考虑,从现在着手向过去或未来进行拓展,从而为报道带来更丰富的历史内涵和未来趋向,形成有别于其他报道的独特之点。比如《回击》(*Fighting Back*)①这条报道,新闻由头是伊利诺伊州一位参议员在中风后积极参与康复训练,并向公众公布了自己恢复训练的视频,但新闻报道并没有止步于此,而是随即列举了美国历史上几位政治人物,如威尔逊总统、罗斯福总统及肯尼迪总统在遇到健康问题后的保密措施,以此作为对比,进一步报道在当今网络信息迅捷的情形下,美国政治人物,如经历心脏手术的克林顿总统、切尼副总统、受枪击的众议员吉福兹等,开始顺应形势,积极向公众公布自己的健康恢复状况。报道通过这一历史的综合对比,为当日的动态事件寻找到了一个不同寻常的落脚点。

布隆代尔说:"作为记者,我们总是停留在现在进行时中,这就是我们所属的时态。尽管有的时候,过去和未来在我们的故事中也是相当重要的组成部分,但它们往往都被忽视掉了。如果我们能够抓住过去和未来,我们的故事内容就得到了延展……"②下面,我们来分析一下中央电视台《焦点访谈·个人闯祸、公款买单》的报道,它把肇事者的车祸置于历史中去考察,从其两次车祸的累积中挖出一个更深层次的牵涉公有企业管理制度的主题:

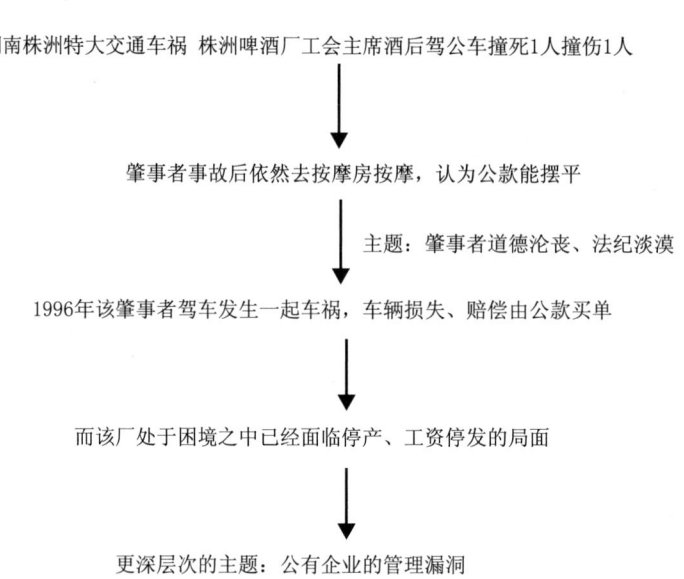

---

① 美国全国广播公司《晚间新闻》2012年5月12日播出。
② 布隆代尔.《华尔街日报》是如何讲故事的[M].徐扬,译.北京:华夏出版社,2006:51.

发生在湖南当地的一起车祸,如果单从车祸的角度来考虑,央视的采访报道显然在时效性和贴近性上都没有当地媒体有优势,也无法形成影响力,但是记者挖到了肇事者1996年的车祸事故,当把这两起车祸联系起来时,节目的主题已经从个人的问题上升到企业管理体制与机制的问题。正应了前文所说,对事件挖掘得越深,主题就越准确,报道角度就越独特。

三、从事物的反常中寻求采访角度

这也是新闻最基本的特点,反常、不寻常的事物和现象往往成为有价值的报道点。实际上在报道中,有些事物的反常是显性的,比如新、奇、差异等可以找到新的报道点,记者较容易抓到。比如中央电视台《焦点访谈》中《土地变绿的秘密》《丧事上跳起脱衣舞》等节目,电视新闻《枯树"钉"新芽》①等,都是通过观众反映的新奇事物形成的报道。

同理,显性的反常容易捕捉,而有的事物的反常是隐性的,需要记者在深入调查、挖掘、分析中提炼出新鲜的角度,记者应该具备从熟悉的地方看出风景的能力。

四、从事物组合对比中寻求采访角度

这是事物横向考量的思路,从对比中抓特点。老子有言:故有无相生,难易相成,长短相形,高下相盈,音声相和,前后相随。② 当对单一事物的报道无法体现新意,或者无法抓到本质的时候,我们可以采用组合对比的方式,体现事物的特点,突出报道角度。对比可观全貌,对比可凸显本质。对比分析是提炼新闻主题的一种方法,这种方法使记者在事物的联系中体察其特点。在现代媒体资讯空前发达的情形下,所谓的"小记者、大编辑"即是指通过对不同资料信息的占有、媒体独家的信息整合与重新读解来形成新的角度、新的意义,这样的整合意识也贯穿到采访当中,形成整体的报道理念。具体说来,这种组合对比方法可以分为三种:

1. 从相同事物的对比中体察事物的不同,从而体现出报道的特点和意义

这是寻求事物特殊性的方式,即所谓的同中观异。通过对比,选题策划要深入研究事物的特点,寻求最能反映事物本质特点的报道角度。比如电视新闻《戴安娜的教训》(Lessons from Diana)③报道英国王妃凯特第一次做公众演说,但报道并没有停留在凯特王妃演说事件本身,而是将凯特的公众形象与以往的戴安娜王妃进行了言语、着装以及心态等方面的对比,体现凯特王妃驾驭公众形象的娴熟。这样的对比从凯特的公众演说这一新闻由头拓展开来,体现出了记者的整合意识和宽广的报道视野。

---

① 长沙电视台新闻频道播出,获第十四届(2003年)中国广播电视奖消息类二等奖。
② 老子.道德经[M].南京:凤凰出版社,2009:5.
③ 美国全国广播公司《世界新闻》播出。

图 3-2-2 美国全国广播公司《世界新闻》新闻报道《戴安娜的教训》

2. 从不同事物的对比中找出相同的特点

这是一个寻求事物普遍性的方式,即异中观同。其实,不同和相同都是相对的,并能够相互转化。客观事物既有共性也有个性,如何从事物的个性中体现共性、体现其与其他事物的普遍联系,这也是我们在确定报道选题角度时要分析的因素。不同的原因,可能形成相同的结果;不同的结果,可能有相同的原因;不同的事物,可能有共同的本质。比如电视新闻报道《极端天气》[①],是从美国当晚冬季正式结束,春季开始这个新闻由头切入。一般来说,这是一个自然现象,口播新闻就可以完成,但记者从美国全国范围内审视天气变化,从极端的春季这个角度展开——美国中部龙卷风盛行,东部异常高温天气、西南部大雪纷飞等不同地区呈现出的不同天气状况,分析了由于西部冷空气与东部暖空气碰撞,形成中部的龙卷风,虽然这些异常天气现象还不能确定是全球变暖的结果,但这样的天气恐怕会成为未来的常态,从不同的现象中找到共同的原因。同时,作为策划性报道,这条新闻从季节变化的自然现象引出美国的异常天气对人们的影响,从而找到了抓手,把一个比较空泛的报道落到了实处。

3. 通过正反对比衬托事物

这是寻求事物矛盾性的方式,以白衬黑,一倍增其黑。比如,长消息《用火箭弹烙大饼的人》报道遭受战争创伤的叙利亚面包师。他用捡到的迫击炮弹、火箭弹、机枪子弹壳做成家里的日用品和装饰品。战争的武器成为日常的审美,但这种艺术欣赏是对战争的最大讽刺。用喜衬悲,把悲剧当成喜剧来写的时候,意到处,悲从中来,这条报道所抓取的角度独特而有力量。

五、从事物联系中寻求报道角度

记者要善于由此事物联系彼事物,从其内在因果关系中找到报道点。古语有云:"城门失火,殃及池鱼。"美国气象学家洛伦兹(Lorenz)也提出过著名的"蝴蝶效应":南美的一只蝴蝶扇动翅膀,德克萨斯就会刮起龙卷风。这些都是事物具有普遍联系的观点。

下面我们来分析两条天气与经济现象关系的报道。中央电视台《新闻 30 分·暖冬影响销售,应季水果价格下跌》中,记者从天气变化联系到市场水果销售的变化,经过对市场水果销售商的采访,理出因果关系。对记者而言,从天气变化的原因,联系到其引起的连锁反

---

① 美国全国广播公司《世界新闻》播出。

应——气温升高,水果提前成熟上市,并且不易保存,导致水果价格走低;或者从市场上水果价格下跌这一结果,探求其形成的原因——暖冬所致。作为记者,要发挥多维思考问题的能力,由此及彼,从而把一个表象的普遍信息变成一条独家报道。再如美国全国广播公司《晚间新闻》的一条新闻《绿色的冬日》(*Winter Green*)报道美国冬季气温偏高,全美80%的区域气温超过历史同期水平,是117年来第四热的冬季。尽管这一时期有暖冬现象的报道,但这条报道却从"城市预算因此减少"这一角度呈现:由于下雪少,各城市的铲雪工作量减少,并且冬天的工作日也增加了不少,由此带来了很多工作机会,与此同时,冰淇淋店的营业额也同比上涨了很多,这对经济较为低迷的美国不啻是一个好消息。回想我们前文提到的理念,新闻报道不仅仅是事件本身,更是事件所产生的影响——对人的影响、社区的影响、社会的影响,报道思路是不是由此打开?

六、提炼数据,形成落脚点

我们在第一章谈到了如何在报道中让数据形象化,让数据产生意义,因为理性、抽象的数据在转瞬即逝的电视画面中不容易给人留下印象。因此,记者需要对数据做形象化的开拓。但如果从相反的角度而言,在一些情形下,记者恰恰又需要数据的提炼和总结使报道产生意义,形成落脚点。

下面我们来看两个案例。

2012年美国共和党候选人竞选期间,记者在伊利诺伊州芝加哥大学跟随共和党竞选人罗姆尼的竞选团采访时,向主持人连线报道:

> 罗姆尼在芝加哥大学的演说中,在税收问题上抨击现任总统奥巴马,在不到18分钟的时间里,他就点名抨击奥巴马12次。

通过归纳、总结,记者在有限的时间里,将这条报道的新闻价值点提炼了出来,体现了记者良好的统摄思维能力。

再如,在2012年的复活节期间,记者报道美国在任总统奥巴马和共和党总统竞选人罗姆尼、桑托罗姆分别在复活节周末纪念会上的致辞和演讲,记者并没有停留在对3人讲话简单的描述上,而是在结尾仔细对比分析了奥巴马4年来复活节周末的发言,通过对比分析发现:

> 奥巴马在前3年的讲话中,大部分提到的是经济问题,只有两次提到耶稣或者上帝,但是在这次讲话中,他却提到耶稣达到7次之多,可见这次讲话的重心是在信仰上。

结合此时的选民关注候选人信仰问题的背景,记者提供的数据说明了奥巴马这次讲话明显有拉拢选民、为即将到来的竞选连任拉选票的"嫌疑"。这样的归纳总结一下子点出了问题的实质,与背景结合,提升了报道价值。实际上,从当时的背景而言,奥巴马比较善于利用网络了解民意,其每次议题的重心都是经过事先的网络民意调查获得的。记者的归纳提炼,非常明晰地点出了问题的实质。在大数据时代,通过计算机热词的提取,直观地形成人物观点和事件性质的词云,实际上是对传统记者数据提炼的一个提升。

七、策划性选题

在这里,我们要特别分析策划性选题。策划性选题是电视媒体在一定时期,根据国家、社会发展的现实背景而专门组织、策划的报道选题。这种选题往往与国家、社会发展的现实紧密贴近,影响力较大。应当说,策划性选题是凸显电视新闻机构整合资源能力、策划能力、合力报道能力的一个重要标准。策划性选题往往题材重大,所牵涉事件范围较广,有深度、有力度。从微观上来说,这类策划性选题以思想性和编辑性为主,形成的是系列主题报道。从中观层面来看,电视媒体从整个媒体层面以大编辑部的新闻操作来策划选题。总体而言,策划性选题可以分为以下几类:

1.年终报道、年终新闻事件盘点

这类选题以贯穿当年的重头新闻事件为主要内容,对这些新闻事件进行整合、集纳。通过整合、对比各类新闻事件,深化新闻价值,充分利用和开发已有的新闻资源,为观众描绘当年国家、社会发展的时代背景及其现实和历史意义;同时,通过回顾过去、展望未来的社会发展态势,起到电视新闻媒体为观众解疑释惑的作用,扩大媒体的影响力。比如中央电视台2016年年终特稿报道《中国策》,梳理了2016年以习近平同志为核心的党中央治国理政的新理念、新思想、新战略和中国经济社会发展的新成就、新特点、新变化。节目把2016年中国的大发展、大格局、大战略、大决策归纳提炼为12个关键字"破与立、变与治、均与先、责与情",让观众通过这些关键字读懂2016年中国的宏观图景,看清这一年国家发展与百姓生活的紧密关联。节目充分利用已有新闻资源,为新闻事件提供了一个新的读解角度和诠释形式。节目创意独特、信息量大,体现了媒体的新闻集纳能力和读解能力,从而形成报道合力。

2.配合重大新闻事件、主题的多角度、多方位报道的选题策划

这类选题以重大新闻事件、社会现象为新闻由头,以不同的节目形式、新闻体裁、报道角度来合力报道新闻事件,从而给观众一个全方位、立体的理解。比如,从2016年开始,各大媒体围绕"一带一路"所展开的各种大型报道、新闻行动等,这其中,中央电视台的大型系列节目《数说命运共同体》以严密的策划、创新的表达方式,获得了较大关注。

图 3-2-3　中央电视台系列节目《数说命运共同体》主持人"一镜到底"抠像拍摄现场

3.深入解读社会、文化现象的策划性选题,栏目以系列主题报道的形式为观众打开了解社会的窗口

这类选题以"行走文化"的采访形式选取某地或某个区域的社会、经济、文化等多方面的横断面为切入点,以新、奇为选题的主要诉求点,以联系对比的方式连接观众。

所谓"看世界"是为了更好地反观中国。比如中央电视台的特别节目《岩松看台湾》《岩松看日本》《岩松看香港》《岩松看美国》,以中国人的视角去解读不同地区或国家的社会、文化现象,探讨它们在历史发展及当下所呈现出的问题和经验是否能为中国提供一个参照。这样的选题以某个新闻由头形成节目关注的范围,并从中细分出具体的重点选题,这些选题从社会、文化异质性的角度挖掘观众感兴趣的新鲜事物。比如《岩松看美国》系列节目,是在美国正经历金融危机时,适时推出的围绕"人文、经济、政治"的特别节目。特别节目既有类似"黄色的特权"这样以点带面透过校车看美国制度与文化的选题,也有类似重要人物专访的选题。

图 3-2-4　北京电视台《天涯共此时》栏目"一带一路"报道现场

这类选题还包括特别策划的大型媒介事件。比如凤凰卫视从 1999 年开始,每年策划的

电视活动已经逐渐形成一个品牌节目类型,如《欧洲之旅》《寻找远去的家园》《两极之旅》《走近世界遗产》《走进非洲》《走进青藏高原》等。这些特别策划的活动从以下几方面寻求选题的新颖独到:

- 亲历性——记者的亲身参与引导观众参与其中;
- 旅行家模式——突出寻找、探索、体验、发现;
- 提升文化品位——文化名人为观众解读和点评途经地区的文化现象与自然风情;
- 多媒体联动——电子媒体和平面媒体合作,为活动造势。①
- 特别策划的选题成为凤凰卫视集中优势兵力扩大影响力、形成媒介事件的重要手段。

随着全球化进程的加快,电视媒体在跨地域采访报道中的作用日益明显,拉近了相隔遥远的观众与事件。所谓牵一发而动全身,这样的采访报道更需要电视记者拥有更加宽阔的国际视野和联系事物的能力。

> 记住:信息占有是基础,独家角度则会出奇制胜。

思考及练习题

1. 观察一个事件,至少提炼出两个以上的报道角度,分析哪个角度最能体现事件本质,哪个角度最有趣。
2. 确定选题角度的方法有哪些?

---

① 钟大年,于文华.凤凰考[M].北京:北京师范大学出版社,2004:118.

第四章
结构视听节目的思路与方法

本章重点

- 新闻事件化、事件故事化、故事人物化、人物个性化（命运化）
- 大处着眼，小处着手
- 故事是节目创新的出发点，主题是故事的落脚点
- 为节目设置强劲的动力

故事是世界的共同语言。

视听媒体采访的一个难点是要用实实在在的现场和动态事件说话,而如何用影像语言来展现事件、现场、凸显主题,如何使新闻能够贴近观众,这就牵涉到在报道中如何把新闻具体化、故事化的问题。许多初涉电视领域的记者往往在这个环节捉襟见肘,所呈现出的视听作品常常大而空,或者通篇解说词贴空镜头,或者节目缺乏一个有效的动力机制,叙事单调、乏味,观众看了开头就知道结尾。这都是记者没有掌握节目具体化的思路与方法的体现。

第一节 节目具体化的思路

在熟悉电视新闻具体化的思路与方法之前,我们有必要分析不同新闻选题的性质与特点,由此结合不同新闻选题做出相应的操作方案。

一、新闻报道的分类

笔者通常把新闻报道分为事件类报道和非事件类报道。而非事件类报道又可分为现象类新闻和主题类新闻。

1.事件类新闻

这类新闻依托于新近发生的或正在发生的新闻事件,其新闻由头与切入角度相对具体、实在。记者意在采访报道新闻事件信息、挖掘事件真相、揭示事件背后的故事细节。比如《我国首次取得东北虎渡江迁徙证据》《公交司机姚静 为乘客安危奔跑》《对峙七小时 人质被解救》《市长痛斥不作为:不要为我市长干》《超强农民:1 = 190》[①]这些事件类新闻主题明确、人物具体,其操作实现具有天然的优势。

2.非事件类新闻

(1)现象类新闻

这类新闻是围绕社会上出现的某类新现象、某领域的发展趋向、某类问题展开采访、调

---

① 前三项分别获 2013—2014 年中国广播影视大奖电视类大奖,第四项获第二十五届中国新闻奖电视消息类二等奖,第五项获第二十四届中国新闻奖电视消息类一等奖。

查，从而结构新闻报道的。它不是一时出现的动态事件，而是一段时期的新现象，比如前文提及的《廉价蒲草"编"出亿元淘宝村》。一般来说，现象或者问题具有抽象性，在电视表现方面具有一定的难度。如何用可视性的电视语言来反映这些现象或问题、挖出现象或问题背后的本质特征，是电视报道在具体化操作过程中的难点。

（2）主题类新闻

主题类新闻是围绕某类主题进行的采访报道。这类主题往往是以国家、社会发展到某个阶段的工作重点、方针政策等为基础形成的报道内容。由于主题与时政紧密结合，往往这类新闻具有极强的现实意义与社会意义。这类报道如《再说长江》《数说命运共同体》《大国工匠》《中国人的饭碗》《饭碗里的供给侧》《鸟瞰中国》等成就性、典型人

图 4-1-1　纪录片《鸟瞰中国》剧照

物、重大问题的报道，回顾性的报道或思辨性的报道。主题类新闻在电视的具体化和可视化的操作中有一定难度，即如何把一种理性的概念或一个抽象的主题用具象、生动的电视形象语言去表现。

二、结构电视新闻节目的具体思路

在不断的发展中，电视报道已经逐渐形成了比较成熟的、具体化的创作思路。

1. 新闻事件化——新闻报道要以真实的动态事件作为依托和承载

新闻事件化应大处着眼、小处着手，大主题找到小切入口，小的报道点要探寻时代的大背景。

无论是事件类新闻还是非事件类新闻都要从具体的事件中寻求到表达主题、展现新闻价值的途径。在实际的报道中，尤其是在面对现象类或主题类的报道时，很多记者大都从概念着手，解说词贴空画面，这样的报道空泛而枯燥。因此，要为这些现象或主题寻找到生活中真实的动态事件与个案故事，使概念和主题在对事件、细节的展示中自然呈现出来。新闻事件化实际上就是"用事实说话"，用真实的细节说话。比如大型电视纪录片《再说长江》《香港十年》等都采用的是这样的报道叙述方式。

这里牵涉到对事实的选取问题。一般来说，报道的事实是带有普遍性和典型性的，能够起到管中窥豹的作用。具象的事件需要既能反映普遍的联系又具有个性化的形象表现力。由此，要做到以小见大，从微观处看宏观。比如，中央电视台的一条长消息《2 000万返乡农民工再就业问题》，本是报道全国"两会"中农民工代表与社会保障部副部长的见面会，但记者并没有以此为切入点，而是从远在安徽的一位返乡农民工翁小强所开的乡村浴室切入，报

道一开始就是乡亲们排着队去翁家浴室洗澡的场景。本是以"两会"为中心的报道,之所以这样切入,其实就是采用了从动态的事件展开,而非静态的会场开始的报道思路。进一步分析,其内在的逻辑在于见面会的真正主题是两千万返乡农民工再就业的问题。记者从一个典型的代表切入,而不是从会场切入,逻辑自明。

需要强调的是,有的时候不在场的人才是新闻。这里所指的"人"则是被事件所影响的人。

在新闻事件化的过程中,特别是记者报道行政指令、管理举措、机制体制改革等抽象或宏观主题时,应该落实到具体的点上,再从点生发开来。比如长消息《市政府的92项权力——河北省推行行政权力公开透明运行试点改革纪实》①,这条报道从市长王三堂说起。按照一般的报道思路不过就是采访王三堂,然后是一些行政措施、下属单位的执行情况介绍,画面配以成摞的文件、办公室墙上的报表、各种单位的挂牌等。但是,这条新闻的记者却另辟蹊径,找到了一位似乎与机制改革很不相干的五金店老板,通过他的切身体会,向观众传达了政府行政权力不清给普通百姓带来的烦恼:"同一种产品,工商局也来检查,技术监督局也来检查,具体该不该检查,咱也不知道,咱也不敢问。"记者从一个很贴近百姓日常生活的视角来反观市政府存在的问题,随后再分析职责不清、交叉执法的原因、改正的举措及分清职责后的成效。报道结尾又回到五金店老板那里。解说词说出了五金店老板的心声:"现在来店里检查的人明显减少了。"办公流程转变本是一个很抽象的选题,由于记者从现实生活中抓取了一个貌似不相干而实际很有关联的折射点,就使这个选题变得直观有趣、生动亲切了。这条新闻是从改革的终端寻找一个具体可感的承受者,使抽象的举措变得可触摸,增强了新闻的可视性。

2.事件故事化——故事化的叙述方式

故事是有力量的,故事是节目创新的出发点,主题是故事的落脚点。

近年来,故事化的讲述方式在新闻中的地位逐渐凸显。在报纸杂志中,开始提倡故事化的写作手法。2003年7月《中华新闻报》的文章《故事化——新闻写作的一种思路》以及同年9月清华大学教授李希光在《畸变的媒体》中提出的"讲故事的新闻写作"等观点引发了新闻媒体"故事化"写作取向的思考。

在电视媒体领域,故事化的叙事理念开始打破电视新闻、深度调查报道、纪录片等非虚构类节目平铺直叙、一击到底的模式,采用问题与悬念设置、峰回路转的结构方式。随后,这种模式在其他非虚构类节目中得到了全面的拓展。"事件故事化""戏剧性和冲突性""悬念设置"等种种故事性的因素逐渐凸显。

美国学者埃里克·巴尔诺认为,早在弗拉哈迪的《北方的纳努克》里,就显示出了故事技巧。"弗拉哈迪显然已经掌握了在故事片中发展起来的'基本原理'。这种发展不仅改变了

---

① 张芊芊.试论宏观政策新闻报道的操作理念与实践[J].当代电视,2007(4):72-73.

技术,而且也改变了观众的欣赏习惯。弗拉哈迪完全吸收了故事片的手法,然而他却把它运用在既非作家和导演创作的,也非演员所表演的题材上去了。这样,既保持了戏剧性场面感人的力量,又将其与真实的人结合起来了。"① 这种叙事方式在电视新闻报道中最早是从美国电视界流行开来的,从美国老牌的杂志类新闻节目《60分钟》《20/20》《日界线》《48小时》到新近的CNN纪录片式的节目《未告知的故事》(Untold Story),无不在竞争中探索如何用钩子式的叙事技巧抓住观众的注意力。随着美国探索发现(Discovery)频道、国家地理(National Geographic)频道等纪录片节目的出现,更加强化了这一叙事模式。

近二十年来,中国许多电视媒体都开始研究节目以故事讲述事件的方式。比如中央电视台的《新闻调查》《共同关注》《走近科学》《百科探秘》,北京电视台的《档案》等都从悬念、氛围的营造、故事结构等多方面来探索故事叙述的技巧。这些探索为中国电视节目的叙事发展提供了良好的范本。

不仅如此,故事在纪录片、真人秀、娱乐节目中也开始发挥着至关重要的作用。故事里的人、情感、情怀为节目注入了精、气、神,故事的叙事手段构筑了节目的吸引力。

图4-1-2 北京电视台《档案》栏目系列片《红军不怕远征难》拍摄现场

(1)故事的界定

什么是故事呢?

亚里士多德在《诗学》中提出文艺理论需要解释叙事的结构、故事的诸要素以及要素的结合和表达的问题。他将"情节(plot)"解释为"事件的安排"。《现代汉语词典》对故事的定义是"真实的或虚构的用作讲述对象的事情,有连贯性,富吸引力,能感染人";"文艺作品中用来体现主题的情节"。希洛米斯·利蒙-坎南在《叙事小说》中将故事定义为"一系列按时间顺序排列的事件"。法国学者茨维坦·托多洛夫认为故事是"从一种平衡开始通过不平衡达到新的平衡"。当一个事件原有的状态被打破,即产生了新的信息和推动事态发展的动力。从新闻角度来说,报道关注的就是这些被打破平衡而出现的事物的新的状态,并跟踪事件发展,形成后续报道。

笔者认为,美国普利策非虚构类作品奖两届得主富兰克林关于故事的界定对我们最具借鉴意义——故事是"令人同情的人物面临困境和挑战,为应对和解决问题而呈现出的一系列行为"[②]。以人为核心的叙事理念、挑战与问题呈现出的冲突与戏剧、人物主动性的连贯行为的界定很好地把人、事件与情节、连续性、起伏性等要素蕴含其中。异曲同工的是,《英

---

① 巴尔诺.世界纪录电影史[M].张德魁,冷铁铮,译.北京:中国电影出版社,1992.
② FRANKLIN J. Writing for story[M]. Plume book, Penguin group, 1994:71.

国达人秀》制片人保罗·扬·布鲁斯认为"好的游戏节目的人物故事——人物在特定情境中,接受挑战,作出抉择,这是标准叙事模式"。《爸爸去哪儿》《奔跑吧兄弟》《极限挑战》等流行的真人秀节目,其实都暗含了故事叙事理念和方法。

我们使用的故事,可以理解为两方面:一是人物故事,二是故事化的讲述方式。人物故事要求我们在选材的时候就要挖掘有故事、有命运感的人,而故事化讲述方式就是充分利用新闻事实中的故事性元素,采用讲故事的方式展现新闻事件、结构报道主题。

图4-1-3 讲故事的两重含义

（2）故事的要素

我们从主题、结构、悬念、情节等方面来探讨故事化的叙事方式。

①故事主题

明确故事的主题,首先要对故事进行聚焦和窄化。主题是故事的落脚点,不要为了讲故事而讲故事。要把"道"贯通于故事之中,通过引人入胜的方式启人入"道",通过循循善诱的方式让人悟"道"。① 主题是简单明了的东西,要在故事中不断展现、重复、暗示,显现立意。确立了主题后,所有的素材都要直奔主题,那些与立意和塑造人物无关的素材,再有意思也要丢弃。

②故事结构

实际创作中,当然可以为故事设置多种结构,但需要阐明的是故事的核心结构的考量。长久以来新闻报道的经典结构是倒金字塔式结构,即上大下小——最重要的信息放在最前面,次重要的信息往后,后面的信息是对前面信息的补充。应当说,百年来形成的这一结构并不过时,它仍适合于短、平、快的消息类模式,适合于在最快的时间里把最重要的信息传达给观众。而电视新闻报道中故事性的叙述结构发生了新的变化。阿尔·汤普金斯提出了沙漏式的结构,即两头大、中间小——把最重要的信息放在报道两头,次重要的信息放在中间,这样可以持续吸引观众的眼球。他用具体案例对两种结构的新闻报道作了对比:

记者: 今天,一场汽车大火烧毁了40多岁的保罗所有的家当。保罗是失业者,住在车里。今天早上,当他的1989年款Chevy车在圣保罗I-94附近的汉姆林大街行驶时着火,没有人受伤。但是消防员无法挽救保罗失去的东西。他丢了帽子、手套,甚至他妈妈的照片,现在他一无所有。

保罗(震惊的表情,把燃烧着物品扔进火里):我还剩下什么?我的帽子,我的手套,

---

① 在党的新闻舆论工作座谈会上的讲话(2016年2月29日)[M]//习近平总书记重要讲话文章选编.北京:中央文献出版社,党建读物出版社,2016:433.

我所有该死的东西。

记者:保罗并不知道下一步该怎么做。没有家,所有都被烧毁,他非常困惑该怎么重新开始。

保罗:(离开烧掉的车壳)你知道,我40多岁了,没人帮我,一切都得靠我自己重新来。

记者:消防员不确定火是怎么引起的。

保罗:(向消防员讲述)我把车停在高速路旁,看见冒起的烟,我想可能是发动机太烫了。

这是一个典型的倒金字塔式结构模式。记者把事件的来龙去脉放在了导语中,直接向观众简明扼要地讲述了事件的经过,而后面的采访报道是对开头的补充。如果把这条新闻改成沙漏式的结构,则成为以下的报道形式:

(镜头:房车火焰,消防水龙头灭火。同期声:警笛)

保罗:(向消防员讲述)我把车停在高速路旁,看见冒起的烟,我想可能是发动机太烫了。

记者:当保罗这辆1989年款的车在汉姆林大道靠近I-94大街着火时,消防员就来了,但是你会惊讶事情如此快地发生。

保罗:我在明尼那不勒斯,我住在车里。

记者(同期声):你是一个流浪者?

保罗:我所有的东西,我妈妈的照片,我的家,我的身份证件,我所有的东西……

记者:自从这个冬天从肯塔基搬到这里,保罗以车为家并在找工作,没有明显的原因,他的家今天被毁了。

保罗(震惊的表情,把燃烧着物品扔进火里):我还剩下什么?我的帽子,我的手套,我所有该死的东西。

记者:当你认为保罗的这些东西并不算什么的时候。

保罗:我的该死的世界。

记者(同期声):这好像让你感到非常无助,为什么?

保罗:(离开烧掉的车壳)你知道,我40多岁了,没人帮我,一切都得靠我自己重新来。

记者:圣保罗报道,KARE-11频道新闻。

在这条报道的开始,记者并没有将事件的前因后果作一个简要的介绍,而是一上来就给观众展现事件的现场状态,通过现场画面与同期声把观众带入现场中。接着是对当事人保罗的采访,并在采访中不时插入事件的背景信息。通过记者与当事人的交流,把火灾的细节逐步展现给观众,让观众深刻体会这场火灾对保罗的影响。这场火灾不仅烧毁了他的车,也烧毁了他的家,烧毁了他的希望。显然,这篇报道更多地带出了情感性的因素;也进一步论证了前文所说的,新闻报道不是事件本身,而是事件所带来的影响,尤其是对人的影响。

笔者认为,沙漏式的结构只是以最简洁的方式概括了故事化的叙述结构,在实际操作中其实有多种多样的变体,比如按照时间顺序式的结构、悬念式的结构等。无论以什么样的变体出现,它在报道中最典型的特征是对现场细节的深入刻画与展示。从另一个角度来说,这种依据现场细节的结构方式更加符合电视媒介直观、形象的特点,更加符合电视新闻现场性的特点。"所谓新闻故事化,就是打破常规的'倒金字塔'式短、平、快的报道方式,而对新闻进行细节化、情节化的表现,凸现新闻事实本身含有的一些戏剧因素。"①

下面我们就中央电视台《河北辛集郭西烟花厂发生特大爆炸事故》这一案例对故事化的叙述结构作进一步分析。河北辛集郭西烟花厂由于烟花爆炸,造成重大事故,这是一个突发性的新闻事件,中央电视台记者迅速赶往现场进行了报道。

主持人导语:今天下午,河北省辛集市郭西烟花厂突然发生了爆炸,我们来看记者刚刚从现场发回的报道。(导语向观众简明扼要地传达了事件信息,但点到为止,随即交给现场记者。)

镜头:郭西烟花厂现场爆炸的场面,火光,烟雾,惊慌的人群。同期声:烟花爆炸的现场声。(报道首先把观众带入现场,让观众感受现场真实的氛围。)

记者解说词插入:下午6点零8分,辛集市王口镇郭西烟花厂响起了第一声爆炸,接着引起了连锁反应,爆炸持续不断,记者赶到现场时,郭西烟花厂已是一片火海。一股股热气夹杂着浓烈的焦糊味儿扑面而来,弥漫的烟雾刺激得人的眼睛都难以睁开,大大小小的爆炸声此起彼伏。搜集伤亡人员的工作在爆炸中紧张地进行着。(现场记者按照时间顺序向观众讲述其在现场的感受,通过解说词深化现场内容,把闻到、听到、接触到的感受传达给观众,与画面信息形成互补,共同建构一个立体的现场。)

镜头:烟花爆炸形成的火光,奔跑的人群。同期声:爆炸声。(进一步给观众展现现场的情景。)

指挥人员手持话筒喊叫。现场同期声:除消防人员和救护人员外,其他人员全部撤离200米以外。

镜头:黑夜里奔驰的救护车,被救出的当地群众。同期声:救护车的鸣笛声。

记者解说词插入:据现场抢险人员介绍,爆炸发生后,当地医护人员、消防官兵、公安干警等陆续赶到现场抢险。现场不断有伤员被从废墟中抢救出来。医护人员对伤员进行简单的处理后,根据不同情况送往相应的医院进行抢救。据了解,爆炸发生时,有169人在现场工作,截至记者发稿时为止,有两人死亡,100

---

① 吴丰军.本土化、故事化、娱乐化:美国三大电视网的早间电视新闻节目的特色[J].南方电视学刊,2003(6):94-95.

人左右受伤。(介绍爆炸发生以后的事件背景,事件所造成的影响,突出此次事件的性质,仍然以重要的信息抓住观众。)

这条电视报道充分发挥了电视采访现场性和过程性的特点,以正在发生的时态,叙述现场事件的进展,突出了现场富有表现力的细节场面。

综上,从故事结构来看,电视新闻报道的故事结构越来越多样化。除了消息类新闻,在深度报道、专题类节目乃至纪录片中出现了更为复杂的叙述结构。比如单线结构变为复线结构、并列式结构,事件的不同方面同时叙述、交叉进行(此类节目可参考纪录片《请投我一票》);与时间顺序式结构相对的倒叙式的结构,从现场着手,回溯往事。除此之外,还有跳跃式的结构、碎片式的结构等适应后现代文化特征的结构模式。在这里我们不再赘述,记者在结构电视新闻节目的时候可以打开思路,不能囿于固有的模式。

③悬念设置

设置悬念是故事叙述方式的重要手段。悬念是钩,能抓住观众的注意力。《现代汉语词典》对悬念的解释是"欣赏戏剧、影视剧或其他文艺作品时,观众、读者对故事情节发展和人物命运很想知道又无从推知的关切和期待心理"[1]。悬念是"戏剧性故事的讲述者运用更有诱惑力的技巧……来吊你的胃口……从广义上讲,他埋下一颗炸弹,这颗炸弹可能是物质的,也可能是感情的,然后把它留到最后爆炸。就这样,他把戏剧中的能量释放出来,这种能量就是悬念"[2]。悬念设置已经为中国电视媒体所重视。比如,中央电视台《走近科学》栏目于2001年7月9日开播,并作为主打栏目在晚间黄金时段播出。在节目和频道竞争激烈的环境中,对于一个在电视收视环境发生剧烈震荡背景下出现的一个栏目,《走近科学》在叙事技巧、创作理念等方面都不啻是中国电视栏目在竞争中求生存的缩影。《走近科学》借鉴了好莱坞及美国探索发现频道的叙事策略,尤其在悬念上做了比较深入的探索。而诸如《新闻调查》《撒贝宁时间》《档案》等故事性强的栏目,甚至如《等着我》《中国好声音》《我是歌手》等真人秀、选秀节目也都特别强调悬念意识、问题意识。

◇ 电视新闻节目中悬念的类型

在电视新闻节目中,我们可以把悬念分为两种:一种是事件本身所构成的悬念,由于未知结果的推动,吸引观众对事件和人物命运产生关切;另一种是记者根据事件的曲折度设计的悬念,提出疑问并人为设置叙事中的障碍,延缓事件真相的揭示,从而加强观众的期待心理。

电视新闻报道作为非虚构类的节目,可以充分运用事件本身所带来的悬念感。比如中央电视台《焦点访谈》早期播出的节目《寻找小王丽的家》,警察和记者在安徽蚌埠火车站发现一个走丢的小女孩儿王丽。王丽的家在哪里?她是走丢的还是被人遗弃的?她的命运会

---

[1] 中国社会科学院语言研究所词典编辑室.现代汉语词典[M].7版.北京:商务印书馆,2016:1484.
[2] 周健,王培铎.论悬念的焦点[J].大连教育学院学报,2000(2):28-30.

发生怎样的改变？这些问题随着电视记者的采访逐渐展开，吸引着观众期待最后真相的揭示。对于电视直播类的新闻事件，要充分利用事件过程中的未知因素去结构悬念。比如"5·12"汶川大地震的直播中，对于灾区人民命运的关切构成了直播过程中的巨大悬念。再如2010年"8·23"菲律宾劫持香港游客事件的直播报道，客车里游客的命运牵动着亿万观众的心。

除了这种直播事件本身所构成的悬念外，记者可以人为设置叙事悬念。比如中央电视台《本周》栏目在节目中，尤其是导语环节的设置富有新意，其中有这样两个案例：①

新闻报道一：

> 江苏日前破获一起盗墓案，4名盗墓分子被抓，他们盗挖了一个战国古墓，并在抢完财宝之后，把一具保存完整的战国女尸抛弃在水田里。

这是一个典型的倒金字塔式结构的导语，编导以悬念的方式重新结构导语：

> 日前，江苏出现一个震惊世界的考古发现，出土了一具保存完好的女尸，她比马王堆出土的女尸还要早200多年，然而，这一重大考古成果的发现者不是考古学家，而是一群盗墓贼。

编导从这条新闻最具吸引力的女尸着手，以悬念的方式引出新闻报道。

新闻报道二：

> 有一位退休女工王大姐，经过努力，终于在"十六大"召开的时候入了党，实现了自己30多年的愿望。

最后报道成片的导语为：

> 您想象一下，一个人有一天终于实现了她梦想30多年的愿望，她到底该有多高兴呢？我们带您认识一位北京的王大姐，您就知道了。

导语以娓娓道来的方式，非常亲切地把一个政治性很强的题材转变为观众都能感知的个人自我实现的报道。

具体说来，电视新闻节目悬念的设置可以分为结构性悬念、兴奋性悬念、冲突性悬念和抑制性悬念等。

结构性悬念是"贯穿电视节目始终的总体悬念，是大悬念。其主要作用在于构建节目的整体框架，突出节目的总体构思，揭示作品主题和思想内涵"②。这种悬念设置主要在节目开头，以一个待解决的大问题展开节目。比如中央电视台《新闻调查》往往在节目开头呈现

---

① 王阳.电视新闻节目中的创新思维[M].北京:中国广播电视出版社,2004.
② 李兴国,余跃.在悬念中叙事:论电视节目中的悬念意识[J].现代传播,2003(5):57-59.

给观众一个待解的问题,围绕这个问题展开调查,《双城的创伤》《派出所的坠楼事件》《眼球丢失的背后》《一只猫的非常死亡》等都是以问题意识和悬念意识展开的调查。

兴奋性悬念"通常是小悬念,诸多的小悬念在节目中起到铺垫故事情节、烘托人物形象、提高观众收视兴趣的作用"①。兴奋性悬念是节目中有待解决的小问题。如果把大悬念比喻为将要征服的高山,那么小悬念即是沿途中的河流与山崖。比如中央电视台《艺术人生》有一期对陈凯歌的访谈,编导用5个胶片盒串起了陈凯歌的艺术成长经历,每个胶片盒里盛放着与陈凯歌成长经历关系密切的物件。其中一个胶片盒里盛放着一管铝皮牙膏(陈凯歌去云南插队时候带了10管特大号的牙膏,当时他没打算重回北京);另一个胶片盒里盛着一抔延安的黄土(陈凯歌的《黄土地》即拍摄于此)。在节目发展过程中,主持人分别打开不同的胶片盒,引出陈凯歌当年的经历故事。在这里,从打开第一个胶片盒开始,这5个胶片盒就成为观众期待的物件,成为推动节目发展的悬念因素。

冲突性悬念是"把故事的全部、局部或某种迹象与征兆向观众作预先提示,或是通过对游戏规则的操作,去加剧人物冲突、增强故事的曲折性,使观众随收视对象的命运、遭遇而悲喜交加、紧张、焦虑"②。从这方面而言,《等着我》那扇红门就构成了悬念营造与释放的巨大压力场,每一个上场寻找失散多年的亲人或友人的主人公将遭遇怎样的命运?这扇门后出来的是主持人(意味着寻访的对象无果),还是寻访多年的亲人或友人?而《中国好声音》的转椅、《中国新歌曲》的滑行椅等也都是在人为地设置一种冲突和令人期待的焦虑与不安。

图 4-1-4　中央电视台《等着我》拍摄现场,"希望之门"的开启

抑制性悬念是指"抓住观众急于获知内情的迫切心理,故意放慢叙述节奏,延缓事件进程的一种悬念表现方式"③。比如前文提到的《本周》栏目的导语设置。中央电视台《走近科学》栏目经常使用这种悬念手法并辅之以排除法,从外围问题逐步进入核心问题。这就增加了节目的曲折度,为节目设置了抑制性的悬念,不断延缓事件进程,从而激发出观众的好奇心。比如《牛下的蛋》这期节目,剖开蛋进行检查,是最直接的验证方法。但是,编导层层设置悬念,首先从对蛋进行生理结构推测、仪器监测等方式入手,排除这些疑惑后才从最关键

---

①②③　李兴国,余跃.在悬念中叙事:论电视节目中的悬念意识[J].现代传播,2003(5):57-59.

处着手。当然,故事的延滞并不是编导刻意为之,而是主人公的阻挠,编导充分抓住了事件本身具有的曲折度来结构节目,设置悬念。选秀节目《我是歌手》的导演洪涛宣布比赛结果时的卖关子、《中国好声音》的导师选择和歌手选择环节也都采取了一定程度的延宕。

◇ **悬念的3S原则**

简言之,悬念的设置环节具有3S原则:

- "悬置(suspense)"——设置问题和人物命运的不确定性,形成观众期待。
- "惊奇(surprise)"——以小悬念,或者以冲突制造惊喜,并形成好奇感。
- "满足(satisfaction)"——解决问题,观众的期待得到释放。

3S原则构成了节目结构悬念的总体原则。各个环节设置恰当,故事才能充满张力和吸引力。

④放大情节和细节

对事件本身含有的一些戏剧性因素进行情节化和细节化的塑造,从而形成节目的故事性节点。"时刻保持故事的紧张感和现场感,提供给观众任何可能得到的细节。"①笔者认为细节是故事的最小单位,情节由细节构成。把事件中本身具有的冲突、纠葛、动态放大,形成具有吸引力的一个又一个钩子。

3.故事人物化——中心人物的设置

图4-1-5 北京电视台《档案》栏目系列片《红军不怕远征难》拍摄现场

故事可以从两个层面理解,一是人的故事,一是故事化的叙事方式。前者是基础,后者是表达。只有对人和人的命运予以关注,才能形成良好的故事叙事基础;一个有趣、有故事、有情有义的人才能给故事注入魂魄。在节目中对人的关注,是对受到事件影响的人的行为、人的动机、人的命运以及人的情感与思想的重点展现,它们构成了节目最具体、最鲜活、最丰富的精气神。人是新闻的理由,人也是故事的核心,两者同声共气。为了深入探讨这个问题,我们将在下一章中着重探讨故事中的中心人物。

4.人物个性化

中心人物不能千人一面,而是有自己独特的性格、习惯、生活方式的人。有的时候我们在表现中心人物,尤其是典型人物时,恰恰要展现他的缺点、他的矛盾、他的纠葛,而这些缺

---

① 赫利尔德.电视广播和新媒体写作[M].谢静,等,译.华夏出版社,2002.

点和矛盾不仅不会妨碍他的优点,恰恰能体现他的精神气质,并能使他的形象丰满而有个性。

> 记住:让你的报道具体化,即新闻事件化、事件故事化、故事人物化、人物个性化。故事是节目创新的出发点,主题是故事的落脚点。

第二节 节目的动力机制

电视新闻节目如何吸引人?如何才能持续抓住观众的眼球,让其屏息而待?如何使节目有持续的动力?电视新闻节目的叙事处于一种流动的状态,是不断向前推进的,而不是停滞不前的。因此,节目就需要有吸引力的开头、丰满的发展、推向极端的高潮以及响亮的结尾这样的基本叙述方式,这就涉及节目的动力机制问题。

一、为节目设置动力

如同汽车、飞机一样,节目也需要一个推动其叙事前行的发动机。如何设置这个动力?总的说来,这个动力可以是一个问题,可以是一个矛盾,也可以是一个冲突。

1. 呈现问题

作为记者,在采访中应该具有问题意识、求知意识。在节目中以一个问题开始,带领观众以了解问题、解决问题的方式去展开采访、结构节目。例如,北京电视台的《档案》栏目通常设置四部分,每部分 10 分钟。在节目开篇有几个大设问,每 10 分钟有一个中级设问,3—5 分钟有一个小设问。

下面,我们再来看看一些节目的开篇问题设置:

节目导视: 曾经,我们为电影中的这样一幕而赞叹,今天,我们为现实生活中这样的舞者所震撼。她是一位执着的舞者,有着令人心碎的坎坷经历。告别不堪回首的往事,她又将迎来怎样的新生?轮椅上的舞者为你讲述一个女孩心灵蜕变的人生。

——中央电视台《共同关注·轮椅上的舞者》

节目导视: 一双高跟鞋的踩踏导致一只小猫的死亡,她是谁?一次空前的网络通缉把她从茫茫人海中搜出,她为什么要这么做?一场关乎心灵的调查,一次关于人性的讨论。谁了解她,以及她背后的她?一只猫的非常死亡对所有人的内心拷问。《新闻调查》独家专访虐猫事件当事人。

主持人：两个月前，当一个穿着高跟鞋的女子踩死猫的全过程在网络上以图片和视频（的形式）出现的时候，引起了数万网民强烈的义愤和声讨。因为受害的是一只猫，目前没有任何法律可以援以保护。所以网民们自发组织起来，通过搜索引擎在网络上展开了空前的寻找。在6天时间中，他们从茫茫人海里锁定了踩猫者、光碟的拍摄人和被怀疑的幕后策划者。但是，两个月过去了，这3位当事人始终没有在媒体上公开露面过。一只猫死去了，但是人类行为背后的动机究竟是什么？是仇恨，是利益，是欲望？所有的猜测远没有停止。4月初，我们前往虐猫事件的发生地并且见到了3位当事者，我们试图通过采访来接近虐猫事件的真相。

——中央电视台《新闻调查·一只猫的非常死亡》

这些案例都带着问题意识来展示事件、揭示事件背后的新闻。采访是记者代表观众提出问题的过程，采访也是记者带领观众探究问题的过程。同时，当记者以这种问题意识结构节目的时候，就是以一种求知、探究的视角去发现问题、展示问题。节目只有呈现出一种逐渐发展和延伸的状态，观众才会被问题吸引，进而去关注报道及报道的深入。过去的很多报道，记者往往是以一个全知者、先知者的身份去做采访报道，这样先知先觉的状态极易陷入先入为主的窠臼，导致节目平淡无趣，缺乏往前发展的动力。

2.结构矛盾和冲突推动事件发展

富有戏剧性的矛盾和冲突可以构成推动节目的动力。赫利尔德认为，"故事中要有明显的矛盾冲突性……强调冲突的紧迫性"，"要时刻保持故事的现场感和紧张感"[①]。

这个矛盾和冲突可以是个人与社会之间的，也可以是集团和集团之间的，还可以是个人的内心矛盾。

我们来看看美国迪士尼1941年的卖座动画片《小飞象》（*Dumbo*）的案例。小象丹波出生在马戏团里，一生下来就与众不同，他有一只大耳朵和一双蓝眼睛。为此，丹波受到了许多人的嘲笑。面对个人与社会以及内心的矛盾，丹波走上了一条如何让自己的耳朵变小的历程。丹波唯一的朋友——老鼠蒂莫西（Timothy）鼓励丹波，把自己的耳朵想象成飞翔的翅膀。一次偶然的机会，丹波掉进了盛着香槟酒的水桶，灌得酩酊大醉，但他却意外地发现他可以利用自己的耳朵飞翔。丹波一夜之间成为众人喜爱的小飞象。影片最后，丹波没有把自己的耳朵变小，但他却强大了自己的内心，释放了内心的矛盾，同时也解决了与社会的矛盾。这是典型的好莱坞式励志影片，主题简单明确，但矛盾结构集中，贯穿始终。

---

① 赫利尔德.电视广播和新媒体写作[M].谢静，等，译.北京：华夏出版社，2002.

有人说,"新闻是最好的戏剧"。在电视新闻报道中,可以利用事件戏剧性的矛盾与冲突形成节目的动力。比如,《再说长江·告别家园》中矗立在山上的一个"135"米的水位牌——这是促使村民搬迁、远走他乡的重要标志,也是村民面临抉择的主要冲突点;《共同关注·轮椅上的舞者》中因车祸受伤双腿截肢,从而沉沦的陈思的内心冲突;体育新闻《丢了三连冠,伊辛巴耶娃在柏林留下三个"叉"》中独孤求败终有败的俄罗斯撑杆名将伊辛巴耶娃自我挑战中的冲突……

二、不断有新的东西呈现

"不断有新的东西给观众,要不断地往桌上放香蕉、苹果、梨等,吸引观众的注意力。"[①]电视新闻节目在报道中不能简单地重复信息、停滞不前。亚里士多德说,发现与突转是情节的主要成分。节目的叙事必须从一个阶段向新的阶段发展。因此,我们应该在以下几个方面思考叙事的推进:

- 情节线——事件的开端、发展、转折、高潮、结尾的叙事安排。
- 人物性格线——人物的性格、情绪、思想的转折与发展。
- 人物动作线——在影像上呈现出的人物外在动作的变化与升级。
- 问题逻辑线——大问题分解出小问题,小问题解决促成大问题的释放。

比如,中央电视台《共同关注·轮椅上的舞者》,叙述中心人物陈思因为车祸双腿截肢,从自暴自弃到获得新生的经历。节目围绕陈思的命运变化、思想和性格变化、动作变化以及陈思个案到残疾人群体的变化,叙事逐级向前,层层推进,构成很强的叙事吸引力。

反观甘孜州广播电视台拍摄的纪录片《藏寨姐妹》[②],选材独特,截取了雅玛泰和雍中夏这对藏族姐妹的生活片段,姐姐雅玛泰虽身有残疾仍然乐观坚韧地劳作、生活,雍中夏的丈夫去世了,她坚强地照顾着姐姐和孩子。片中坎坷的人物命运以及与此对应的人物精神使得片子有着天然的题材优势。但问题是,该片叙事上没有推进和发展。片子从一开始就不断展现失去双手的雅玛泰用脚劳作、洗脸、烧火做饭、拿馒头、采摘花椒的镜头。如果说,观众在一开始还对雅玛泰的劳作、生活场景有好奇感的话,那么在影片发展到中段的时候,观众就会因不断地重复场面、止步不前的叙事而产生审美疲劳。在雅玛泰相对孤立、安静的生活中,缺乏外来因素的碰撞形成的叙事动力。影片为了形成客观冷静的记录风格,而使主人公处于一个抽离生活的状态。因此,影片进行到 10 分钟左右的时候,观众就会失去观赏的兴趣。其实,该片完全可以通过记者与人物之间自然的采访与交流来激起生活的火花,从而为我们展示一个更加自然、生动并且不断发展推进的生活场景。

[①] 根据美国 CBS《60 分钟》制作人史蒂夫·谢帕德(Steve Shepard)在中国传媒大学的讲座整理而成,时间:2003 年。
[②] 该片获得第九届国际纪录片金熊猫入围奖。

三、巧设节目开端和结尾

文章写作中有"虎头、猪肚、豹尾"之说,电视节目也应该遵循这样的原理,形成通篇的节奏感。

1. 开篇勾住观众

30秒内抓住观众的眼球,这是美国探索发现频道对节目开篇的追求。所谓万事开头难,开篇难就难在它必须引导观众进入节目中。好的开头让观众注目观看,乏味的开头只能让观众走开。

节目在开始环节就应该有激励因素,使观众产生兴趣。阿尔·汤普金斯说,节目在开始应该回答观众这样的问题"我为什么要看这条报道"。罗伯特·麦基在《故事》一书中也提到了电影故事开端的激励事件。的确,就电视新闻报道而言,节目开端就像一个导火索,要点燃观众观看这条新闻报道的热情。

在讲这个问题之前,我们不妨来看看一些流行歌曲的歌词:

是谁导演这场戏,在这孤单角色里,对白总是自言自语,对手都是回忆,看不出什么结局……

——《独角戏》

想走出你控制的领域,却走进你安排的战局,我没有坚强的防备,也没有后路可以退……

——《棋子》

为你我用了半年的积蓄,漂洋过海地来看你,为了这次相聚,我连见面时的呼吸都曾反复练习……

——《漂洋过海来看你》

当她横刀夺爱的时候,你忘了所有的誓言;她扬起爱情胜利的旗帜,你要我选择继续爱你的方式……

——《太委屈》

我从春天走来,你在秋天说要分开……

——《为爱痴狂》

夜已深,还有什么人,让你这样醒着数伤痕……

——《伤痕》

想想这些歌词的开头,它们有什么共通之处?场景、画面感,作词者在一开始就为听众设置了一个个场景,设置了一个个紧张的冲突因素。听众会一下子被带入这样的场景中,体会歌中离愁别绪、欲说还休的滋味。流行歌曲是面向市场的,它要在短短的几分钟之内抓住听众,引起听众的共鸣,其开头设置必然先声夺人、出手不凡,把听众迅速地带入情景中。

在电视报道中,这样的叙述开端同样重要。新闻的新正在于其原有事物的状态出现了新的变化、新的矛盾,作为记者应该抓住这种变化,充分利用它来结构节目开头。

比如以吸引人的导语开头,在《在千钧一发的时刻……》中,其导语为:

> 今天凌晨,巴州市巴中区遭受了30年罕见的暴雨袭击,一名少年被洪水围困在山丘上,生命危在旦夕,一场扣人心弦的抢救行动迅速展开。

以有特点的现场开头,比如《河北辛集郭西烟花厂发生特大爆炸事故》,开篇即以爆炸现场的烟雾和同期声把观众带入到现场情境中。

2.结尾有力

节目结尾或简短有力或余味悠长,同时给观众以思考和回想,在看完节目后还能细细琢磨。比如《北京市二环路竣工》的结尾"我们跑了一圈,只用了29分钟",节目戛然而止,但是给观众留下一个思索空间。节目中采访经常跑二环路的司机,据他说原来跑一圈要1小时40分钟,现在只要29分钟,在两个数字的比较中,观众体味到了具体而实在的信息。中央电视台《焦点访谈·土地变绿的秘密》这期节目叙述当地政府为了应付"用地检查"而采取作假行为,节目用一个当地农民带着浓重的广东口音的话来结尾——"那个假山不同于这个假山,两个字嘛,一个假、一个假是不同的",接着是记者的苦笑声。结尾含义深刻,引人深思。

> 记住:节目需要有叙事的动力与逐级变化的方向,千万不要原地踏步。发现与突转是情节的主要成分。

思考及练习题

1.结构电视新闻报道的思路是什么?

2.在新闻报道中,如何做到从具体的事件着手,来报道宏观形势或政策?

3.如何以讲故事的方式向观众传达信息?

4.电视节目的动力机制有哪些因素?

第五章
探寻引人注目的中心人物

本章重点

- "我"在现场,但"我"不在节目中
- 人是新闻的理由
- 报道以人为主体,有人本意识,探求人性
- 尽快在屏幕上放一张脸,放一张能够生动地讲故事的脸
- 中心人物的"物"是报道形象化的载体,寻找"物"的过程也是报道聚焦、提炼主题的过程
- 中心人物的回环设置是由点到面,又由面到点的过程
- 充分塑造中心人物

人是新闻的理由,新闻因人而生动。

在当代电视采访报道中,已经逐渐形成一个行之有效的报道规律:新闻(主题)事件化—事件故事化—故事人物化—人物个性化(命运化),这个报道思路其实就是新闻如何具体化、如何聚焦的方法与过程。它尤其是主题报道的利器,让记者与概念隐藏于事实呈现、故事讲述、人物情感之中,所谓润物细无声,即在于此。笔者认为,作为记者应该树立"我"在现场,但"我"不在节目中这一意识,"我"以现场的视角传达信息,但隐藏主观的"我"。在这样的报道思路中,核心是"人",人的语言、命运、情感、个性,通过节目中的中心人物来承载和传达。

新闻因人而生动。"故事人物化就是让新闻故事的主人翁立起来,用人物的命运变迁和具体感受来加深人们对新闻的印象,为新闻的主题服务。"①故事需要人物去承载,需要中心人物去讲述。因此,新闻事件中人物的选取至关重要。《60分钟》原制片人唐·休伊特说:"我们不是讲故事的人,我们的对象比我们更擅长讲故事,我们只是帮助他把故事讲得更好。"②中央电视台孙玉胜也认为:"人物是可以而且足以同时承载理性与感性的,从人物切入是一个巧招。"③在电视报道中,没有一个有个性、有吸引力的人物,事件就失去了叙事的灵魂。如果我们把所有的技巧比喻成一个圆,那么"人"的因素就是这个圆的核心,所有的采访、报道、叙事技巧最后的落脚点都是在"人"上,即使是动物世界、自然奇观,也都是以拟人化的形式,或被赋予人文色彩才显得生动有趣。因为,观赏节目的是"人",是具有共通情感的人。

图 5-0-1 人是故事的核心

---

① 叶子.电视新闻:与事件同步[M].北京:北京师范大学出版社,2007:98.
② 周炯.用好方法讲好故事:管窥美国CBS《60分钟》节目的成功之道[J].今传媒,2005(3).
③ 孙玉胜.十年:从改变电视的语态开始[M].北京:生活·读书·新知三联书店,2003:15.

有人说:只有不好的采访,没有不好的采访对象。这是强调记者在采访中的主动性与采访能力。在实际的操作中,选择了一个好的采访对象能起到事半功倍的效果。因此也有人说,好的采访对象如同好新闻,可遇而不可求。

第一节 以"人"为核心的报道理念

一、以人为主体的报道方法

人是新闻报道的主体,《普利策新闻奖最佳作品集》一书的引言中,着重谈到了人作为新闻报道的核心因素:"新闻之所以重要,主要有一个原因,那就是——人。它写人,影响人。而且通常只有当它对人有影响时,最无生气的题目才会显得重要。""人是新闻的理由,写新闻时每个记者都应从人的角度去探索。""记者写人越多,新闻报道对读者就越有趣、越重要,人比无生命的事实更令人感兴趣。人的题材更易于唤起读者的反应。"[1]哥伦比亚大学教授麦尔文·曼切尔也说:"对于涉及抽象的东西——思想方针、政策、发展等方面的报道,这个技巧是有用的。它的要求是:找出一个人,一个有代表性的人,他是受影响的,或者被卷入的,把这个人作为某一情况,或者这一情况的原因或后果的例子来写。"[2]

唐代诗人李绅的《悯农》写道:"锄禾日当午,汗滴禾下土。谁知盘中餐,粒粒皆辛苦。"放在诗人面前的是一碗白米饭,而诗人却感悟出这背后的"人"的因素。笔者还看到这样一个故事,我们所熟知的微软 Windows XP 系统经典桌面是一幅蓝天、白云、绿草层次分明又相互呼应的照片,刚开始看到这幅照片,它的明丽、壮阔固然让人惊叹,但也仅仅是一幅风景照片而已。可是,当英国《每日邮报》2011 年 11 月 12 日报道,这张经典桌面照片是美国摄影师欧里尔在驾车去看望女友,经过加州南部时,被当地美景吸引而拍下这张照片,天、地、人、技术完美融合在一起,照片背后故事的呈现一下提升了它的内涵。这两个例子告诉我们,记者在新闻报道中也应该充分关注事件背后的"人"的因素,挖掘事件背后的"人"的故事,报道才会呈现出立体而丰富的一面。正如《新闻调查》原主持人长江所言:"再好的一个节目,没有打动人的地方也不能算好。什么东西能够打动人? 不是主持人和记者,是主持人和记者的采访对象,是屏幕上被采访的那件事,是这些事的当事人他们的命运、他们过去和今天的活法、他们的人生态度、喜怒哀乐、艰辛坎坷乃至心灵的挣扎。"[3]在报道中,不要单纯地展示和介绍,巧妙地引入人,节目才生动。比如,在 2016 年巴西奥运会赛前,中央电视台记者做了介绍巴西风土人情的预热节目,如果请当地人单纯介绍集市、咖啡、贫民窟,显然,这种

---

[1] 斯隆,等. 普利策新闻奖最佳作品集[M]. 丁利国,等,译. 北京:中国新闻出版社,1987:13.
[2] 曼切尔. 新闻报道与写作[M]. 张争,译. 北京:中国广播电视出版社,1981:59.
[3] 《新闻调查》栏目组. "调查"十年:一个电视栏目的生存记忆[M]. 北京:生活·读书·新知三联书店,2006:149.

走马观花式的介绍很难打动人。记者在有限的时间里,迅速了解在镜头前讲述的当地人的个人故事和生活,把他们的故事融入到这些展示中,其效果就大不一样了。

二、人本意识

从方法论上来说,电视其直观形象的特点对于表现"人"具有独特的优势。从报道观念来看,记者应该具有人本意识,以"人"为中心,具有体察普通民众感受、悲天悯人的人文情怀。中国古代儒家思想的"老吾老,以及人之老;幼吾幼,以及人之幼","己不所欲,勿施于人"等观念都体现了人本意识。《论语·乡党》记载了两千年前儒家思想家孔子的一则故事:"厩焚。子退朝,曰:'伤人乎?'不问马。"讲述的是马棚失火,孔子退朝回来,只问伤着人没有,没有问马怎么样。这是孔子仁者爱人思想的反映,是尊重人、重视人的实质体现。

电视报道中对"人"的重视是随着社会的发展而逐渐显现的。过去社会观念是强调集体,忽视个性;突出"大我",忽视"小我"。许多俗语也抑制个性的闪现,如"人怕出名,猪怕壮""木秀于林,风必摧之"。过去中国电视媒体的报道大多为"见事不见人""见物不见人""见集体不见个人",比如在灾难性的报道中,我们强调灾难性事件发生时,各地政府部门如何采取措施救助,而忽视对灾难造成的影响、人员伤亡情况的报道。随着社会的开放、思想的发展,报道重点也从过去单纯对政治、集体等方面的重视逐渐转换到对个人的重视,电视报道开始强调人性化、个性化的因素,电视节目逐渐开始以"人"为中心结构报道。在中央电视台《新闻调查·一只猫的非常死亡》这期节目中,最初是对虐猫事件的调查,最后落脚到对虐猫当事人的人性关怀。这一落脚点使节目平衡、理性,充满了对"人"的重视。所以,从"人本意识"来看,记者应该具有对时代、社会发展的前瞻性思考,顺应时代潮流,在新闻报道中体现出开放、包容的心态以及对人类终极关怀的意识。

但在实际操作中,我们还是会或多或少地表现出对"人"的忽视,比如在近年的许多天象及自然景观的电视直播中,往往强调直播的规模和技术,强调直播中的自然景观而忽视现场真正的主角。

比如2009年7月22日,我国境内出现百年不遇的天文奇观日全食,因为观测范围广,全国各个电视频道争相报道。我们来对比一下中央电视台新闻频道和东方卫视的直播:

央视新闻频道拥有绝对领先的资源,长江沿线都有央视的记者,甚至还动员了驻外记者,演播室也有一流的专家坐镇。但是新闻频道的直播特别强调新闻的知识性,演播室一再解释日食的知识性内容,画面也是不同地区日食的现场画面,记者的现场报道较少,即便有一些现场出镜也主要是介绍日食的变化情况,很少将镜头对准看日食的人群。这样一个单一的视角导致整个直播内容显得冷清,持续两个多小时的直播,到了最后,主持人明显没有词了,有的话都是重复性的。

与之不同的是东方卫视除了报道这次天文奇观以外,还将这一事件理解为社会事件,将大量的镜头对准看日全食的人以及日全食引起的社会现象。比如直播突然亮起来的街灯,采访将车子停在路边观看日出的司机,东方卫视现场出镜记者也把自己融到人群中,重点看人群的不同反应。在采访中,我们能感受到当地人的那种兴奋。对于因为天气或者地理位置原因看不到日全食景观的观众来说,看东方卫视的直播更能有身临其境的感受。

就此而言,东方卫视的报道更胜一筹。原因就是东方卫视编导具有观众意识,在报道中以"人"为核心。想想看,日全食只不过是一个天象而已,它之所以成为重大新闻,那是因为它所影响的人。从这里可以看出,记者是否具有人本意识,是否站在观众的角度着想,将会直接影响到新闻的方向。新闻报道要想吸引人、感动人,就必须突出人的主体地位,以"人"为核心。

下面我们再来看看《满月》(Full Moon)[①]这条报道(文字稿见二维码)。

仔细分析《满月》(Full Moon)这篇稿子,我们不难发现报道者仅仅简要分析了最大、最圆、最亮的"满月"的科学原理,而把更多的镜头和解说给了与这枚"满月"发生关系的不同地区的人,展示"满月"恩泽不同地区的光辉、带给不同人的惊奇与欣喜。唐代诗人张若虚在《春江花月夜》里歌咏:"人生代代无穷已,江月年年只相似。不知江月待何人,但见长江送流水。"宇宙的博大固然让人难以企及,但正是因为万物之灵——人,才会变得生动、有意义。

《满月》(Full Moon)文字稿

纵观近20多年来中国电视新闻的发展,围绕"人"的因素,我们可以看到有这样三个发展趋势。第一个趋势是人物专栏节目逐渐增多,栏目逐渐成熟。从中央电视台新闻改革之初的《东方时空》的子栏目《东方之子》到《实话实说》《艺术人生》《面对面》《高端访问》《新闻会客厅》《人物》等各种人物专访和人物传记的节目,在形式、人文故事、人性探求等角度都做了有益探索并逐渐成熟。凤凰卫视等其他电视媒体,如《鲁豫有约》《杨澜访谈录》也在丰富着人物访谈、人物精神探求类节目的内容。第二个趋势是新闻栏目、纪录片中以人性探求、以"人"为基点的报道与创作得到了极大扩展,中央电视台的《新闻调查》,江西卫视的《传奇》,"5·12"汶川大地震的直播报道,中央电视台纪录片《再说长江》《香港十年》《澳门十年》《大国工匠》等,这些都能折射出"人"在其中日益凸显的趋势。第三个趋势是电视媒体逐渐开始以普通人为主角,以普通人的情感为核心,幸福着普通人的幸福,感动着普通人的感动。中央电视台的"走基层"等节目,把镜头对准各行各业、各个阶层的普通人。正如白岩松所说"我们要把人放大,人要有名字、有故事"。这里的"人"即是普普通通的"人"。

人本意识还意味着记者要深入生活去

图5-1-1 中央电视台系列片《大国工匠》拍摄现场

---

① 美国全国广播公司《晚间新闻》2012年5月6日播出。

感受。作为记者,应该主动去感受采访对象的命运与内心,在报道中呈现出平等、真实的状态。在近年来的"走、转、改"节目报道中,我们看到记者能够深入普通百姓的生活,"走近你,依靠你",涌现出许多有真情实感的作品。但是,这其中也会有一些问题产生,即有的记者会以同情、怜悯之心采访被访人,比如采访边远山区的上学的孩子,会不自觉地将"苦难"色彩投射到被访人身上,这样的采访其实是不平等的,是理解"人本意识"的误区。

三、人性的探求

"所有被称为伟大的故事,都来自伟大的创意,几乎所有伟大的故事创意中,都有一种人性的展示。"① 人性具有永恒性,描写人性构成了文学作品中的重要因素。高尔基说:"文学是人学。"同样,让电视新闻报道生动的元素也是报道的事件中所牵扯出的复杂的人性,人性中的善、恶、美、丑应是报道中不变的核心。中央电视台《新闻会客厅》制片人包军昊认为,人性与故事性是《新闻会客厅》的两个核心因素。"所谓人性与故事性,是指无论是高官,或者平民百姓,栏目都从人性的角度出发,挖掘他背后的东西。正所谓'勤会高官贵人,常见布衣百姓'"②。

《寻找小王丽的家》中,遗弃女儿的继母、父亲,《收棉时节访棉区》中欲盖弥彰的员工,《"罚"要依法》中蛮横无理的交警,《透视运城渗灌工程》中弄虚作假的地方官员等,这些电视新闻报道正是因为真实地呈现了人性中复杂的一面而让人印象深刻。

人性同样也是复杂而深刻的,不是非黑即白、界限分明的简单集合体,而往往处于一种矛盾与冲突中。正如英国当代诗人西格夫里·萨松(Siegfried Sassoon,1886—1967)在其诗作《于我,过去,现在以及未来》(*In me, past, present, future meet*)中的不朽名句"In me the tiger sniffs the rose",其中文含义是"我心里有猛虎在细嗅着蔷薇"③。它表现出人性里两种相对的本质,同时更表现出这两种相对本质的调和。《一只猫的非常死亡》中工作表现良好但内心压抑的女工和有复杂心理的电视台记者,《与神话较量的人》中刘姝威的矛盾与挣扎,《人物》中从北大学子到街头屠夫的奇人陆步轩的强烈命运反差……这些人性刻画无不表现出这个真实世界的多样性。我们过去的新闻报道往往把人展现得过于简单、千人一面,尤其是典型人物、宣传人物,这种缺乏深刻人性本质刻画的人物也就缺乏真实感和亲近感,报道本身因而缺乏说服力。一个优秀的人物也会有小缺点,但这些缺点并不妨碍其人性中的光辉,恰恰是这些小缺点让他成为一个有血有肉、有个性、有趣味的人。因此,当我们的报道没有深入到人的因素,没有从人的角度去体察事件的时候,就会因缺乏个性而成为简单的概念与说理。比如,在报道一些典型人物的时候,往往展现他因为工作的关系,长年无暇顾家,但是家人非常理解。这样的家庭关系描述成了刻板印象,缺乏人物的个性,但这样的价值观值得提倡吗?"三过家门而不入"只应该是个别时期的现象,一个成功的人应该事业和家庭兼顾。

---

① 布隆代尔.《华尔街日报》是如何讲故事的[M].徐扬,译.北京:华夏出版社,2006:213.
② 包军昊,张晓明.相聚《新闻会客厅》[M].北京:文化艺术出版社,2006:29.
③ 参见余光中《猛虎和蔷薇》.

比如,美国纪录片《执法精英》(*The Bureau*)第二集中,警官看到惨死的女大学生后,在接受采访时表示:"这样的状况我永远不会希望发生在我自己家人的身上,保护这些年轻人是我的责任。"采访虽然将主人公的家庭一带而过,却确立了主人公富有责任感的家庭观,并且合理地解释了主人公从事警察职业的心理动机。

主持人杨澜经常会列举她自己在节目访谈中的一个案例,以此展现人性故事在电视报道中的重要性。1998年杨澜在美国对诺贝尔物理奖获得者、美籍华人崔琦进行了访谈。崔琦出生在河南农村,在家里放羊、养猪,10岁前从没读过书。10岁的时候他姐姐找到一个在教会学校读书的机会,就想让弟弟去香港读书,而他父亲并不同意独子远行,因为男孩大了可以帮忙干农活,但他妈妈却非常坚定地要送儿子去读书,这一走竟成了他与父母的永别。杨澜回忆:

> 我主要问他为什么从来不回老家河南,他就谈到在10岁左右的时候,他的母亲——一个不识字的农村妇女给他蒸了两个馍,做了两双鞋子,送他到外面念书,当时他不愿意去,他的母亲就说你放心去,等到明年夏天收麦子的时候就回来了,但是没有想到这一去就再没有见到爸爸妈妈,都被饿死了。后来我问他,如果当初你妈妈没有把你送出来,今天的你会是什么样的。他的回答非常出乎我的意料,但是我觉得也很打动观众,他说我不是这么想的,如果我没有出来的话,我的父母也许不会饿死。这是非常具有传统人道的力量,这种世界上最亲情的表露,要比采访诺贝尔获奖者怎么样费尽心机成功了有意义得多。所以这一集的反响非常好。①

> 记住:人是新闻的理由。新闻之所以重要,主要有一个原因,那就是人。报道者要能体现出人的个性、人性。

第二节　引人注目的中心人物

一、"3C"原则

西方电视新闻报道中遵循一个"3C"原则,即"Compelling Central Character",意为"引人注目的中心人物"②。在这里,中心人物是一个概述,阿尔·汤普姆金斯指出,实际上在报道中,中心角色通常是一个人,但有的时候也可以是一些事物,比如老教堂、墓地等一切能够激

---

① 根据《杨澜谈阅读、谈生活:打动人的并非成功本身》(中国新闻网 2007-03-27)以及相关会议资料整理而成。
② 如果更准确的表述"Compelling Central Character",实际上是"引人注目的中心角色",既包括人也指物。

发起观众情感的形象性元素。中心角色的设置是节目传达信息、讲述故事的重要机制。① 中心人物的提出，要求报道"有人物驱动的戏剧化故事"，找到一个强有力的讲故事的人物，尽快地在屏幕上放一张脸，放一张能够生动地讲述故事的脸。

我们可以把中心人物作为报道的一个切入点，让人物故事牵带出需要叙述的主题。最好的中心人物是能够贯穿节目始终的。比如新华社在中国共产党建党95周年推出的微视频《红色气质》，选择了瞿独伊这个中心人物。瞿独伊是瞿秋白唯一的女儿，又与中国共产党同龄，是新华社驻莫斯科首任记者，也是开国大典上俄语播音员，这么多的条件赋予瞿独伊在此片中无可替代的中心人物的地位。

在有些体量较大的报道中，可以用不同的中心人物承载不同的主题。下面我们来看看纪录片《再说长江·水火山城》一集的结构方法。它着重突出长江上游的重要城市——重庆的种种禀性和文化性格。节目以重庆这个叙事主体为中心，其表现形式却是从"人"的故事来赋予重庆"人"的性格。整个节目从四个中心人物着手：李曦——一个曾经在《话说长江》中出现，如今已是一家图文广告公司职员的普通人；李娜——一位做兼职模特的在校女大学生；尹明善——民营企业家，经历坎坷、中年起家的重庆力帆集团董事长；苏兴蓉——民营企业家，重庆"苏大姐"火锅饮食文化有限公司董事长。从这四个人物身上，编导突出体现了重庆的变、重庆的美丽动人、重庆的打拼精神以及重庆辛辣火爆的饮食习惯、人文性格。这些人物的个案故事一下子使重庆这个城市变得生动而丰满。正如其题目"水火山城"所传达的意蕴一样，节目把重庆麻辣生猛、刚猛霸气粗犷的一面与美丽动人的一面这两个看似矛盾实则水乳交融的特点凸显出来，城市因人而生动、因人而性格彰显。

下面我们来看看《再说长江·水火山城》的开头是如何结构的：

镜　　头：《话说长江》影像资料，在重庆唯一的跨江大桥上跑步的小李曦。

解说词：20多年前，李曦11岁，是重庆少年体校的学生。作为居住在长江大桥边的孩子，在重庆这座当时唯一的跨江大桥上晨跑是他每天的功课。

镜　　头：长大后的李曦奔跑在大桥上……

解说词：20多年后，李曦和家人仍然居住在重庆南岸区的长江边，儿时在大桥上晨跑的习惯，也一直保持下来。

镜　　头：重庆的铁路、街景……

解说词：这是李曦生活的城市，一座以山水作为悬念的城市。城市的厚重历史在这千回百转间，留下3 000年的岁月年轮和眼前这座繁华都市。这是一座怎样的城市？

镜　　头：李曦工作场景。20多年后，李曦在重庆市中心的一家图文广告公司就职。

---

① TOMPKINS. Write for the ear, shoot for the eye, aim for the heart：A guide of TV producers and reporters[M]. Bonus Book, 2004：35.

作为测绘局下属的广告公司,它的工作内容与新重庆的行政区划密切相关,李曦的工作就是根据迅速变化的重庆主城区和郊区的经济、交通、旅游点制作出最新的地图来。

同期声(李曦):1982年这张图当时只有渝中区渝中半岛这一块,像南岸区大概就只有边上这一点。1989年的图就不一样了,像南岸五小区这些全部都出来了。最近,2005年,整个这一块,就感觉目前的这个图都装不下了。

镜　头:重庆市地图。

解说词:1997年,重庆成为中国的第四个直辖市。之后,它在令人不可思议的高速中变脸。8年后的重庆,城市以每年25平方千米的速度迅速扩展,人口以每年40—60万的速度向城市化过渡,现在的重庆是另三个中国直辖市总面积的2.4倍,重庆版图的翻新,已缩短到每3个月一版。

《再说长江·水火山城》的开篇即从重庆市的一个普通人物入手,从他眼中的重庆市的变化着手。李曦的出场不仅仅是因为他曾经在《话说长江》中出现过,还因为此时的他是一家图文广告公司的职员,通过他的眼光、通过他的地图能直观地展现重庆区域地理位置的变化。记者没有从宏观的视角,没有简单地从航拍的视角去反映重庆的变化,而是从一张张地图的变化来反映重庆市的变化,这一变化是通过李曦这个人物传达出来的。在节目结束的时候,节目又回到在大桥上奔跑的李曦,解说词这样写道:

李曦习惯用"奔跑"来形容他今天的生活,以及他所生活的这座城市,这是一个20年前他难以想象的奇迹般的城市。20年后,李曦生活在中国面积最大的直辖市。

节目首尾呼应,从个人化的视角切入,给观众以亲近感。节目中类似"这是尹明善眼中的城市,一座个性强悍的城市。60多年中,它有着令人难以想象的巨变和不变。巨变仅在瞬间,不变的则是沿袭了千百年的传统"等等这样的叙述语句,都反映了创作者以"人"为中心的报道与创作思路。

二、中心人物的选择

图 5-2-1　中央电视台大型纪录片《再说长江》采访拍摄拾音现场

电视新闻报道中心人物的设置不仅仅是主题表现与叙事上的策略,而且也是适合于电视媒介特点与表现形式的手段。因此,中心人物的选择要从多方面来考虑,这样,中心人物才具有代表性、典型性,才能起到以一当十的作用。

1. 中心人物的功能

具体来说，电视新闻节目中的中心人物至少承载着如下功能：

第一，选择的中心人物具有典型性和代表性，代表一个群体或者一个集团的整体形象。中心人物具有以个体反映整体、以个性反映普遍的功能。从中心人物切入叙述，反映了以小见大认识事物的方式，也体现了以点带面的报道手法。

第二，中心人物被卷入事件中，报道通过展示中心人物的行为动态、矛盾冲突推进叙事的发展。

第三，通过中心人物的语言、行为等动态因素，以人际交流的方式向观众传达信息。

第四，中心人物使节目蕴含丰富的人文内涵，从而摆脱概念与说理的简单状态，呈现出生动而丰富的人文信息。

为了解释以上的功能，下面我们总体分析一下中央电视台"加快经济发展方式转变·调研行"系列报道——《江城吉林的低碳选择》，看看其中心人物的成功使用。

江城吉林的低碳选择

节目开始从新加坡将一个食品项目生产基地落户吉林市这个动态事件开始，之所以没有从中心人物切入，主要是考虑从最新的事件来说明问题，新加坡企业到吉林建设项目原因何在，以此引出吉林生态环境变化的问题。

节目随后引出中心人物任建国，用他特有的行为方式和语言，描述了松花江环境之变。前后对比非常具体，环境变化之前，水是红、灰、黑、黄交错，野鸭只有两三只。环境变化之后，水是清的，可以洗脸，喂野鸭的食物要十个麻袋。记者把抽象的概念用具体的人和具体的行为、语言形象地呈现出来。

记者又采访了吉林市副市长朱淳和吉林石化电石厂厂长张春宇，借助权威和宏观解释进一步说明问题。

最后，节目又回到任建国这个具体的点，谈未来之变。

2. 中心人物的判断标准

好的采访对象可遇不可求，尤其在突发事件中，即兴采访的对象更需要运气，但这并不意味着记者不去寻找、发现、选择和激发。在主题报道中，在有采访准备的报道中，我们更应当精心选择人物，将掌控权抓在自己手里。

如何在纷繁芜杂的生活中去发现中心人物？如何在事件中梳理出中心人物？笔者认为，节目中的中心人物可以用以下标准判断：

第一，中心人物首先是事件当事人、核心人和见证人，是离现场最近、对事件细节信息最为了解的人物。在我们选择采访对象作为中心人物的时候，可以设置这样的问题来判断其在事件信息方面的权威性。"事发时，你在哪里？""你从事这项工作有多少年了？你对这个问题关注多长时间了？（你有足够的经验吗？）"

在人物对事件的权威性判断上,中央电视台杨继红提出过"同心圆"理论①:

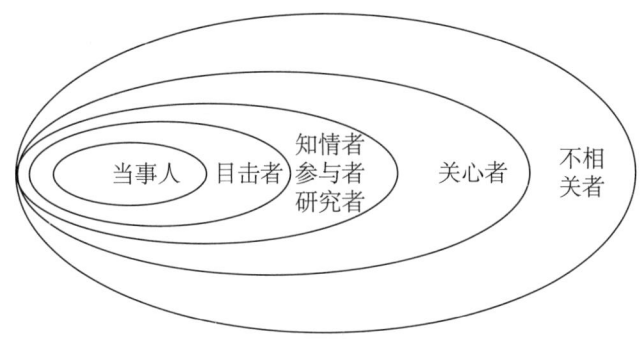

图 5-2-2 "同心圆"理论

在这个同心圆中,居于中心的是当事人——与事件有直接关系的人。需要强调的是,当事人分为两种:一种是制造事件的人,一种是被事件影响至深的人。"当事人,是事件的参与者,他们要么促成了事件的发生,要么受到事件的直接影响。"②

在当事人外围的是目击者,也就是事件见证人。比如北京电视台原有栏目《第7日》的一期报道,该栏目并未拍到醉鬼横躺马路、造成交通堵塞的事件,而《京华时报》的一位记者拍到了这个现场事件。于是《第7日》栏目记者请这位《京华时报》的记者在事发现场讲述事件的前因后果,画面配上这位记者所拍的新闻照片。主持人导语说,"侯宝林曾经讲了一个醉鬼的相声,而昨天在北京就上演了这一幕",在节目中《京华时报》记者仿佛在以单口相声的形式生动地为我们传达出事发时的情景。这篇报道避开了没有现场的劣势,努力寻找新闻的第二落点,扬长避短,充分在"怎么说"上做足了文章。但是,要注意,这只是权宜之计,挖第一落点永远是报道的首选。

在目击者外围的是知情者、参与者、研究者,他们是长期关注事件、对事件前因后果有深入了解的人士。在《台北故宫》第二集《北沟烟雨》中,讲述了台北故宫文物刚被运到台湾时,在北沟储存与展出的情形。经手这批文物的当事人庄严已逝,对这批文物在北沟的情况最为熟知的就是庄严的小儿子庄灵,于是节目以庄灵为中心人物,跟随现在已是摄影家的庄灵重回北沟,听他讲述台北故宫文物在北沟的情况。

最外围的是与事件毫无关系的人士。

在这个同心圆的结构中,当事人、目击者、知情者、相关人的重要性和地位是由内而外递减的。因此,记者对中心人物的选择也是从内到外,依次进行的。

第二,中心人物具有典型性。中心人物能够折射出一个群体的形象。他有这个群体相通的情感,能从他身上集中体现这个群体共同的特点。中央电视台"走基层"节目中的《绿

---

① 包军昊,张晓明. 相聚《新闻会客厅》[M]. 北京:文化艺术出版社,2006:151.
② 布隆代尔.《华尔街日报》是如何讲故事的[M]. 徐扬,译. 北京:华夏出版社,2006:24.

皮车上小夫妻》这条报道,选取了图佳铁路线(吉林图们至黑龙江佳木斯)上的一辆绿皮铁道宿营车,和车上300多名线路工一起生活了两个星期。在采访中,绿皮车上的"开心果"、宿营车上唯一的一对夫妻何斐和邬海燕引起了记者的关注。即使是夫妻,何斐和邬海燕也只能分别住在男女宿舍。他们和所有的线路工一样,凌晨两点钟起来工作,一直忙到中午才能休息。邬海燕每天要在铁轨上打2 000多个标识点,作为技术员的何斐至少要走一公里,勘测路轨状况,夫妻俩这样的生活一年会持续9个月,他们的感受集中代表了线路工内心的苦与乐。

第三,中心人物视角多样性。对于动态事件类的新闻报道而言,要真实地呈现事件信息,在有限的采访时间里和有限的节目篇幅里,应该考虑所选择的采访对象的视角多样性。不是说选择的人物越多,节目所呈现的信息就越丰富,应当是选择的人物所代表的视角越丰富,事件信息的呈现才越立体,节目信息才越丰富。所谓兼听则明、偏听则暗,对一个事件的还原,有正、反、中立的视角,有当事与旁观的视角,事件才会更加明晰。

第四,中心人物具有个性。中心人物是我们"熟悉的陌生人",中心人物不是符号,不是抽象的个体,不是千人一面、毫无特点的人物,是承载着普遍情感,但又具有独特故事和个性的人物。正如包军昊所说:"关于人物……不是为完成采访而说话的'工具',不是某一因节目需要而出现的'身份',而是有血有肉、有个性、有真正喜怒哀乐的活生生的人。"①威廉·E.布隆代尔认为:"当事人的所作所为或者他们的言语中,必须有一些令人感兴趣,又与事件紧密相连的信息。"②

第五,中心人物具有命运感。中心人物具有个性化的、曲折的经历,即栏目称之为"传奇性"的经历。这样的经历使人物离观众既近又远,从艺术上来说即是"熟悉的陌生化"。远,意味着人物的故事、经历中新鲜的东西能让观众好奇,不致因太过熟悉而产生乏味感;近,意味着人物本身折射出与观众相通的情感——美、丑、善、恶、坚持、忍耐、奉献等都可以与观众产生共鸣的联系。比如2009年,英国独立电视台(ITV)的《英国达人》(*Britain's Got Talent*)选秀节目吸引了全世界的目光。目光聚集的焦点就是参加比赛的一位普通的英国苏格兰乡村农妇"苏珊大婶"。苏珊时年47岁,出生时因为缺氧患上认读困难症。她未曾婚嫁,与母亲居住在一起,喜欢唱歌。在其母亲去世之后,苏珊参加了《英国达人》选秀活动,按照她的说法是想进入歌唱界以及嫁给一位如意郎君。在选秀之初,面对这位来自苏格兰小镇的农妇,评委和观众都对其表示不屑。但是苏珊以一曲《我曾有梦》(*I Dreamed a Dream*)技惊四座,她独特的经历与近乎专业的歌唱技巧迅速成为节目的核心因素,吸引了众多观众的目光。虽然苏珊的成长经历奇特,与许多观众相去甚远,但是她在比赛中所表现出的坚持、真诚、率真、心无旁骛的人性情感却与观众相通,这个"阿甘"式的人物故事成为电视媒体与互联网争相报道的热点。

---

① 包军昊,张晓明. 相聚《新闻会客厅》[M]. 北京:文化艺术出版社,2006:29.
② 布隆代尔.《华尔街日报》是如何讲故事的[M]. 徐扬,译. 北京:华夏出版社,2006:24.

在中央电视台每年的新春"走基层"系列节目里,记者深入各个工作基层进行报道,但如果只是单纯地描述,显然不具有吸引力,如何从看似平常的工作岗位中找到精彩的故事,记者们下了番苦功夫。比如2015年新春"走基层"的报道《一条红围巾,团圆6秒钟》,选取的是李佳妮带着孩子看望春节仍坚守在岗位上的丈夫——一位驻扎在甘肃武威乌鞘岭隧道口的武警战士,因为孩子有高原反应,无法到爸爸驻扎的单位探亲,李佳妮只能带着孩子坐上路过丈夫哨岗的火车,为了醒目,徐佳妮特地披上了红围巾。由此,形成了一条围巾和一个短暂团圆的报道。在2017年新春"走基层"节目《铁路小夫妻:天涯的重复》,则选择从沈阳开往海南三亚的列车,一对分别在不同车次列车上值班的年轻夫妻,他们只有在两列火车擦肩而过的时候,隔窗相望。看似平凡的工作,却因为极致化的、个性化的戏剧故事和人物,让这两条报道充满了新意。

第六,中心人物能在镜头前讲述故事、表达情感。由于电视媒介自身的视听形象性,节目的中心人物需要通过其行为、语言、表情、手势等形象因素来传达信息。在选择中心人物的时候,必须考虑其在镜头前的表达能力。一个表达能力强的中心人物,会在记者的采访中自然、生动地讲述自己的故事,传达信息,从而使节目生动,富有感染力。

下面,我们来分析一下《再说长江·告别家园》一集的中心人物,这一集围绕"家国情怀"的主题记录了长江三峡之一瞿塘峡附近的大溪村村民的迁徙过程。贯穿节目始终的中心人物是49岁的船长冉应福。编导之所以选择他作为这一集的重点,源于其有如下特征:

- 有代表性和典型性

冉应福一家居住在正对瞿塘峡的山脚下,也在迁徙之列。同当地村民一样,300年前,冉家随"湖广填四川"移民到长江三峡。300年后,他们又因为国家建设而迁移到安徽省。300年的历史跨度一下子打开了节目的叙述空间和历史体验,使节目格局宏大,气度不凡。

- 有个性

冉应福是大溪村一带驾驶技术最好的船长,常年与长江风浪做斗争,个性坚韧、有魄力。同时,作为一名船长,在他身上既有"家"的情感也有"国"之情怀。以他为中心人物,是"大我"与"小我"相结合的"家国"情怀的集中表现。

- 表达能力强

冉应福语言幽默、情感真切。当他在自己家族祠堂前接受记者采访时,谈到自己迁移到安徽居住的时候,准备在自家门上写一副对联,上联是"满清兵乱填山川",下联是"中华建设移平原",横批是"反正爱国"。这副对联生动、有趣,充分反映了中心人物的内心情怀。在临别的船上,冉应福向乡亲们朗读了他亲自书写的离别信"别故乡",深切抒发了其舍"小我"保"大我"的感受。中心人物的这些言语和细节场面强化了节目主题,推动了事件的叙述,成为节目升华思想的重要元素。

3."借势"

中心人物首选事件的当事者,《俺爹俺娘》中的焦波、《台北故宫》中的庄灵、《杨柳坪七日》中的叶光明与杨正红夫妇、《再说长江》中的冉应福……生动的作品背后往往有鲜活的人物作为支撑。总的说来，电视节目中的中心人物取决于记者的发现、判断与选取，这需要记者花费大量的时间去筛选与判断。但是新闻是与时间赛跑的，在通常的情况下，我们没有充足的时间去占有资料、筛选人物。因此，对中心人物的选择常常无法周全。其实，在这个问题的具体处理上，我们既要坚持在事件与生活中去寻找与发现，同时也应该打开思路，借势而为。

我们在前文中着重谈到了事件当事人、亲历者、见证者等作为中心人物的作用。除此之外，需要注意的是，在某些情况下，记者本身就是一个很好的讲述故事的中心人物。体验式采访报道的记者、调查性报道的记者，他们的寻访与调查为观众带出事件背后的信息，通过记者的出镜报道为观众讲述事件的来龙去脉。美国CBS的《60分钟》、中央电视台的《新闻调查》等调查性栏目无不是以记者作为节目中揭开事件真相的中心人物。认识到记者能够成为节目的中心人物，有助于增强我们采访与报道的主动性。在有些纪录片中，当纯粹、冷静的记录无法在短时间内集中表现缓慢的生活状态时，记者的实时交流就成为可能，借记者与对方的交流把散漫的生活状态集中呈现出来。比如纪录片《运行中国》第一季，如何用可视化的具体方式呈现中国城市化这一宏大的命题？在节目开篇，编导组让美国主持人丹尼·福斯特在上海攀登能够俯瞰金贸大厦的在建上海中心大厦的顶层，这一设计可谓巧妙，既带出了城市化的主题，也形象地呈现了中国的发展速度。在这里，主持人就是一个很好的讲述故事的体验者。再如在北京电视台《档案》创作的系列片《长征——红军不怕远征难》里，主持人不仅是一个讲述者，更是勾连情景再现与现实时空的一个穿针引线的人物。

图5-2-3　纪录片《运行中国》开篇主持人体验式报道　　图5-2-4　北京电视台《档案》的《长征——红军不怕远征难》主持人在进行现场互动

除记者自身之外，还可以引入第三方，比如专家、研究者，甚至是一些物件等。把这些人物或事物引入到事件中，借其力推动故事的叙述。比如上文提到的《走近科学·牛下的蛋》这期节目中，为了弄清"牛下蛋"的事实真相，记者邀请了中国农业大学教授孟庆祥参与到节目中,通过展示孟庆祥研究团队的考察过程,为观众层层揭开牛下蛋的谜团。美国国家地理频道、探索发现频道的节目经常借专家、研究者之力,通过记者与专家、研究者的合作,使节目讲述得更专业、细节更丰富。

除此之外,我们还可以借助"托物言志"的方式。如《新闻会客厅·伊朗救援归来》[①]这期节目中,主持人对从伊朗参加救援归来的中国国际支援队领队徐德诗、队长马庆军做了专访。在专访现场演播室中,还有两位特殊的嘉宾:一条叫贝利的搜救犬以及驯犬队长艾广涛。这条搜救犬为节目增添了许多效果。比如主持人白岩松在节目开始便针对贝利向驯犬队长提问:"这一次,它的临门一脚踢得怎么样?"在节目结尾的互动环节中,观众提出了许多针对贝利的问题。正是这条搜救犬使本来不是特别有故事性的话题变得生动而富有人情味。

4. 中心人物的"物"

正如前文所言,"引人注目的中心人物"除了节目所选择的人以外,也可以是"物",这个"物"是一个形象化的载体。托物言志、借景抒情,中国传统文学作品早已为我们树立了许多经典案例,正如"红豆生南国,春来发几枝",借咏红豆而寄相思之情。记者在做报道现场时,可留意能不能找到推动叙事向前的形象化载体——物件。一张老照片、一块石头、一棵树都是记者感悟现场时的所得,是能够传达现场的形象载体。记者在寻找形象化承载物的过程中,实际上就是报道主题聚焦、提炼的过程。比如,在中央电视台汶川地震报道中,出镜记者与主持人连线时讲述的三个故事,分别从手表、军靴、摩托车头盔这三个"物件"开始,由这三个形象化的物件引出三个生动、感人的故事。又如,在《看见》栏目纪念日本海啸一周年的《气仙沼的这个春天》中,是这样开始的:

镜　头:远处海边的松树,为记者引路的当事人平山仁义。

同期声(当事人平山仁义):现在看到的那棵松树,看起来像条龙,经常用在报道里。

镜　头:松树的全景,俯瞰气仙沼的全景。

解说词:这棵树还活着,它站立的这片海滩,在日本东北地区的沿海小城气仙沼。
　　　　一年前,日本大地震,这里被史无前例的巨大海啸洗劫。

镜　头:平山仁义走近松树。

解说词:这棵树成了它的同伴中唯一活下来的。

镜　头:平山仁义介绍。

同期声(平山仁义):没错,原来这里有更多的(松树),现在只剩下这一棵。这是原
　　　　来那一片里靠边的一棵。

镜　头:平山仁义和松树。

解说词:灾难过后,海滩上几乎所有站立的东西都已不在。后来,人们意外地发现

---

① 中央电视台《新闻会客厅》2004年1月5日播出。

了这棵还活着的树,于是叫它"复兴之树"。每天,都有人来看它,希望从它身上获得力量。

节目从一位幸存的当事人和一棵幸存的"复兴之树"开场,具体、形象。在地震后,美联社的一则消息报道,日本陆前高田的海岸边曾经有一片古老的松树林全国闻名,但在地震当天引发10米高的海啸后,海水淹没了整片树林,最后只剩下了一棵顽强的松树,这棵松树有250多年的树龄,而它也成了当地人乃至全日本人震后重建的精神寄托。节目以寻访松树为开头,本身就传达了记者的情感与寄托,就如这棵松树的象征意义——希望、力量,正如一位接受采访的当地居民所言,这棵松树就像是黑夜里的一点光,给了他们信心和力量。

"感时花溅泪,恨别鸟惊心",报道中形象化载体"物"的背后其实还是"人",是生命,是人之"情",记者不是为了"物"而报道"物",而是传达出生命的体味。作家沈从文说:即对于一切自然景物,到我单独默会它们本身的存在和宇宙微妙关系时,也无一不感觉到生命的庄严。①

5.中心人物的"回环"设置

在节目叙事中,当我们选择了一个中心人物承载主题的时候,实际上是选择了从一个个案入手,但是这样的个案需要由点到面的提升,从单一个案到普遍现象的扩展。提升、扩展以后,又该如何进一步把握呢?经典节目的叙事规律是在节目收尾处回到中心人物,形成一个由点到面再到点的回环结构。比如上文提到《气仙沼的这个春天》,在节目结尾处,又回到了海边这棵"复兴之树",回到了这棵象征生命不息、希望不止的象征物。这样的"点—面—点"的报道方式成了一个样板,比如《去远方》(Going the Distance)②这条报道,讲述美国出现了越来越多的奔波于生活与工作之地的工薪族——超级通勤者(supper commuter),节目是这样开始的:

解说词:休斯敦这个木工工房每天都很早开工,但是这里没有人比罗德尼(Rodney Beseda)起得更早,他每天早上4:15离开家,因为他每天的上班路程单程就要95英里。(从一个个案入手,叙述中心人物罗德尼寻常一天的路途。)

同期声:上路的头5分钟是最困难的,我会想,天啊,我能完成吗?(用中心人物具体的同期声叙述感受,传达可以感知的信息。)

解说词:但是他确实这样做了,他一天有3个半小时在车上,一个星期跑1000英里,一个月要花450美元的汽油费。作为4个孩子的父亲,他每天都要在城市间穿梭,他就是我们所说的超级通勤者。现在,生活在一个城市而在另一个城市工作的人越来越多,他就是其中之一。

---

① 沈从文.水云,1942年作。
② 美国全国广播公司《晚间新闻》2012年4月12日播出。

在此之后,节目转而叙述美国 8 个大都市的通勤者这一越来越突出的现象,由点上升到面。在节目结尾,又回到罗德尼:

解说词:对于这些超级通勤者来说,在当前不景气的经济状况下,这是他们为了家庭与生活而采取的迫不得已的选择。对于罗德尼来说,这样的目的很简单,他生活在这里,家庭在这里,而长途跋涉去工作是为了更好的收入。
(从整体现象再回到个案故事,形成回环收尾。)

中心人物的这种回环设置,使叙事由点到面,又从面回到点,中心人物成为一条具体的红线,串起了概念和现象,具象了主题和立意,最后形成首尾呼应,点题结尾。

> 记住:找到一个强有力的讲故事的人物,尽快地在屏幕上放一张脸,放一张能够生动地讲述故事的脸。
> 中心人物是一条红线,由点到面,再由面到点,形成中心人物的回环设置。

第三节 如何塑造中心人物

当我们发现并确立了一个好的中心人物时,在实际拍摄中,问题又来了,如何把中心人物塑造得自然、生动、有趣?如何把人物的塑造深入到性格精神层面?

一、需要解决的两个核心问题

一是在认知层面,如何在最短的时间里寻找并发现事件里中心人物的特点、性格和思想。

二是在行动层面,如何通过采访、拍摄将人物的行为、动态细节捕捉、激发并真实自然地呈现出来,以此来展现人物的性格、思想等,使人物在节目中立起来,使节目有血有肉有性格。

二、中心人物的两个层级

1.贯穿节目始终的中心人物

一般来说,出彩的中心人物应该贯穿节目始终,其思想与性格才能深入呈现。比如前文提及的《红色气质》中的瞿独伊、《再说长江·告别家园》里的船长冉应福都贯穿节目始终,

其性格与精神特质呈现得比较饱满。这样的中心人物在典型性、代表性和可视性等方面都呈现出完美的状态,找到这样的中心人物实属不易。在体量较大的专题或纪录片中,中心人物在事件的起承转合等各个节点都有所呈现。在时长较短的消息类新闻中,则起到穿针引线的贯穿作用。比如上文提及的消息类电视新闻《江城吉林的低碳选择》中的任建国、《去远方》中的罗德尼。

2. 代表性的中心人物

在有些情况下,一个节目多个中心人物代表不同的视角,这时,中心人物的主题功能作用远远大于其性格、思想与精神的呈现。比如前文提及的《再说长江·水火山城》里的4个中心人物——地图测绘员李曦、大学生李娜和民营企业家苏兴蓉、尹明善,其个体的性格刻画并不深入,只是起到代表性的呈现作用。

三、中心人物在节目中的两个核心

1. 时间核心

人物在事件中具有绝对的时间占有权。想要塑造人物,必须保证足够的接触时间,因为人物在开篇和关键节点都起着重要的作用。比如,美国刑侦节目《身体证据》(Body of Evidence)里,案件顾问黛尔(Dayle Hinman),在案件调查的开篇、困惑时刻、关键时刻、豁然开朗时刻等几个节点都出场承担着核心枢纽的地位,尤其是找到关键细节和证据的时候,她都在场,她的思考、提问、表情、手势、疑惑等细节都在这个过程中呈现出来,虽短暂,但不断反复,久而久之,她在观众心目中,一个集冷静、智慧、美貌于一身的干练刑侦顾问的形象便树立了起来。比如,在《汉尼拔》(汉尼拔是美国密苏里州的一个小城市、马克·吐温的故乡,也是案件中凶手的故乡以及他埋葬受害者之地)这一集里,讲述一位受害者的汽车停在一个大型超市旁,受害人不知所终,黛尔和刑警来到现场勘察汽车,根据刑警的叙述和她与刑警的问答,马上提出三种可能:一种是受害者可能是家庭不睦等原因,自己把车停到超市,然后逃离;第二种是受害人在其他地方被害,凶手把汽车开到超市旁停下;第三种是什么也没发生,这只是伪造的现场。黛尔通过询问刑警,得知受害人家庭和睦,排除第一种可能,把方向指向第二种。就是这样一些关键转折点,很能展现人物的性格、经验、智慧等个性化因素。

2. 故事力核心

人物在事件进程中有绝对的推动作用和决定作用。除了时间因素外,如果可以确定主人公是事件发展的故事力核心,也可以帮助其在观众心目中确立主角的地位。故事力核心在于,每一个事件的关键节点(困难—解决的矛盾)都是由中心人物主要发起的。

四、发现中心人物

电视采访是在真人真事的基础上塑造人物,容不得虚假。记者在采访现场首要的任务是去发现,而非想象和臆造。记者应该心怀真诚地去发现生活中的真实,生活的丰富程度远远大于个人的想象,这样才能打破中心人物刻板印象的误区,形成个性化的展现。

1.深入沟通

在条件允许的情况下,记者要与中心人物进行深入的、长时间沟通,围绕着节目主体挖掘真实的故事。这没有太多的技巧可言,甚至于笨拙、真诚与投入,才是一种有效的、"反技巧"的技巧,其本质是人与人之间最朴素的沟通、信任与理解。沟通既有助于了解人物的性格、思想、行为等特点,为主题找到合理、合适的载体;同时,也有助于消除中心人物的戒备心,使中心人物在实际拍摄中放松、自然。比如,《人物》杂志素以触及人性的采访报道见长,其认为在对人物的采访沟通中,"真正的采访从第三次开始",在同人物的反复见面、彼此熟悉的过程中,无论是普通人还是公共人物,才能破除他们天然的"公共面具",从而让记者提出更老道、更直击核心的问题。①

在前文提及的《廉价蒲草"编"出亿元淘宝村》,记者在采访前期做了大量的调研和准备工作,节目最终从 30 多个淘宝店主中选取两个中心人物:一位是湖北工业大学 80 后本科毕业生安宝康,另一位是年近六旬的农村老木匠张洪文。一个是新生代大学生,一个是传统的庄户人,两代人都被网络改变了命运,人物选择角度多元。安宝康是年轻人的代表,大学毕业后进入县城的一家化工企业工作,但最终不顾母亲的极力反对,选择回家开网店。依靠创新和努力,他的网店收益良好,获得了母亲的理解和支持。安宝康和母亲的转变,正是网络和电子商务在农村发展的真实写照。张洪文是老年人的代表,是连拼音打字都不会的庄户人,更遑论电脑上网,甚至不知道买家口中的"亲"是什么意思。然而为了开网店,这位年近六旬的农村老木匠把小学生汉语拼音贴在墙上,开始学习"a、o、e"。他用自己"一指禅"的方式打字,虽然很慢,但一笔笔订单就这样做成了。这两个人物个性鲜明,行为、语言鲜活生动。事实上,在记者选定这两位人物之初,情况却并不乐观。"由于没有面对过镜头,两位主人公在面对采访时非常不自然,也很难发掘出真正有价值的东西。这下可让采访组犯了难。为了消除主人公的陌生感,他们每天和主人公待在一起,一起吃饭、聊天、拿货……完完全全地让自己融入到他们的生活中去。最后主人公在面对他们的采访时,就像老朋友一样娓娓道来,过程很流畅。那位老伯在了解深入以后给采访组留下了很深刻的印象。因为他对智能手机、微信、网络非常感兴趣,节目组就教给他尝试这些新的事物。'他有非常强的学习能力和愿望,我们后来的采访进行得都很顺利。'"②

---

① 真正有关人性的故事是如何浮出水面的[EB/OL].《人物》微信公众号,2015 年 11 月 10 日。
② 牟宗平. 用心发现,宗述平说[EB/OL]. http://diyitui.com/content-1451017834.37071219.html.

2. 敏锐观察

在短时间内迅速了解主人公的性格特点实属不易,但是通过观察主人公的言行举止等外在特点,可以帮助编导找到人物的性格特点及可视化的表现方向,有利于在拍摄中捕捉细节,在节目中为塑造人物性格提供思路和方法。

第一,人物对着装是否在意。结合中心人物的职业特点,着装可以侧面反映其性格特点。比如,一般情况下,对着装打扮不太注意,甚至有些不修边幅的人物,性格显现为雷厉风行、不拘小节、行动力强。而对着装打扮比较在意、干净整洁的主人公,性格严谨踏实、行事逻辑缜密、注意细节。

第二,言谈举止的多寡。言谈举止可以反映一个人的性格和修养,虽然在短时间内很难对主人公有深入的言谈举止的观察,但是可以从其言谈举止的多少,大致推测出主人公的性格。比如,比较健谈、动作较多的人,性格比较外向;不善言辞、处事安静的人,性格比较内向;说话声音较大、较快的人,性格比较"大大咧咧";说话细声细语、不主动说话的人,性格可能比较严谨。

第三,有无特殊爱好或习惯。一个人的爱好和习惯同样可以反映他的性格特点。比如,爱好是爬山、骑行的人,往往具有冒险精神;爱好是钓鱼、下棋的人,性格比较安静、逻辑比较清晰;习惯性看表的人,具有时间观念,追求细节;习惯带着本子、随时记录的人,性格比较踏实,思维比较严谨。例如,在中央电视台《撒贝宁时间·刑警队长章雍》这一期节目里,编导发现中心人物办公室里的钟表是其非常注意的物件,由此推断章雍十分重视时间观念,为影像的结构和人物的刻画提供了参考方向。

图 5-3-1 中央电视台《中国人的饭碗》拍摄现场

第四,有无特殊的手势、习惯性动作。一个人的手势和习惯性动作,往往可以透露出其性格。比如,讲话时动作、手势较多、较大的人,一般比较乐观、开朗、自信;摸着下巴讲话的人,可能比较傲慢,或者过度自信;喜欢抖腿的人,性格可能比较自我,很少考虑他人;常摸头发的人,可能比较情绪化,甚至有些焦虑;常常低头的人,性格和行为则比较谨慎。

3. 通过提问等方式直接获得信息

除此之外,记者在前采时,可以在交流中旁敲侧击地询问主人公及其同事以下几个问题并观察主人公的谈吐与举止:

询问主人公:

您觉得自己是个什么样的人?

您平时有什么爱好或者习惯？

当您压力比较大的时候，您会怎么缓解？

您最有成就感的一次经历是怎么样的？

您觉得自己最大的优点和缺点是什么？

询问同事：

您觉得主人公是个什么样的人？

他平时有什么特殊的爱好和习惯？

他有特定的动作或手势吗？

他在工作中的什么行为让你印象最深刻？

你和他之间发生的，最让你印象深刻的事情是什么？

需要注意的是，以上人物衣着、外貌、形态、语言的观察判断只能作为实际操作中的参考和指向，切不可成为塑造人物的定式，有的时候出乎意料的反差恰恰能成为新鲜有趣的素材，在反常中蕴含合理性，构成人物鲜活的一面。

五、合理调动与激发中心人物

1. 行进中的人物

在采访中，让人物动起来、让人物在不同的场景中出现，这不仅是增强中心人物鲜活性的手段，更是迅速确立其成为观众心目中"熟悉人"的重要手段。

最生动的人物，是让人物自己在熟悉的现场中发声。例如在美国刑侦片《蛛丝马迹》中，李昌钰在案发现场通过真人演示，还原对案发情况的推理。

图 5-3-2　北京电视台《档案》栏目系列片《红军不怕远征难》拍摄现场

次级的表现是用他人的叙述（解说）搭配人物的摆拍影像。

最末级的表现是在主要人物的叙述（解说）下配合空镜头。即人物在镜头前的状态是静止的，用外部描述取代人物的活动。

每一次的降级，都是在削弱人物与观众的接触时间与程度，减少人物与观众的对话。

2.主动状态下的人物

中心人物被卷入使其生活发生障碍的挑战中，而中心人物具有强烈的解决问题的愿望，这一动机构成了中心人物强烈的主动性。作为记者，要善于抓取人物在事件中的主动性，同时,合理调动、激发人物的主动性,这样节目才更有张力。

故事的核心是人。对中心人物的塑造是在真人真事的基础上完成的,这需要记者既要动态抓取与调整,也需要前期设计和调度,有相当大的难度。具体动态的采访拍摄,我们在下一章会进一步探讨。

> 记住:善于发现中心人物的性格、动态、细节特点,塑造真实、自然的中心人物。

思考及练习题

1. 中心人物的选择如何有助于电视新闻节目的叙事?
2. 中心人物的判断标准有哪些?
3. 如何理解中心人物的"物"这个要素?它如何影响节目的叙事结构?
4. 如何进行中心人物的回环设置?
5. 如何让中心人物真实、生动、有趣?

第六章
动态呈现

本章重点

- 做过程式报道，不做结论式报道
- 寻找采访中的动态因素
- 把静态的素材变为动态的素材
- 动态采访过程结构事件、现象与主题
- 将静止的点扩展为动态过程
- 早开机，晚关机，中间不停机
- 系列关联画面
- 挑、等、抢
- 如何让摆拍显得真实

不要从生活中寻找你要的东西，而是去感受生活。

电视采访是过程式报道，而不是结论式报道，是动态的结构而非静态的展示。动态不仅是一种外在的呈现形式，更是一种采访观念、创作理念。作为纪实观念的核心要素之一，动态观念是一种开放的观念。理解这一点，并不意味着，我们在现场只能听之任之，除了被动地跟随记录，在其他方面毫无作为，而是能够意识到现场的突发性与突变性，从而对现场有更好的预判、有更强的掌控力。拍摄也好，采访也好，选择也好，都能在事发瞬间做出最为优化的拍摄采访抉择。

电视媒介按照时间顺序展现连续的动态画面，其媒介特点决定了我们在现场抓取素材时要展现事物的运动，并以一种动态的方式来结构事件、展现信息。在这里，我们对动态有两方面的理解：一是电视画面的动态，一是动态采访过程。它们既体现在形式上，也体现在内容方面。

第一节　电视画面动态

一、寻找采访现场中的动态因素

从哲学的角度讲，事物总是处在运动变化当中的，电视记者需要明白的是怎样通过运动来呈现信息。鲁道夫·阿恩海姆说："运动，是最容易引起视觉强烈注意的现象。"[1]谈到电视画面的动态，我们首先需要思考的问题是如何从采访现场寻找到动态的因素，从而在连续的电视画面中赋予事物以动态感。此"动态"是指事物外在形式方面的动态。

对于动态的事件和人物行为（习惯称之为内部运动），动态的采访拍摄较为自然。对于静态的事物，我们该如何挖掘其中的动态因素？比如去采访一个新闻人物，通常会加入对这个人物所在环境的空镜介绍。假如这个人物所在的环境是一栋办公大楼，若要拍摄这栋大楼的空镜，记者首先要思考的问题是如何从这栋静止的大楼中寻找到动态的因素。我们可以对比以下镜头：

---

[1] 阿恩海姆.艺术与视知觉[M].滕守尧，朱疆源，译.成都：四川人民出版社，1998:508.

- 一栋静止的大楼
- 一栋人来人往的大楼
- 一栋有旗帜飘扬的大楼
- 一栋有门转动的大楼

图 6-1-1　中央电视台大型系列片《南海一号》轨道移动采访拍摄现场

在电视采访的拍摄中,哪一种镜头更好?显然后面三种方式更自然、更有动态感,突出了事物的动态因素。然而我们有的记者在采访拍摄时恰恰是反其道而行之,为了追求画面的干净、工整,往往会抛掉现场那些相对随意的、富有质感的动态因素。其实,有的时候,来来往往的人群、一些遮挡镜头的事物恰恰能够反映记者所在现场的鲜活感。

具体而言,采访中的动态因素可以从以下两方面来考虑:

1.从静态的事物中寻找动态的因素

在交代事件背景、环境的段落中,我们通常会使用一些空镜头配合解说词叙述,在这种情况下,首先应当强调画面的指向性,即电视画面信息与解说信息形成互为补充、互相印证的效果。在此基础上,强调画面中的动态因素。比如在电视纪录片《再说长江·水火山城》中,叙述重庆这个城市如何悲壮地"绝地再生"这个段落,画面里呈现的是重庆市古老的城墙与建筑以及三峡博物馆的内景。摄影师没有单纯拍摄这些静态的建筑物,而是通过镜头前来来往往的人群展现这个富有人文气息与生命感的城市建筑。

图 6-1-2　《再说长江·水火山城》里古城墙的动态拍摄

2.运用运动镜头

运动镜头,习惯称之为外部运动,即通过镜头的机械运动来强调画面的动态,使用走动镜头、摇臂拍摄、无人机航拍以及光学镜头的推、拉、摇、移、跟等方式来突出不断变化的空间、连续发展的时间以及不断延展的生活流程。比如许多逆时性采访中的事发环境运动展示,实际上就是通过空间运动的方式表现时间,通过运动镜头展现历史事件所发生的现场环境,配以合理的解说词,让观众通过现场环境联想到同一空间环境过去时间所发生的事情。比如纪录片《邓小平》里著名的"江西小道"段落,在叙述到邓小平在江西新建县拖拉机修造厂当钳工时,镜头运动展现了小平同志从工厂到住地经常走的小道,并配以这样的解说词:

> 江西的冬天很冷,起初邓小平去厂里劳动,走大路,要走将近一个小时,既劳累又不安全,工人们就在工厂的后墙开了一个小门,专供邓小平夫妇出入。从那以后,人们发现,每天清晨和中午,都有两位老人行进在这片田间,日复一日,年复一年,渐渐地踏出了一条坚实的小道。直到今天,这里的人们还称它为邓小平小道。在这条坎坷的小道上,邓小平走了三年,思考了三年,有人说,中国后来发生的许多事情,就是从这条小道衍生出来的。这里也有一条小道,在江西的日子里,邓小平每天上午去工厂劳动,下午在院内读书和种菜,晚上则沿着院内的小道走上几十圈,那时候,国家的政治经济每况愈下,他的沉重心情是可想而知的。

在这个段落中,镜头在小道上的缓慢运动为小平同志的那段岁月提供了情境基础,而解说词的叙述则提升了内涵。镜头运动与解说词的叙述,将观众带到了小平同志在江西那段岁月的情境中。

对于静态事物而言,运动镜头能够起到较好的动态效果。不过,电视记者要把握的原则是:任何一种方式的镜头运动都必须有依据、有功能意义。镜头运动可以表现空间的延展,也可以表现事物与事物之间的关系,不要为了运动而运动,尤其不要因为无目的的镜头运动而损害了信息的表达。

新技术的发展,为运动拍摄提供了更为便利的手段,其中,无人机航拍不仅提供了天使的视角,更为现场的运动拍摄提供了便利的手段。它增强了新闻画面的冲击力和表现力,更拓展了我们理解事物的角度。比如,北京人济山庄高楼顶层的违建花园,只有透过无人机拍摄的高度和角度,才能理解这一违建的严重程度。在中央电视台"走基层"系列报道《悬崖村扶贫纪实》里,无人机的拍摄角度直观地展现了这条悬崖之路的艰险。

图 6-1-3　中央电视台"走基层"系列报道《悬崖村扶贫纪实》无人机航拍重建之路

图 6-1-4　《鸟瞰中国》无人机航拍现场

二、把静态的素材变为动态的素材

采访中有许多素材是静态的,比如文件、报纸、照片等理性素材或者形象素材。这些素材是以空间展开的形式出现的。这时候,作为记者,要充分调动各种形象手段营造动态的氛围,把建立在空间延展基础上的素材变为按时间发展的电视素材。

1. 引入采访等人际交流元素

用对话交流等人际传播的方式盘活静态的信息。比如纪录片《邓小平》"广安老家"里"翻家谱"的段落。在这个讲述邓小平家族历史的段落中,记者没有简单地为我们呈现邓小平广安老家里的家谱画面。如果以这样的形式来表现,画面的形象就会单调、死板。相反,记者通过跟随采访拍摄一位阿婆进入祖屋寻找家谱的过程,带出邓小平的家族历史。我们可以看到阿婆进入昏暗的小屋,打开白炽灯,为记者找出一本发黄的家谱:

记者在现场采访阿婆: 阿婆,您识字吗?

阿婆: 我不识字,我要是能识字,就把这家谱认得完了。

于是记者拿起家谱,开始诵读上面的文字信息。通过这段有趣的人际交流与动态采访过程,不仅牵带出邓小平同志小时候生活过的地域环境,而且从现实入手,带观众进入到了小平同志的家族历史中。家谱只是一个静态的事物,如何调动采访手段,把这个点上呈现的事物变成流动的画面,是记者应该着墨的地方。

在中央电视台《360°·红岩档案解密4》中,节目叙述到革命烈士蓝蒂裕在赴刑场前留给他的儿子蓝耕荒的一首诗《示儿》的时候,是通过其儿子蓝耕荒的回忆朗诵引出这一段静态素材的:

14个标点符号,77个字,标题就是"示儿"。他是这样写的:"你,耕荒,我亲爱的孩子,从荒沙中来,到荒沙中去。今夜,我要与你永别了。满街狼犬,遍地荆棘,

给你什么遗嘱呢?我的孩子。今后,愿你变秋天为春天的精神,把祖国的黄沙耕种成美丽的园林。"他这个诗就是这样写的,他是1949年10月28日上的刑场,那天就是他牺牲的那一天。

蓝耕荒的朗诵读"活"了这首尘封已久的诗歌,赋予了这首诗以深沉的情感。他在朗诵中的停顿、凝视等非语言信息都体现出他对父亲的思念以及革命烈士在赴刑场前内心的镇定、希望以及革命英雄主义的豪迈。

素材是死的,采访交流是活的。通过以上案例,我们可以认识到,动态是形式,而在形式背后,其实是深刻的创作理念的呈现。在电视采访中把静态素材变为动态形象素材的一个要点,就是从现实着手,找到现实与历史相通的那条天际线,通过纪实的采访、交流段落,赋予其人文信息,并通过这些流动的人文信息带动静态的素材。一切以电视媒介的视听元素为着眼点,一切以现实着手,一切以人为中心,这样的采访自然会生动、独特而富有情感。

2.拓展形象思维,使用模拟、替代等形象手段

充分发挥记者形象思维的作用,用鲜活的视听形象去表现一些司空见惯的事物,从而赋予信息新鲜的表现形态。让笔者印象深刻的是中央电视台《新闻调查·一只猫的非常死亡》。编导在表现时间概念时,运用了电脑Windows系统上的数字日期的跳跃形态,画面对日期的交代总是处于动态中,这使影像的呈现形式与节目的主题——网络搜索很好地契合了起来;而对诸如传播、扩散、搜索等概念也运用了独特的影像方式。这些表现形式有别于常规做法中的空镜头运用,体现出了节目精妙的影像结构。

当然,在这一点上,更普遍的做法是通过电子特技以飞、滚、快速推近等方式直接呈现出静态素材的信息,从而在画面形式上获得一种动态的效果。这种方式虽然简单实用,但有一点需要注意,注意特技运动的节奏,比如同一种素材的运动方式不要重复太多,重复太多就会显得单调。在以展示证据信息为主的时候,镜头当然以直接呈现这些信息为主。在播出时间和拍摄条件允许的情况下,可以设计一些富含人文信息的采访,牵带出这些静态素材。

> 记住:运动,是最容易引起视觉强烈注意的,要善于从静态事物中找到动态的因素。

第二节 结构动态的采访过程

电视是时间的艺术,它用连续的画面,以时间顺序来结构事件的特点,体现过程的流动性。在采访报道中,我们要意识到,"动态"其实包含两个层面:一个是事件发展的动态,一个

是采访过程的动态。因此,在采访拍摄中,记者要考虑如何按照现场事件的流程来结构一个动态的采访过程,动态事件要与动态采访相匹配。阿恩海姆说,一个"事件"的主要特征,恰恰就在于它是动态的。我们称火车站为一件"事物",而称一辆火车的到来为事件。① 作为电视纪实的一个核心,动态的采访过程正是为了匹配事件的这种动态特征。朱羽君教授在《现代电视纪实》一书里谈到,"现场稍纵即逝、不可逆转等特性要求电视采访必须采用前进式的、面向未知的动态进程取材"。动态采访过程正是电视记者结合电视媒介自身的优势、适应真实事件现场的特性而做出的选择。而对于相对静态的现象或主题,本身鲜有动态事件作为承载,这时候则需要找到动态的事件,注重用动态的采访过程去挑动生活。②

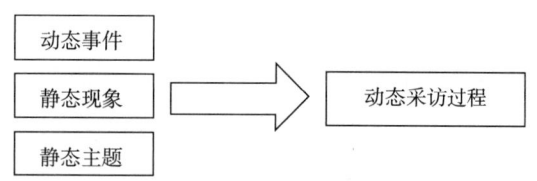

图 6-2-1 动态采访过程结构图

结构动态采访过程是为了体现自然与真实,对事件的动态结构有时丢掉的是形式上的工整与干净,但生活的毛糙自然与真实鲜活恰恰蕴含在动态之中。正如老子所言:大巧若拙。我们要获得的是动态的真实,而不是工整的虚假。

具体来说,动态的采访过程需要把握以下技巧:

一、注重信息的动态推进

根据所采访和拍摄的事件的冲突、碰撞以及兴趣点,推动信息发展。与前文强调画面外在形态相比,这是一种强调内在信息张力的动态表现,即通过碰撞、冲突、交流等因素来体现动势。比如访谈中的富有戏剧性的交流和碰撞,事物细节信息中呈现出的兴趣点等。

二、确立"早开机,晚关机,中间不停机"的意识

新闻要求记者在现场挖掘和结构故事,展现现场从未知到已知的过程,这是最有感染力的。鲜活现场的稍纵即逝决定了我们必须采用"早开机,晚关机,中间不停机"的随时抓取状态。这样的意识是为了确保记者能够瞬间切入事件。

这个概念并不意味着摄像机一直处于拍摄状态。在电视新闻摄影中,"'早开机,晚关机'更多表现为一种取材意识,而不是拍摄技巧。'早开机,晚关机'是指没有进入拍摄状态或按正常取材需要应该结束拍摄状态的时候所进行的拍摄"③。换言之,"早开机"是指提前开机进现场,尤其是面对突发现场,这样做能够敏锐地捕捉到事件,同时抓到被拍摄对象还没进入戒备状态下的真实的动态行为;"晚关机"是指采访结束后在被摄对象放松戒备的情

---

① 阿恩海姆.艺术与视知觉[M].滕守尧,朱疆源,译.成都:四川人民出版社,1998:509.
② 对于现象及主题报道结构方法的详细分析与论述,请参见第四章。
③ 任金州,马莉.电视新闻摄影[M].北京:北京师范大学出版社,2004:198.

况下所进行的真实捕捉;"中间不停机"是指善于预测并抓住正在进行的事件的过程与高潮,抓取富有个性的细节去呈现事件的状态。比如在《在千钧一发的时刻……》中,武警战士在千钧一发时刻救出即将被洪水吞噬的被困少年,敏锐的记者不仅捕捉到事发过程,更捕捉到了被困少年被救起的瞬间。

在移动媒体时代,手机、平板电脑等移动拍摄设备极大地丰富了抓取现场的手段。从这个角度而言,有经验的记者随时都处于一种待命状态,突发意识和快速反应意识非常重要。比如《公交司机姚静 为乘客安危奔跑》是记者在乘坐贵阳市15路公交车去上班途中发现的新闻。公交车上一名女乘客在车厢里晕倒,记者在第一时间协助公交司机姚静拨打了120急救电话,随即用手机进行跟踪拍摄,记录下姚静为乘客奔跑获取救援的整个过程。整条报道完全用手机摄取,第一时间获取转瞬即逝的第一手素材,体现了记者强烈的新闻意识和新闻敏感。

三、"进行时报道"——掌握随机拍摄采访的能力

动态更多的是在随机拍摄采访中呈现出来的,如果说"早开机,晚关机,中间不停机"的意识是拍摄技术的基础,那么随机拍摄采访就是综合能力的体现,这就要求记者善于进行"进行时报道"。所谓进行时报道,是记者在新闻事件发展过程中,选取一个点介入拍摄采访,实时进行的新闻报道。这种报道特别契合电视媒介善于做进行时态记录的特性,报道内容的鲜活、过程的悬念感、结果的未知性都为节目增添了吸引力。例如,在《走走停停 列车司机的"运煤征程"》报道中,记者在大秦铁路上跟随运煤专列进行采访时,一路上行进都很顺利。但是在经过王家湾隧道群的时候,突然接到了指挥部的命令,驾驶员就在隧道群里将列车停下。记者将这个突发情况作为报道题材,从接到命令停车的那一刻切入,对机车为什么停车、临时停车对前后机车的影响以及前后机车驾驶员的工作状态等情况进行了深入报道,这不仅拓展了新闻选题,而且还提升了新闻报道的广度和深度。

进行时报道让记者成为新闻事件的亲历者,在事件行进中切身体会事件性质、人物情感,从而逐渐触摸到事件的本质。这种进行时报道意识如果从事件类新闻扩展到现象、主题类新闻中,即可理解为随机拍摄采访的能力。在报道中的随机拍摄采访能够拓展选题视角和操作空间。

四、把静止的点扩展为动态的采访过程

在动态的事件报道中,正在进行的事件过程与采访报道的过程相对统一,这种情况下,动态的采访拍摄比较容易把握。但是,当我们的报道不是正在进行的事件时,尤其是在现象类和主题类的报道中,该如何处理?这时候就取决于采访报道过程的结构。在这类报道中,事件和人物都相对处于静态中,就需要报道者打破这种状态,运用动态的采访过程让人和事

件在镜头中流动起来。采访过程因为记者的存在而展开,无论是采访还是拍摄,无论是旁观式记录还是介入式访谈,记者要把撩拨生活的过程尽量鲜活地呈现出来。

1.动态呈现

在拍摄采访中,尽量让被访人走动起来,多拍一些动态镜头;记者与被访人交流时,也多一些走动交流的镜头。笔者曾经创作的专题片《党旗下的风采——用地理创造奇迹的人》①采访北京市优秀教师王能智,他善于启发学生独立思考问题,引导学生在实践中解决问题。其中有两位学生运用科学的方法独立测算出石景山上一口古井的深度。为了增强采访的生动性,我们跟随王能智一起去攀爬石景山,在这个过程中不断进行采访,不仅引出了学生测量古井的故事,还引出他们当时积极讨论的石景山是山还是丘的问题。采访中获得的信息是我们未曾预料到的,而跟随王能智攀爬石景山的过程也成为整个节目的主线,使节目流动了起来。

图 6-2-2 《党旗下的风采——用地理创造奇迹的人》"石景山的古井"拍摄现场

2.多场景呈现

在呈现"中心人物"时,尽量把他放在不同的场景和环境中去拍摄采访。② 比如,采访政府官员时,除了办公室的静态采访,有条件的话可以与他在楼前漫步交流;去被访者家里时,抓拍一些对方活动的镜头、对方与家人交流的动态。阿尔·汤普金斯认为,要让观众感觉自己与事件中的"中心人物"度过了一段时间,从而更能理解报道的人物与事件,③这样的理念诉求需要在多场景中展开。

3.扩展过程

尽量扩展与被访者交流的过程,以便牵带出更多有意义的人文信息。比如去采访一位老人时,在他寻找自己照片的过程中去结构采访,而不是让他把照片事先准备好,等着采访。笔者在文献纪录片《中国广告二十年》的创作中,曾经就广告营销的主题采访一户长虹品牌电子产品的忠实用户,他们因为长虹"红太阳"系列广告诉求的红色经典歌曲而激发了怀旧

---

① 专题片《党旗下的风采——用地理创造奇迹的人》摄于2005年,获北京市第七届党员教育电视专题片三等奖。
②③ TOMPKINS.Write for the ear, shoot for the eye, aim for the heart—A guide of TV producers and reporters[M].Bonus Book,2004:98.

情绪,笔者请他们在镜头前唱一唱他们熟知的红色经典歌曲《太阳最红,毛主席最亲》,在歌声中引出长虹广告,生动地阐述了长虹广告营销方式的效果。这样的采访过程使记者找到了有力的影像落脚点,能够具体形象地传达信息与情感。

五、与事件同步,多做伴随式的采访拍摄

伴随事件发展进行拍摄、采访,目的是让事件和事件中的人物尽量保持原来生活中的状态,从而在镜头前呈现出比较真实、自然的一面。电视媒介的采访拍摄是一个干扰性很强的采访形态,往往会把现场事件与人物从其原有的状态中抽离出来,如果处理不好,现场事件会中断,人物也会因为警戒而无法展现其个性。当这种情况出现时,记者应当使事件和人物处于原有的生活状态之中,采用伴随式的采访拍摄,在动态中去结构事件。获国际大奖的纪录片编导王小平曾说:"在采访现场我同摄影师之间是默契的,我从来不喊'开始',一般情况下,我同被采访人随便说,摄影师在那儿布光、架机器,我看到拍摄准备差不多了,就将话题转入正式采访,摄影也就开始了。这样做的好处是,被采访人不紧张。"①

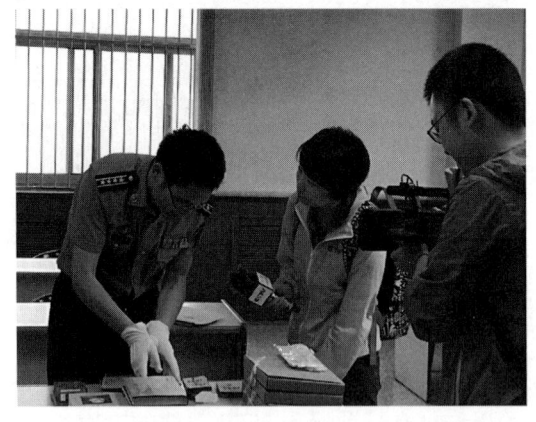

图 6-2-3　中央电视台"走基层"系列报道伴随式采访拍摄

"干扰"永远是电视记者在现场面临的问题。对于拍摄周期相对较长的节目而言,记者可以通过融入拍摄环境和被摄人物的生活的方式,尽可能减少对被摄者和被摄事物的影响,以便更真实地拍摄人物和事物所具有的常态,还原其本来的面貌。但是在"短、平、快"的新闻或栏目化纪录片中,这显然是一种奢侈。在这样的情况下,记者既要坚持真实性原则,又要充分发挥自身的主体意识,尽量让被摄者忽视镜头的存在,以开放的思维状态对待拍摄。

六、具备开放性的思维

随机拍摄采访要求记者具有开放性的思维方式,有随时接受任何可能发生的事情的心理准备。新闻注重的是变化和突出事件新的报道点。记者不能先入为主、预设事件,即使有的时候有确定的主题,在拍摄中也要按照事件的自然逻辑去结构采访。电影《卧虎藏龙》里有一句台词说得好:"把手握紧,里面什么也没有。把手松开,你拥有的是一切。"

---

① 王小平.纪录片与采访[J].电视研究,1997(1):30-33.

1. 善于捕捉现场突发态势

在《新闻调查·透视渗灌工程》节目里,记者跟随当地官员一起来到田间地头调查渗灌技术使用的情况。记者随机采访了在田地里劳作的一位农村老太太,记者问老人:"这个渗灌用过了吗?"老人坚决地回答道:"没有,从来没用过。"记者又问:"你肯定没有用过吗?"老人坚持答道:"肯定没用过。"在随行的乡长面前,老人的语言与乡长的讲述形成矛盾,致使乡长说出了"谁说谎了,马上收拾他"的过激语言,为观众展示了当地官僚的霸道行为以及渗灌工程使用的真实情况。

2. 随时调整报道主题

随着事态的发展,以一种发现的心态去报道事件,自然会抓到生动而富有个性的报道角度和鲜活的现场,这需要记者在现场根据具体情况随时调整报道主题与角度。比如长消息《交警来开会　高速路堵车》[①],黑龙江和吉林两省交警联手开展打击高速公路违法行为专项活动,却把会场设在了高速公路的收费口。记者在当日报道这项专项行动的时候,发现了这项活动造成的堵车现象。于是,记者一方面记录了开会的过程,另一方面及时采访了司机对这次事件的反应,形成了一个对比性报道。记者以一个现场发现的姿态,随时调整报道角度,把一个会议类的报道结构成一个舆论监督类的报道。

一般而言,记者在报道一个事件之前,都会凭借自己的报道经验、知识积累对事件的起因、发展、结果、背景有一个预判。这种判断通常和我们日常的心理预期基本吻合,但是这些判断都是事先想象的结果,有时会被真实的生活击得粉碎——事情的发展超出或者偏离了记者预先的设想,恰恰在这个时候,新闻的"新"才油然而生。

下面,我们以中央电视台"走基层"系列报道《采棉专列百名彩棉工调查》《棉花种植户薛海振的烦恼》《招工难　种植户明年改种农作物》为例,看看记者是如何在采访报道中调整结构报道主题的。

这三条报道,实际上呈现的是记者的三个"没想到"。第一个"没想到"发生在从河南商丘开往新疆乌鲁木齐的第一趟采棉工专列上。记者在对11号车厢的100名采棉工采访时发现,采棉工中的老年人之所以千里迢迢外出打工,并不是因为家庭条件差,相反,他们中绝大多数人在家乡种地有保障,子女能赡养,生活没有负担。而到新疆采棉,主要是耐不住轻闲,想出来转转,同时也能赚点钱。比如在节目中接受采访的唐文柱老两口对记者说,其他人一个人能赚5 000块钱,他们两人一共就赚5 000块钱,为的就是不把自己累着。第二个"没想到"发生在采棉工到达乌鲁木齐之后。记者原本以为这么多的采棉工到了新疆,可能会遭遇找工作难的状况,没想到现实的情况却是种棉户"招工难"。棉花种植户薛海振去年给出的工钱是1.2元/公斤,今年以1.8元/公斤的价格还是很难招到采棉工。第三个"没想到"

---

① 黑龙江电视台《新闻夜航》2007年8月10日播出,获第十八届(2007年度)中国新闻奖电视消息一等奖。

出现在对招工难现象的进一步采访中。记者在对新疆维吾尔自治区统计局的采访中发现，工钱上涨仅是招工难的表面现象。据不完全统计，今年新疆种棉的面积增加了270万亩，完全靠人工采摘的话，就需要增加18万采棉工。然而新增棉田的面积、所需人手等信息，都只靠亲朋好友之间的互相转告，缺乏一个良好的对接机制。有的种棉户无奈地表示，明年可能就不再种植棉花了，而是改种比较容易机械化收获的农作物。三个"没想到"，是记者从实际采访中抓取到的三个鲜活选题。

"没想到"就是一种开放的姿态！

七、电视新闻中的"挑""等""抢"三字技法

简言之，我们用"挑""等""抢"这三个字非常精炼地总结出动态采访的特点。新闻现场是流动的，电视记者在新闻事件现场要动态地拍摄事件，应该掌握"挑""等""抢"的基本技巧，不失时机地捕捉到动态的事件和人物。

"挑"是挑选。挑选是一种主动意识，是在拍摄中渗透着记者的主观思考，是记者与事件的有效互动。挑选意味着从一般事实中挖掘最有价值的新闻事实，从一般视角中挖掘最有特点的视角，从众多被访者中挖掘最有价值的被访主体。在实际采访中，往往会有从众效应，此时的记者应该有自己的判断，而不是人云亦云地结构事件。有时当记者从逆向角度去拍摄事件的时候，甚至能得到更新鲜的信息。笔者曾参与一次"政协委员唱'我们'"的新闻发布会，当一位重量级嘉宾在台上致辞并随着歌声唱起来的时候，众多记者都把镜头对准了他。但有一位记者却将镜头反过来，对准台下众多的嘉宾，因为台下嘉宾呈现出更活跃的状态。

图6-2-4　"政协委员唱'我们'"新闻发布会采访报道现场

"等"是等待。有人说，新闻是等出来的。电视新闻记者要学会在等待中观察，在等待中预见高潮的出现。下面我们就电视消息《小军玉诞生了》[①]加以分析：

---

① 中央电视台《新闻直播间》2010年4月22日播出，获中央电视台经济新闻部2010年第二季度长消息一等奖。

电视画面	同期声	解说词
演播室主持人		导语:昨晚,经过济南军区方舱医院医护人员连续6个多小时的努力,玉树地震灾区一位难产的藏族妇女终于平安地生下了一位男婴,为这个在地震中受到创伤的家庭带来了新的喜悦。
医生抬着产妇	同期音响	16点13分,40岁的藏族妇女它拉在家人的紧急护送下来到济南军区方舱医院。家人告诉我们,孕妇已经过了预产期。本来想到玉树医院接生,没想到当晚就遇到了地震,惊恐之下,肚里的婴儿迟迟没有要生出来的迹象。
它拉的丈夫查格	然后这两天听说有这家医院,但是一直在找没找上。到赛马场,然后整个体育场都转了一圈才找上的。	
记者镜前报道	这里是济南军区方舱医院的手术室,现在已经是晚上时间10点20了,现在医护人员还在为她接生,那么让我们在这里一起等待。	
手术室外等待的人群		6个小时的漫长等待,丈夫查格终于忍受不了饥饿,出去吃饭了,只留下孕妇的姐姐。也就是在这一段时间,让他错过了孩子的第一声啼哭。
手术室门	婴儿啼哭声	
它拉的丈夫查格	记者:你希望是男的还是女的? 查格:儿子。 记者:恭喜你,是儿子。 记者:想给他取个什么名字呢? 查格:想让部队给娃娃取个名字。	
主治医生张红娟抱着婴儿,查格迎上去	张红娟:生了,男孩啊,非常健康,看看你的宝贝儿子,很漂亮。妈妈也挺好的啊。 记者:他希望你们能给他起个名字。 张红娟:这是我们部队在玉树接生的一个孩子,就叫军玉吧。姓拉秀是吧,拉秀军玉好吗? 现场众人喊:军玉……	

续表

电视画面	同期声	解说词
采访张红娟	记者:这几个小时你们休息过吗? 张红娟:没有没有,我们在这儿的好几个人都在这守着她呢。 记者:饭都没吃吗? 张红娟:还没有。 记者:太辛苦了。 张红娟:应该的。 记者:刚才我听说又有孕妇要转运过来,是不是你们这几天一直是这么繁忙呢? 张红娟:是,这两天好像病人还挺多。刚才妇保院的医生说马上又要来个孕妇。 记者:那你们怎么办呢? 已经6个多小时没吃没喝了。 张红娟:没关系,为了我们灾区的人民吧。我们辛苦一点也是应该的。	
查格抱着婴儿	记者:小孩好精神啊! 张红娟:叫军玉就希望能记住这一刻吧。	
产妇推出病房。字幕:23点50分,产妇推出病房	医护人员:从那边走。	
病床上的产妇它拉	它拉:谢谢解放军。	

这条消息突出了事件的突发性与现场感,尤其是婴儿的啼哭声,是整条新闻的题眼和关键点,它不仅给新闻带来了现场感,同时也是维系整条新闻主题和结构的关键环节。试想一下,如果没有这个声音,整条新闻便缺失了一个点睛之笔。记者在现场等待了6个多小时,迎来了孩子的第一声啼哭。而这声啼哭声恰恰是记者在6个多小时等待中的最大回报,他体现了电视采访中等待的价值和意义。6小时的等待——3分钟的消息,记住,等待也是一种机会!

"抢"是抢拍。抢拍是记者在现场瞬间的判断,是记者随时应对突发事件的工作状态。抢拍要求记者养成突发事件早开机、开机进现场、待机等待的职业习惯。比如,《焦点访谈》摄像记者的职业习惯是随时保持开机状态,即使坐飞机,摄像机里也要压盘磁带,以应付突发情况。① 抢拍要求记者边拍摄、边观察,同时要求出镜记者或编导的配合。现场是记者与事件的赛跑,同时也是与其他记者的竞争。

---

① 梁建增.《焦点访谈》红皮书[M].北京:文化艺术出版社,2002:319.

> 记住：不要从生活中寻找你要的东西，而是去感受生活。动态采访要求记者具备开放性的思维和随机采访拍摄的能力。要学会"挑、等、抢"。

第三节　摆拍

摆拍是在记者的安排下，重新结构复制采访场景的一种方式。

我们说现场要靠抓取，但是在现实场景中，有很多精彩的瞬间稍纵即逝，这不得不说是一种遗憾，然而这种遗憾有时是可以用摆拍弥补的。此外，随着对电视影像品质要求的提高，单靠抓取，无法保证其在影像品质方面的要求，此时摆拍便成为一种选择。比如中央电视台纪录片《舌尖上的中国1》，在其影像叙述中，许多连贯的纪实场景并不多见，而是靠镜头的组接配以解说词形成意义，有许多镜头采用动态特写的方式表现食物的精美和现场的鲜活，这些高品质的影像镜头是靠摆拍结构出来的。

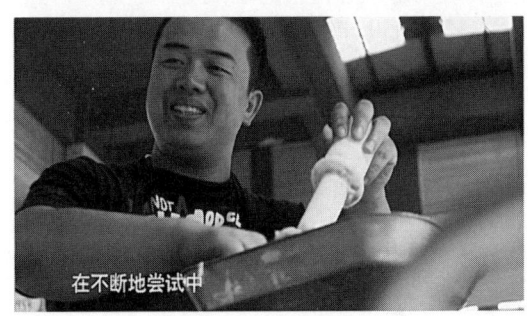

图 6-3-1　中央电视台纪录片《舌尖上的中国1》

一、摆拍的原则

摆拍只是对现场结构影像的一种弥补，不能作为纪实拍摄的主要手段。因此，对摆拍应当有明确的底线。

第一，摆拍有度。摆拍应该在采访完成之后，出于剪辑和成片的需要进行结构，而不能成为新闻节目的首要或主要的结构元素，这也是我们把摆拍放在动态采访之后来探讨的原因。

第二，摆拍应该建立在事实基础之上，不能主观臆造支撑事件的基本事实。一方面，摆拍的场景应该选择采访对象做过或时常为之的行为和语言上，只不过在采访过程中，难以抓取，需要摆拍加以重新结构；另一方面，在一些不影响历史主要脉络的小事件上，通过适当推理和合理想象形成场景，以增强节目的可视性和趣味性。

第三，摆拍是对事件的归纳和重新梳理，是让采访语言和事件现场变得更为集中，因此，摆拍宜虚不宜实。对于采访对象感受性的、情绪性的语言应该杜绝摆拍,对于重要的历史细节也应该慎用摆拍,否则,会给观众做作、造假之嫌。

第四,摆拍之前,记者或编导必须充分认识事件的整体意义,摆拍要解决的是什么样的问题:是情绪性镜头,还是影像的连贯,抑或是叙事的完整?

二、如何让摆拍显得"真实"

1. 尽量选取两极镜头,即特写与全景(或远景)来摆拍

特写是相对孤立的镜头,与环境因素联系不大,因此摆拍容易控制也不会影响事件的动态性和连贯性。全景镜头或远景镜头是空镜头,主要取其势,并不会有太多的细节,是摆拍的主要镜头。

图 6-3-2　中央电视台《沟通·我的阿勒泰—李娟》摆拍的远景镜头

2. 远景要尽量避免手持拍摄

要注意设计镜头内的调度(如运动的人和物体),在整体的静中突出动态的元素。

3. 对于人物的中、近景尽量采取抓拍的方式

中、近景是交代人物与环境关系的镜头,注重叙事的连贯性,应该多用抓拍,少用摆拍,才会显得自然、连贯。

4. 必要时,摆拍中、近景要尽量让人物做他最熟悉的动作,越复杂越好

这时候人物的表情、动作自然,也会增强镜头的动态感。记住,他们都不是职业演员,没有经过严格的镜头前训练,而只是表现自己的惯常行为,只有这样,人物才不会因为在镜头前无所事事而显得紧张局促。记者的任务是拍摄到他们的习惯性动作,也符合真实的要求。可以适当采用手持拍摄

图 6-3-3　中央电视台《大国工匠》拍摄现场

的方式,增加"纪实感"。特别要注意前后景的虚实变化及光线的方向。

5. 中、近景要尽量避免让采访对象直视镜头

被访者直视镜头,会导致其紧张,不利于表现场景的生动、自然。但有一种情况除外,即记者有意使镜头成为一个开放的空间,让被访者直视镜头,实际上是与观众形成一个直接的

沟通与交流。从某种程度上说，它已经超越了叙事的意义，而具有情绪展示的作用。比如中央电视台《沟通》栏目《我的阿勒泰——李娟》中一组采访对象直视镜头的展示，中央电视台纪录片《舌尖上的中国1》第二集结尾不同地区的不同家庭面对食物直视镜头的展示，都已经超越了叙事的意义而成为情绪上的铺陈。

图6-3-4　中央电视台《沟通·我的阿勒泰——李娟》采访对象直视镜头画面

图6-3-5　中央电视台纪录片《舌尖上的中国1》第二集结尾采访对象直视镜头的画面

6.拍摄系列关联画面①

对于重点的空镜，一定要多景别成组拍摄，远景、中景、特写相结合。对于人物核心动作，要多角度拍摄，这样才能为后期剪辑提供足够的可能性，形成节目的节奏感。

在这里，我们引入一个概念——系列关联(sequence)画面，它是结构动态现场的镜头组合。系列关联画面是指共同结构一个场景而彼此相关联的镜头组合，这组系列关联画面把一个相对完整的动态行为从不同机位、不同角度、不同镜头焦距等方面拍摄下来。摄像师要善于在现场根据事件的流程结构动态的系列关联画面，"通过系列关联画面，摄像师能以第一人称的观察视角把现场重新结构出来"②。系列关联画面有助于逻辑清晰地还原现场动态，结构故事。比如拍摄一个人登上公共汽车的场景，从车开门、人物上车、见到司机，到走入车厢这一连串动作，摄像机需从不同角度、不同景别拍摄这一动态行为，全景拍车开门、人物上车，中景拍人物脚踏上车的阶梯，近景拍微笑的司机，以此形成分解的系列相关联的画面组合。比如在美国全国广播公司《晚间新闻·改变世界——特殊的圣诞祝福》里，装扮成圣诞老人的蜘蛛人攀爬在楼墙的玻璃窗外，探望生病在医院里的孩子们。记者精心拍摄了成组系列关联画面，来呈现这个新闻故事的关键动态场景（见图6-3-6）。

在结构系列关联画面的时候，要把握以下几个要点：

- 认识动态场景在片子中的作用，抓住核心的动态场景精心结构。
- 人物动作干脆、利落，不拖泥带水。动态性不强的场景，绝不考虑做系列关联画面。
- 动态场景中也可细分为关键点，要多角度、多景别拍摄，以突出关键点。这些关键点

---

① 在《电视采访(第2版)》(中国传媒大学出版社，2005年版)中，笔者译成连续画面，现做修改。
② SHOOK F. Television field production and reporting[M].4th edition, Person Education, 2005:80.

往往是动态场景中的核心动作、关键环节。
- 注意动态场景的叙事推进,动作要有阶梯变化,景别角度也可以有递进变化。
- 多景别、多角度结构。全景、中景、近景、特写等各司其职,厘清现场信息。此外,除了常规叙事性视角,也可用大仰、大俯、正向、反向视角等表现性视角,形成强烈的视觉效果。
- 剪辑干脆、利落,节奏适当。

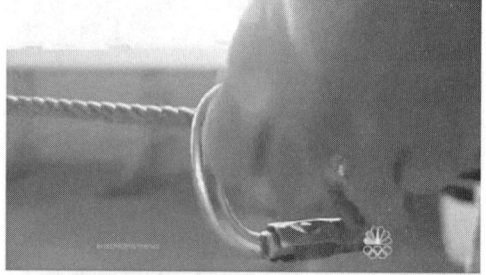
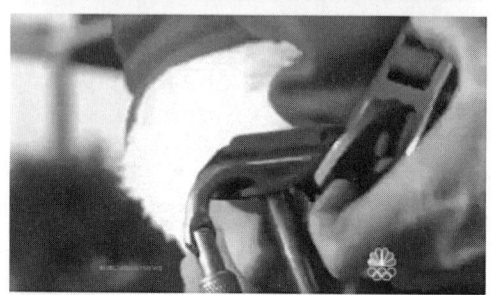

图 6-3-6　美国全国广播公司《晚间新闻·改变世界——特殊的圣诞祝福》系列关联画面

结构系列关联画面不仅仅是一种技巧,更是一种意识,这要求摄像师在现场不要随便抓取画面——这样的画面是孤立的且毫无意义,应该有意识地去把现场还原成一个通过镜头连接产生意义的逻辑结构。当然,抓拍形成系列关联画面难度较大,要求记者能在现场迅速变换摄像机机位和焦距;同时还要明白开机转换机位与景别的有效性,因为开机转换能保持声音的连续性,能比较完整地保留现场声音信息,为后期画面的分剪插接提供了依据。如果进行摆拍,则可以按照上文的原则,调度采访对象,精心地进行结构和摆拍。

7. 摆中有抓,抓中有摆

前文提及,为了保证影像真实自然,要开机进现场。同理,在摆拍中,也应该避免机械化,要"摆中有抓,抓中有摆",不要对好焦了才开机,要保留对焦的过程,这不仅能保持场景自然,还能增强镜头的情绪性,由此会让后期剪辑更加丰富。

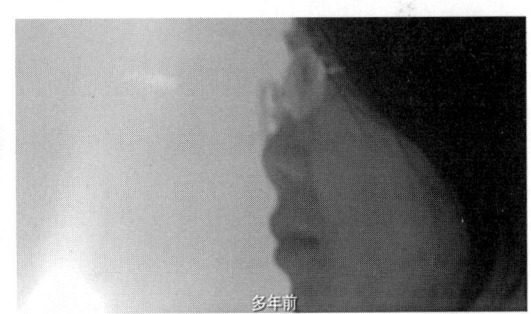

图6-3-7　中央电视台《沟通·我的阿勒泰——李娟》一组抓摆结合、实虚结合的镜头

充分利用现场环境、物件、道具、人物动作、光影等来设计"情绪性空镜"。注意结合彼时彼地的自然条件(天、地、风、水)。

> 记住:实际创作中的摆拍是不得已而为之,摆拍有分寸和底线;要想让摆拍显得"真实",必须充分理解事件的性质和意义,明确摆拍的目的,并仔细思考摆拍的技巧。

思考及练习题

1. 电视新闻节目的动态呈现方式分为哪两个层次?
2. 在电视采访中,如何结构动态的过程?
3. 运用动态的技巧方式练习采访拍摄一个事件段落,要做到既有信息量又生动自然。
4. 重点训练用一组系列关联画面拍摄一个动态行为。

第七章
细节是金

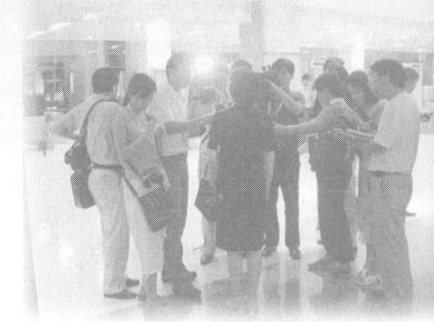

本章重点

- 细节虽小作用却大
- 细节提升新闻价值
- 细节蕴含情感
- 细节提升意义象征
- 补充、强化、提升细节
- 细节不等于细枝末节,而是为主题服务。好的细节要抓住本质、放大本质

什么都拍了，等于什么都没拍。

唐代诗人王维的《杂诗》写道："君自故乡来，应知故乡事。来日绮窗前，寒梅著花未。"宋朝王安石《咏石榴》也有诗言："浓绿万枝红一点，动人春色不需多。"中国古代很多脍炙人口的诗作都是细微之处见精神的典范。

细节是金，在电视新闻节目中，细节是记者抓取事物本质、表现事物特点、刻画人物情感的技巧和手段。从这方面来说，国外电视媒体非常注重报道细节、注重用事实说话。相比之下，我们有的媒体很多时候是以概念说话，不注重以具有说服力的细节与事实来报道，这就使新闻容易处于"假、大、空"的状态，缺乏贴近观众的语态以及言之凿凿的说服力。从另一方面而言，通过细节来展现事件，也能起到以点带面、以小见大的作用。

在文学作品中，我们常常用"一滴水折射出太阳的光芒"来形容以小见大的创作手法和敏锐把握事物的能力。西汉刘向曾言："以小明大，见一叶落而知岁之将暮，睹瓶中之冰，而知天下之寒。"1941年，文艺批评家兰色姆曾提出，使文学成为文学的东西不在于文学作品的框架结构、中心逻辑，而在于作品的细节描写，只有细节才属于艺术，也只有细节的表现力最强……细节描写不要说重复，连"转述"都不行，能够转述的只能是逻辑的东西、理论的东西。①

细节也是我们认识世界的切入点。从认识论上来看，是以小见大、以点带面的认知思路。我们认识这纷繁复杂的世界时，由于个人视野所限，不可能看到一个事物的全貌，这时候，从能反映该事物特点的细节着手，从而认识事物本质和全貌具有重要意义。

第一节　细节的界定与特征

一、细节的界定

1.什么是细节

"文艺作品中细腻地描绘人物性格、事件发展、场境和自然景物的最小组成单位"，"场

---

① 汪中求.细节决定成败[M].北京：新华出版社，2005：124.

境和人物性格的具体表现,由许多细节描写所组成"①。《电视艺术:多元与重构》一书认为,细节是"构成人物性格、事件发展、社会情境、自然景观的最小组成单位。社会情境和人物性格的完整屏幕体现,往往是由许多细节组成的"②。在电视采访报道中,细节是电视采访现场中蕴含新闻价值、展现人物性格与情感、提升意义象征的细微之处。在这个定义中,采访细节首先是细微、具体的。细节虽小,作用却大。

在采访现场,一个好的细节具有三方面的意义:一是聚焦与提升报道的新闻价值;二是凸显人物个性、情感、性格;三是承载意义象征,提升内涵。

丹·拉瑟曾经提出过电视新闻需要"瞬间",一条电视新闻中至少应该有两到三个"瞬间"。何谓"瞬间"?按照丹·拉瑟的解释,就是让电视观众看到新闻事件的同时,能感觉到它,嗅到它,知道它。③ 丹·拉瑟的"瞬间"从某种意义上可以理解为对细节的捕捉与展示。

2.细节的外延

所谓长短相形,高下相倾。在报道中,细节与它周遭的元素是相辅相成的。作为报道者,我们要知道,细节代表微观,它与宏观相对;细节代表个案,它与背景相对;细节代表具体,它与抽象相对;而报道者,就是不断地在这些元素间来回转换,报道视角也在这之间变换,从而形成一个有点有面、有个案与背景、既具体又抽象的相对全面的报道。

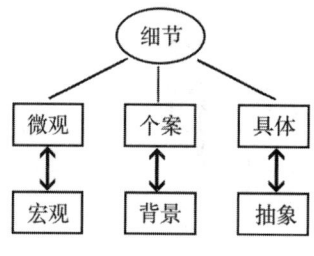

图 7-1-1　细节外延图

二、细节的特征

细节不是随随便便能抓到的,试想,我们一般用什么样的动词来描述细节?捕捉、刻画。从这组动词中,可以看到细节的难能可贵,因此我们常常说"金子般的细节""珍珠般的细节"。如果说结构是人体的骨架,那么细节就是人体的血肉,一个好的电视报道作品能在观众心目中留下印象的往往是细节画面、细节形象。

好的采访细节一定是满足"具体、细腻、生动、富有个性"等条件的,即细节是可以捕捉到的生动有趣的具体形象,而且细节是创造性的、独一无二的、无法重复的。可以这样理解,新闻现场中的细节是此时此地所独有的;不是固定不变的,而是随着事件的发展稍纵即逝的。由于其细微的表征,细节不是随随便便就能抓取到的,它不会自己跳出来,成为一种显性的状态,而是要靠记者用心去发掘,去发现、捕捉、刻画、放大,这也是衡量一个记者新闻敏感的标尺。有些电视新闻节目之所以平淡没有个性,就在于记者所展现的只是表象和事物的概

---

① 夏征农,陈至立.辞海[M].6版彩图本上海:上海辞书出版社,2009:2468.
② 高鑫,高文曦.电视艺术:多元与重构[M].北京:北京师范大学出版社,2009:74.
③ HAMILTON. All the news that's fit to sell: How the market transforms information into News[M].Princeton: Princeton University Press,2006:165.

貌,没有去捕捉、刻画只属于这个现场的独一无二的细节。

三、细节的功能

1.用细节凸显主题

当记者在现场对细节高度重视的时候,这个事件的主题就会逐渐明晰,其新闻价值点就会自然闪现。重视细节,能够使记者不流于对事件从发生到结束的流水账式的概述,而是在捕捉细节的基础上去提炼主题,从而去结构有变化、有特点的新闻。同时,细节的呈现往往具有形象大于思维的作用,其所呈现出的主题深邃而有内涵。比如纪录片《北方的纳努克》拍摄的是爱斯基摩人纳努克一家的生活,其中的"留声机段落"令人印象深刻,当导演把留声机放给纳努克听的时候,他从未接触到留声机这一文明社会的物件,最本真的反应是惊喜、疑虑、好奇。而当导演把胶质唱片递给纳努克时,想想,他的第一个动作是什么?纳努克用牙齿去咬唱片。这个细节生动、有趣、令人惊喜,表现了处于蒙昧时代的纳努克遇到新鲜事物都用牙齿咬这一本能的动作去试探。这样的细节场面为我们揭示出节目更深层次的主题意义,反映出一种文明的冲突和碰撞。

图7-1-2 中央电视台大型系列片《澳门十年》拍摄现场

北方的纳努克"留声机的秘密"片段

细节选取还要考虑其对新闻节目的主题是起到强化而不是削弱的作用。在这里,细节不等于细枝末节,不是枝枝蔓蔓的东西,而是为这个现场事件的主题服务的。细节是在简洁、明确的主题统摄下的对具体形象的刻画,"细节表现要服从屏幕形象的塑造和主体意念的表达。"[①]如果细节没有以事实本质为内核,极有可能一叶障目,不见泰山。琐碎的细节,只能模糊思想和主题。因此,抓取的细节一定要能够反映本质、放大本质。

2.用细节暗含报道倾向

细节同时也是暗藏倾向,体现报道客观、中立的一种手段。在报道中,记者不直接评述、表露倾向,而是通过对事件细节的发现与放大来体现。例如美国有线电视新闻网一贯的报道风格:对人和事物进行深入挖掘,用细节来表达自己的倾向。比如在朝鲜最高领导人金正日去世的报道中,CNN记者在金正日遗体告别仪式当天报道:葬礼中使用的大部分车辆为大众车,但是运送金正日遗体的车却是一辆美国林肯,侧面反映出金正日的生活与其他民众的不同。

---

① 高鑫,高文曦.电视艺术:多元与重构[M].北京:北京师范大学出版社,2009:74.

> 记住：一个好的细节能够聚焦与提升报道的新闻价值，凸显人物个性、情感、性格，承载意义象征、提升内涵。细节不是细枝末节，而是本质的体现。

第二节 如何刻画采访中的细节

电视媒介信息的综合表达方式，决定了它的细节呈现也是多样化的，这就要求记者在理解电视采访细节的时候打开思路，较为全面地去运用各类细节。

一、刻画画面形象细节

1.画面形象细节的功能及要求

如果从最基本的层次即画面来理解细节，它一般是通过近景或特写来表现的，即摄像师或编导强调某个事物的局部，将其在画面中放大，从而引起观众的关注。这样的画面细节具有很强的指向性，是编导要让观众"看什么""关注什么"。这种细节往往是电视报道中的"点睛之笔"。

从镜头的角度而言，在一个事件中，既有介绍场景、空间关系的全景镜头，也有观照细节的近景和特写镜头，电视的叙事就有空间、有层次了。

图 7-2-1 中央电视台《大国工匠》拍摄现场

具体而言，画面细节要观照到形象动作细节、细节证据等。

形象动作细节主要是指人物细微的表情、体姿动作等，用画面细节刻画人物形象，不仅仅是体现人物的外在形象，更重要的是能够明心见性，体现出人物的性格与态度。中央电视台"走基层"系列节目《悬崖村扶贫纪实》中，当记者因为山路艰险而无法前行的时候，摄像师抓拍到了哭泣的记者手抓悬崖边一丛枯草的细节，"救命稻草"反映上山的艰难以及上山人进退两难的无助。

细节作为证据，具有很强的说服力。比如《收棉时节访棉区》中记者对细节的抓取。当记者去调查一家非法收购加工棉花的工厂时，这个厂区的工人已经提前得到消息而暂时停止了收购和生产。在记者的证伪过程中，需要有确凿的实证材料向观众展示这个工厂非法收购棉花的真相。记者通过对现场的敏锐观察和捕捉,在画面中为观众呈现了许多生动、具体的细节。比如"办公室虽然人去屋空,杯中的茶水却余温尚在",摄像机镜头为观众展示了记者触摸桌上茶杯的动作以及茶杯的特写;"轧花车间显然刚刚经过清扫,空气中还弥漫着尘土的气味";当记者采访一个坐在台阶上的女工时,女工否定的回答与镜头中展示出来的她头发上的棉花特写形成矛盾;从门缝看见的已经打好的棉包以及墙上的收购棉花的时间表的特写镜头都为观众揭示出了事件的真相。这些细节非常真实、具体地抓住了事件的本质。又如电视新闻报道《奥运冠军孙福明爆出假摔丑闻》[①]中,记者用比赛中台下孙福明的教练示意孙福明放水的手势这样一个细节画面与孙福明的假摔形成印证,真实传达出现场的潜信息,获得实证效果。

2.动态中抓取细节

细节是从现场事件中自然流淌出来的,是与现场事件融为一体的。因此,我们在处理画面细节的时候,要注意细节与事件整体信息、环境背景的关联,不能突然用特写来表现,致使细节抽离了事件,显得生硬、做作。细节只有在动态中抓取,才能呈现出鲜活、自然、真实的状态,才能具有说服力。

图7-2-2 中央电视台纪录片《中国人的饭碗》拍摄现场

上文提到的案例《奥运冠军孙福明爆出假摔丑闻》中孙福明教练的手势、《收棉时节访棉区》中说自己来玩的女孩儿头发上的棉花,无不是在自然、生动的交流中呈现出来的细节。这就需要记者眼明手快,在现场善于观察,在观察中适时捕捉,形成报道的视觉重音。

3.细节成组使用

一般而言,单一的细节不太容易说明问题,两个及两个以上的细节才能在观众心目中累积起对事件性质、人物个性的认识。

那么,问题来了,因为细节的宝贵性,如果我们在一个事件中只能抓取到一处令人印象深刻的细节,怎么办?一般的做法是,反复强调。如果一个细节足够吸引人,足够说明问题,观众对它的期待就不止一次。比如在《奥运冠军孙福明爆出假摔丑闻》中,孙福明教练的手势动作被先后在开篇和结尾使用,以此来强化证据,证明孙福明假摔。但是,需要说明的是,在反复使用中要避免信息的完全重复,要在反复中有所变化,把一个场景分成具有变化与递进的几个场景,从而形成整体叙事的推进。

---

① 南京广播电视集团,2005—2006中国广播影视大奖广播电视节目奖(电视部分)优秀消息。

二、留意声音细节

同电视画面一样,作为传达信息的另一种通道,声音也是有细节的,也是能够放大、提炼从而表达意义与情感的。声音细节需要观照被访者的言语细节,比如被访者最生动、最能说明问题的一句话;同期音响细节,比如雨滴落在窗台上的声音,等等。关于声音细节,在这里我们不做过多分析,具体请参见本书第八章。

三、选取细节场面

如果我们把视野再放高一点,跳出镜头的局限,电视采访中的细节还可以理解为叙事中的细节场面,即一个具体的形象事件或采访场面。这种形象事件或场面往往是节目的兴趣点。在这样的细节场面中,往往蕴含着戏剧性的冲突、情节故事点、人物交流等。

一个细小而具体的事件能折射出一个大的社会背景或者是主题概念,从而使细节起到以小见大、以具体反映抽象的作用。电视要用形象素材叙事,任何一个抽象的概念或者理性的分析都需要用人们易于接受的具体形象来承载,这是电视采访的一个特性。因此,在电视报道中,需要记者选择有代表性的细节场面,在这些细节场面中自然牵带出丰富的形象细节。比如中央电视台系列报道《中国之路》的一集,反映中国20世纪90年代由于经济过热,导致经济波动、通货膨胀、物价上涨,国家因此采取了一系列宏观调控政策,成功地实现了软着陆,使经济运行恢复平稳。面对如此宏大的题材,记者没有在节目一开始就从理性概念和宏观政策着手报道,如果这样,节目将显得空洞、枯燥。记者选取了辽宁锦州市一户普普通通的人家,这户人家的男主人是单位里的会计,在家里也承担着会计的工作。他把每天家庭的收入与支出都记在账本上(甚至连存车的五分钱都记了下来),从而建立了一个家庭收支明细账。记者围绕这户人家账本中反映的支出数字在国家实行经济软着陆之前和软着陆之后的变化着手,通过具体的数字以及与男主人的采访交流这样一个细节场面来反映宏观的经济背景。在这个细节场面中,特写镜头所呈现出的账本上的数字以及数字背后这户人家的人文信息使节目变得生动、有趣。因此,细节场面的展示往往是节目的兴趣点,是吸引观众的一个手段。

此外,细节场面能够调节新闻作品叙事的速度和节奏,其与交代时空背景、人物关系的叙述段落相配合,形成详略得当的叙事安排。

四、补充、强化细节

1. 解说词补充、强化细节

在实际的创作中,由于前期拍摄的不足,记者想要突出的事件或人物的细节未必在画面的显要位置或视觉中心点,细节表述模糊而不能引人注目,这时候,可以在后期制作中,借助

解说词凸显这些细节信息。解说词与画面共同形成配合，说明问题。比如，在北京电视台《第七日·露天公厕》这条报道中，报道长安街附近的一条马路被出租车司机当成露天公共厕所。由于记者采用远距离隐性采访，在前期拍摄中，镜头呈现出的当事人的动态行为非常模糊。如果单从画面而言，很难形成意义，但是记者适时用解说词补充、强化，弥补了画面信息的不明确；同时，也相对含蓄地交代出出租车司机的不文明行为，既起到了强调作用，又避免了画面伦理的问题。

当然，靠后期解说词弥补的方式只能是退而求其次的补救方案，其效果是有限的，不能成为记者忽视现场抓取能力的借口。

2. 图示强化细节

随着电视新闻的发展，可视化因素日益重要。有的节目通过后期添加的图示强化、明确画面中没有以特写状态存在的细节。比如福建电视台的报道《"双11"快递分拣乱象纷呈》，记者暗访快递分拣现场，由于是隐蔽拍摄，部分证据不是以特写镜头存在，为了强调分拣员的暴力分拣、违规操作细节，节目运用了相关图示，图示的指向性突出了重点。

五、提升细节

细节往往是细微而具体的，做到以个体反映全体、以个性特点反映事物本质，就需要记者找到二者的连接点，这是一个提升细节的过程。这样的方式使电视报道既有点上的捕捉又有面上的观照，既有具体形象的刻画又有诗意的提升以及情感的抒写。因此，记者在采访中不仅要善于捕捉、放大细节，同时也要发挥想象空间去提升细节。除在现场摄取影像素材外，电视报道还可以依靠解说词以及音乐音响等其他形象手段和表现元素去提升细节。

中央电视台大型电视纪录片《再说长江》第十五集《告别家园》以雄浑的气势、细腻的形象捕捉以及富有情感空间的诗意提升，使节目叙事生动、情感深沉、意蕴悠长。这一集围绕"家国情怀"的主题记录了长江三峡之一瞿塘峡附近的大溪村村民的迁徙过程。在这一过程中，村民在自己的小家以及国家这个大家之间做出了自己的抉择，期间离别的矛盾、冲突相互交织。记者抓取到了许多形象细节，并通过记者丰富的想象力把节目提升到诗意与情感的高度。比如在船长冉应福把积累多年的资料交给徒弟以后，镜头抓取到了冉应福上岸后回望江上行船的镜头，解说词这样叙述道：

> 冉应福把一身的手艺连同多年积累的资料交给了徒弟，却无论如何都割舍不尽对三峡的回忆。儿时的玩伴、峡谷的涛声，伴着他人生半百所有的故事，都在49岁这一年，留给了家乡和长江。

编导敏锐地抓住这一场景，利用解说词提升了情绪。在冉家离开三峡前的一次普通的团圆饭上，解说词这样写道：

搬迁就在今天,冉家邀请前来送行的亲友,吃了一顿团圆饭,他们默默地品尝着故土难离的滋味。

一次普通的吃饭场景,被提升到一种情感的高度。在冉家打包行李时,记者用特写镜头抓取到了冉应福的妻子整理线团的动作,解说词写道:

女人更知道家意味着什么,哪怕是一根针、一团线,都蕴含了几十年来编织起一个家庭的千丝万缕的情感。

在一位村民离开自家时,镜头里展现的是村民关上自家房门的场景,解说词写道:

当大溪的外迁移民开始走出家门的时候,似乎和任何一个早晨没什么两样,有的人还顺手带上了永远不会再开启的家门。

这些普普通通的场景被记者放大、提升到一种情感与精神层面,解说词点出了观众心中有、笔下无的一种情绪,这种提升挠到了观众的痒处。但同时,我们可以看出,这种细节的提升都是围绕着"家国"这个主题来展开的。

六、细节反映本质

最后,我们再次强调细节不是随便抓取的,细节刻画是为了更好地呈现主题。因此,细节不是无关痛痒、可有可无的信息,如果这样,细节带来的结果就不是一叶知秋,而是一叶障目了。所谓"射人先射马,擒贼先擒王",细节应当是反映事件和事物本质特征的信息,是记者以一当十的典型挖掘。这正是我们探讨细节的意义所在。

> 记住:细节是电视报道中的"点睛之笔",需要刻画与捕捉。要运用多种手段强化细节,提升细节。

思考及练习题

1. 什么是细节?它有哪些特征?
2. 如何刻画画面形象细节?
3. 怎么理解细节场面?
4. 拍摄新闻连环作业,要求有三幅以上的照片是对细节的观照。

第八章
听事实的声音

本章重点

- 尊重同期声就是尊重事实
- 选择典型有个性的同期声
- 用同期声创造节奏
- 借力同期声
- 让同期声成系统递进
- 同期声结构节目
- 同期声调动采访
- 同期声创造余响
- 无声也是信息
- 同期声与解说词的咬合

电视记者要有耳畔泊千帆的敏感。

如同史官记录历史,运用同期声即是对事件的秉笔直书。电视记者对同期声的尊重,就是对现场的尊重、对事实的尊重,同期声意识反映了新闻报道的客观性原则。电视新闻依靠声画一体的形象素材传达信息,现场同期声是电视画面不可分割的一部分。自从 ENG、EFP 等电子采集系统出现以后,新闻信息便从一开始即通过信息双通道的模式被采集、编辑与整合。这其中,现场的同期声便与画面一起成为电视采访信息的载体与重要表现元素。随着 DV、手机等轻便拍摄设备的普及,现场拍摄和同期声抓取更为简便。

图 8-0-1　中央电视台大型系列片《澳门十年》拍摄拾音现场

同期声的凸显与时代和社会的发展息息相关,是媒介功能演变的具体体现。它展现出媒体对观众的尊重,对观众主动参与意识的凸显。过去"视电视为讲坛"的格里尔逊模式基本上剥夺了现场同期声,取而代之大量的主观解说词和音乐,观众处于被动接受、听之信之的状态。而同期声的使用,无疑把更多现场判断与解读的权力交给观众,观众能听其言、观其行、察其势,在信息的相互参照中形成自己的判断。

第一节　同期声的特点及创作方法

一、同期声的界定与特点

1. 同期声的界定

同期声是客观的声音与音响,是从现实生活中摄取并源自电视画面自身的声音与音响。同期声包括:

- 人物的有声语言(记者、事件当事人的有声语言);

- 人与环境碰撞发出的声响（比如脚步声、敲门声）；
- 自然环境发出的声响（比如风声、雨声）；
- 现场的有源音乐与音响（比如现场的电视机、收音机等传达出的音乐、音响）。

同新闻节目后期所配的主观音乐、音响相比，同期声是在前期采访现场所拾取的客观声音。

2.同期声的特点

（1）客观性

客观性是事物不受主观思想影响而独立存在的性质。同期声是新闻事件现场固有的声音，它呈现出事件本身的信息，有助于新闻最大限度地还原现场事件和人的状态。同期声的这种客观性有助于电视新闻在内容与形式上保持事件相对独立的面貌，也能把创作者的思想隐含于同期声的呈现与表现当中。有效利用同期声，不仅能有效传达信息，也能表达创作者的意图。

（2）现场性

同期声是传达现场信息的载体之一，是一种形象性的元素，其本身就承载了现场的一部分事实信息。因此，可以说同期声是现场氛围的重要来源。一个缺乏同期声的现场不是完整意义上的现场。人物述说的同期声能带出很多言语之外的丰富信息，其语调、语速配合人物的表情、手势能够充分发挥电视用形象语言叙事的优势，从而给观众一个具体、真实的现场氛围。比如，在中央

图8-1-1 中央电视台"走基层"系列节目《悬崖村扶贫纪实》拍摄现场

电视台《悬崖村扶贫纪实》节目里，记者跟随驻村干部爬上陡峭的崖坡之路，在半山腰时，记者因为疲惫和害怕而无法前行，进退两难：

记者：我们非得从这儿走吗？

驻村干部：只能从这儿走。

记者（哭腔）：我不想走了。

驻村干部：加油，都能上去，没问题。

（记者哭泣并抓住悬崖边的一丛枯草。）

这段同期声将悬崖的艰险充分地呈现了出来。当信息通过当事人的声音传递出来时，它不仅传递出显在的语言信息，同时也牵带出许多潜在信息。有时新闻的竞争恰恰就在此，而这一点往往容易被记者所忽视。试想，当所有记者都能在新闻发布会获得这些信息的时候，个体的竞争力在哪里，新闻的特点在哪里？恰恰就在这些容易被人忽视而又具有含金量

的潜在信息上,重视这些潜在信息渗透了创作者对电视语言的深刻理解与把握。因此,对于电视采访来说,如何意识到电视媒介的形象性优势,充分发挥同期声带来的现场感便成为记者着力要考虑的问题。

(3) 实证性

由于源自现场本身,同期声比较完整地展现了现场信息状态,实证性较强。直接展现现场人物的述说能够有助于观众直观、深刻地理解事件的性质与特点。中央电视台《共同关注·轮椅上的舞者》,报道了小时候因车祸致残的陈思因舞蹈而重生的故事。在讲述陈思母亲靠杂货店为生的现场采访中,陈思母亲一边整理自己店里的物品,一边回答记者的提问。陈思母亲手指拨弄小食品塑料袋的声音清脆可闻,非常真实地传达出陈思一家现在的生活状态。现场的同期声增强了新闻报道的权威性和可信度,有助于新闻的客观、公正——新闻事实本身是具有力量的。因此,同期声的这种实证性有助于提高信息传达的可信度。在拾取证据、辅佐论证上,同期声具有不可替代的作用。同期声就相当于文章中的引用,字字确凿、句句有出处,具有很强的实证性。另外,同期声的使用实际上也是尽可能地给观众提供多种形象信息,这些信息相互补充、相互参照、相互印证,让观众形成自己的判断。从这方面来说,在关键信息的展示与叙述上,记者要特别重视同期声的拾取,并对同期声采取审慎的选取态度。

(4) 多义性

同期声与现场画面一样,能够综合传达信息。由于事件现场是一个立体综合的空间,这样的立体的"场"所发出的声音也是多样的,因此,同期声所传达的现场信息、现场氛围具有多义性的特点,观众能够从这些声音中解读出不同的信息。

二、结构同期声的技巧与方法

在西方电视新闻中,同期声往往是节目中传达客观信息、体现节目节奏的重要手段。具体而言,有这样一些特点:精挑细选,选择典型、扼要、生动的同期声;分割同期声,一个同期声通常2—5秒①,且只表达一个观点;同期声转场,创造节奏;同期声成系统,层层递进;结尾处运用令人印象深刻的同期声。

西方对电视新闻同期声的要求未必适用于我国,但它却可以作为我们借鉴的一个参考标准。

下面,我们具体分析同期声的创作技巧与方法:

1.选择典型、扼要、生动、具有个性的同期声

同期声是体现电视新闻报道现场感的重要因素,强调这一点,绝不意味着只是用同期声

---

① 这是笔者观察美国全国广播公司、哥伦比亚广播公司《晚间新闻》的结论,而弗雷德里克·肖克在《电视现场报道与制作》一书里强调同期声一般是5—15秒(SHOOK F.Television field production and reporting[M].4th edition.Person Education,2005:12。

体现现场感,运用同期声应该突出其有效信息量——反映当事人的个性特点,体现事件的性质,或是提供确凿的证据。运用同期声不在量,而在质。

在实际的报道创作中,容易出现两类问题:要么忽略同期声的存在,要么过度使用同期声。前者体现为解说词囊括一切叙述,后者则体现为毫无选择地记录当事人的琐碎生活,同期声拖沓、冗长,没有信息含量。因此,一方面,我们要避免忽视同期声;另一方面又要善于分割同期声。要善于引用有特点、有个性,能反映现场特质的同期声,为新闻报道提供一个"新闻眼"。记者要善于从被访者众多的语言中精选最能反映事件特点与本质的同期声,正如凤凰卫视采访总监吕宁思所言:"记者必须有能力从被访人洋洋洒洒、慷慨激昂动辄20分钟或者半小时的言谈中提取20秒钟的几句话,作为同期声引用语。"①

2.利用同期声为叙事创造节奏

如果在一条新闻报道中,解说词包办一切叙述,单从声音的角度来说,是单调的。因此,作为形象素材之一,同期声的运用使节目的声音形成变化,同期声与解说词两种声音状态交替,避免在单位时间里声音素材过于单一和呆板,为叙事创造出丰富、有变化的节奏感。

下面,我们具体分析美国全国广播公司《内幕版》(Inside Edition)栏目的一条新闻《驻伊士兵回国,家人团圆》②。这条新闻讲述驻伊美军士兵比尔(Bill Hawes)回国的事件,为了给自己儿子约翰(John Hawes)一个惊喜,比尔事先没有告诉约翰,而是直接来到儿子的学校,这幕父子相聚的场景通过电视传播感动了众多美国人。美国全国广播公司记者于是给这个家庭提供了一个奖励——畅游迪士尼乐园一天。这条新闻是记者在原有事件的基础上通过主观介入、策划而形成的一个策划性报道。在这一新闻中,记者对声音节奏感的把握可谓细致与精巧。

美国全国广播公司《驻伊士兵回国,家人团圆》分析

序 号	镜头内容梗概	声音素材
1	父子在学校相见的场景	主持人导语:整个国家看到了父子相见的感人一幕,我们的记者觉得应该给这个家庭一个奖励——迪士尼游玩一天。
2	约翰一家人在迪士尼乐园	记者解说词:这是约翰非常特殊的一天。
3	约翰一家人在迪士尼乐园	同期声(约翰):我们现在在迪士尼乐园
4	约翰在迪士尼乐园场景,父子在学校相见场景	解说词:这是约翰人生中的重要历程,仅仅在几天之前,他得到了一个惊喜。
5	父子在学校相见场景	同期声:约翰的哭泣声
6	父子相见场景	解说词:父子相见的场景感动了整个美国。

---

① 吕宁思.凤凰卫视新闻总监手记[M].北京:昆仑出版社,2005:147.
② 美国全国广播公司2007年4月播出。

续表

序号	镜头内容梗概	声音素材
7	父子相见场景	同期声(比尔):我想念你。 同期声(约翰):我也想念你,爸爸。
8	父子相见场景	解说词:我们收到了数千万观众的电邮,被这父子在学校相见的这一幕深深打动。
9	父子相见场景	同期声(约翰):我爱你,爸爸。 同期声(比尔):我也爱你。
10	一家人相聚的场景	解说词:这一场景太震撼了,我们决定奖励他们去迪士尼乐园。
11	约翰一家人在迪斯尼乐园	同期声:约翰一家人拍照时的笑声
12	约翰一家人在迪斯尼乐园	解说词:迪士尼乐园给了约翰一个王室般的接待。
13	约翰摇摆风铃的场景	同期声转场:铃声
14	约翰与白雪公主在一起	解说词:而这个小男孩告诉每个人他父亲回来了。
15	约翰同期声与迪士尼乐园的白雪公主的场景	同期声(约翰):我爸爸在学校里给了我一个惊喜。
16	父子在升旗仪式上敬礼场景	解说词:父子和自己喜欢的迪士尼人物合影,而约翰像他父亲一样向国旗敬礼。 同期声:美国国歌插入
17	升旗仪式	同期声:美国国歌高潮段落
18	升旗仪式	插入解说词:没有再比这更令人兴奋的欢迎仪式了。
19	比尔面对镜头述说	同期声(比尔):没有什么能比回家更好的了。

从以上节目镜头列表可以看出,记者对这条新闻的声音处理非常细致,完全打碎了不同声音素材,整个节目的节奏感特别明快。其中利用同期声转场、同期声推动高潮等,更体现了记者利用声音剪辑因素创造戏剧性结构的努力。

相比之下,中国电视新闻节目在这方面有较大欠缺,无论是中央电视台还是地方电视台的许多新闻都是解说词一铺到底,一种声音状态贯穿始终,没有变化、没有剪辑因素的体现,更无从谈节奏感。虽说新闻的时效性决定了在很多情况下采取解说词铺画面的方法省时省力,但这种方式只是权宜之计,并非最好的方式。

3.同期声层层递进,组合成系统

在现实创作中,当我们把大段的同期声分割以后,自然要形成同期声的不同段落,如何处理这些段落?需要遵守的一个原则是,同期声传达的信息能够不断地推动叙事向前发展,从而形成相对完整的系统。从某种意义上来说,同期声递进的过程就是叙事递进的过程。上文提及的《驻伊士兵回国,家人团圆》这条新闻报道中,同一个场景的同期声叙述被记者分割成了三段:

第一段:约翰的哭泣声

第二段:比尔:我想念你。

　　　约翰:我也想念你,爸爸。

第三段:约翰:我爱你,爸爸。

　　　比尔:我也爱你。

从哭泣,到"想念",再到"爱",是一个情感不断递进深入的过程,它们组成一个完整的情感提升的同期声系统。

在现实的创作中,我们往往遇到的问题是重复,即看似多段同期声出现,但其传达的信息是重复的。在这种情况下,除非每个被访者所代表的群体不一样或者呈现的视角不一样,否则,就没有同时存在的必要。

4.借力同期声开拓形象素材

电视节目的声音素材大致可以分为同期声、解说词、后期配上的音乐音响这三种。同期声是客观的,而解说词、音乐音响是主观的,在创作中我们应最大限度地发挥客观声音的功能,充分利用同期声中的有声语言、人与环境碰撞发出的声响、有源的音乐等信息表现元素,拓展形象素材。

比如纪录片《邓小平》"广安老家"的段落,在广安县城采访完一位老人对广安县城的描述后,创作者使用了一段摄取自茶馆的同期声,这段同期声是茶馆里一些票友演唱的川剧清音,其歌词这样唱道:

金广安,黄白莹莹然,桑麻榆枣丰,沃野无闲田;金广安,庶民百姓,忠奸质朴,不畏水旱,抗拒凶顽,名贯天府,啊,点染好家园。

这是创作者展示给观众的对广安的描述。创作者没有用解说词阐释广安怎么样,而是用这样一段在现实生活中发现并抓取到的同期声艺术化地展现了广安的人文地貌、风土民情,这实际上是艺术中的"借力"。通过这种手段,作品所呈现出的地域风俗、适当夸张与渲染的艺术氛围使这段对广安的介绍生动且富感染力。同样,在中央电视台《360°·红岩档案解密4》中,节目开头和结尾介绍重庆渣滓洞的情况时,编导采用了渣滓洞现场导游的解说声,为事件的背景叙述提供了一个新的素材形态,进一步增强了节目的节奏感。以上两例都是创作者巧用现场同期声为叙事和节奏服务的"借力"方式。

另外,在现场画面信息不足的情况下,同期声能够有效弥补信息的缺失,甚至引导观众通过想象主动填补信息,从而形成一个更大的想象空间。比如在美国《"9·11"世贸大厦撞机事件》报道中,大厦倒塌之际,记者手提着摄像机狂奔,镜头里,刚开始并没有主体拍摄物,只是些摇摇晃晃的画面。接着,弥漫的烟尘遮蔽了镜头,虽然没有任何现场画面,但是人群的喊叫声、奔跑的脚步声、喘息声、建筑垮塌的环境声都给观众传递出现场的真实情境。这

图 8-1-2　中央电视台大型系列片《南海一号》采访拍摄拾音现场

种缺失画面的同期声为观众提供了更大的联想与想象的空间。

所谓"眼见为实,耳听为虚",缺失现场画面的镜头固然是一种遗憾,但是作为电视记者,应该积极思考如何把这种不利因素变为有利因素,如何通过声音素材来创造一种更为独特的氛围。以上所举案例,充分说明记者用形象素材传达现场的积极主动性。

需要说明的是摄取同期声要保持其完整性,尤其是当突发事件出现的时候,记者要有开机进现场的意识,不论镜头是否平稳,是否能对准被摄物,先开机摄取现场完整的同期声,才有可能使声音成为结构现场的主线。

5.善于发现现场中的同期声,使之成为节目的结构性因素

同期声结构性的存在,实质就是使它成为贯穿节目始终的叙事性的提示和情绪渲染的载体,从而使这种主观创作情绪的抒发与事件本身形成互动,为情绪的提升提供源头活水。这就避免了单纯主观音乐或主观音响的主观性、随意性与强制性。由于参与情绪提升与渲染的声音来自现场,自然也是与现场事件紧密联系并带有很多现场信息和氛围的,从而成为一种既能提升情绪又相对客观的"生活之音"。从这一方面来说,编导的创作工作其实是对现场声音的发现与提炼,是对生活本身的一种升华。当我们把对同期声的理解上升到这种高度时,它就不是一个简单的技术问题,也不是一个简单忠实记录同期声的问题,而成为一个发现与感悟现场,进而选择提升的工作,这体现了创作者对声音处理的主观能动性。

比如在纪录片《邓小平》"广安老家"段落开始的第一个镜头是邓小平同志年轻时的照片,声音素材则是记者在广安采访时摄取的一段乡间童谣。这段童谣来自何处？是编导配上的主观音乐吗？当叙事发展到记者为寻找邓小平故居而向当地小学生询问时,又出现了小学生现场演唱的童谣,这时观众才恍然大悟,原来段落开头的童谣来自于此。在这里,这段童谣巧妙地成为一种渲染情绪、富有艺术表现力的素材,同时也成为组织这个段落的结构性因素。

纪录片《俺爹俺娘》更加凸显这种同期声的运用。在影片开头即出现了一段老人演唱的带着浓重地方口音的歌谣：

> 同志们呀,个个要听真,咱为了救人民参加了八路军。在家里咱本来可都是些老百姓,革命的战士可不要忘了本。

类似的歌谣在片中很多段落开始反复出现。当影片发展到摄影家焦波在家乡为邻居焦

念会录像的时候,观众才明白歌谣原来是从这个现场生发出来的。这段歌谣淳朴、自然,充满了浓郁的地方风情,渗透了当地人浓浓的精神气质。显然,这段歌谣对纪录片的主题是一种强化,它涌现出当地人对根、对土地、对人民的深厚情感。因此,编导把这段歌谣穿插在节目中,不断形成提示与累积效应,从而为影片的基调与情绪形成一种贯穿始终的结构性因素。这样穿插的同期声自然、朴素,没有矫揉造作的主观式强加,而是在现场中提升出的一种情怀。

一个好的节目是需要这种情怀的。它源自哪里?现场。换言之,对同期声的重视就是对现场的重视。比如《香港十年》的第一集《十年见证》,以一个非常华丽的开头拉开这部大型纪录片的序幕。创作者选取了极具仪式感、庄严感的升旗仪式作为结构主线:一个是小张心柔所在学校的升旗仪式,一个是香港紫荆花广场的升旗仪式,一个是香港警察学院的升旗仪式,最后落脚点是1997年中英香港政权交接仪式上的升旗仪式。贯穿这几个场景的重要元素就是同期声。张心柔所在学校的升旗仪式靠现场的国歌声转场到紫荆花广场的升旗仪式上,创作者从极具地域特点的风笛声和手鼓声转到香港警察学院,最后这些声音都汇聚到1997年香港回归交接仪式上。创作者对同期声运用精到娴熟,不仅在录制的时候就注重每个现场同期声的各个细节,而且利用这些声音的相似性将之剪辑处理,形成这个开篇场景的结构性因素。"一国两制"下,香港的"变"在哪里?香港的"不变"在哪里?创作者在这里着重用同期声——风笛、手鼓这种在香港延续已久的声音承载"不变",用形象的国旗和紫荆花等视觉元素承载"变",这是用形象传达"一国两制"这个概念的妙招。

需要着重说明的是,该段落的创作手法与我们之前提到的主题事件化、事件人物化的思路一脉相承。香港回归这么大的一个主题如何落脚,如何从与老百姓息息相关、易于接受的角度切入?就是现场。比如,纪录片开场镜头,首先引起观众注意的是直升机马达的轰鸣声,创作者从香港地震总署工作人员对香港进行航摄的场景开始,这其中也反映了其创作的视角。从一个我们可以接近的现场开始,也就是从一个我们可以接近的视角开始,这个视角是世俗的、平民化的视角,并非一上来就是在空中俯视香港的视角,那是一个上帝的视角,是一个全知全能的视角。哪一个更具体?哪一个更贴近观众?哪一个更容易接受?这是我们在考虑同期声的时候牵带出的具体问题。

6.利用同期声创造空间感

"空山不见人,但闻人语响。"[①]空谷传音,愈见其空,在这里,诗人用声音为我们传达出空间。同理,同期声能够创造一个立体的现场空间,同期声所牵带出的许多环境信息,为我们创造了一个事件存在的真实环境,提供了更多的空间信息。周传基认为,"声音和光一样,是塑造电影空间的手段"[②]。在电视采访中,记者也应该善于利用同期声,创造事件立体的

[①] 王维.鹿柴.
[②] 周传基.电影电视广播中的声音[M].北京:中国电影出版社,1996:95.

空间氛围。我们可以借鉴伊朗导演马基德·马基迪(Majid Majidi)的电影《小鞋子》(又译为《天堂的孩子》)的开头段落,这段5分钟出字幕的段落是一个长镜头,在这个特写长镜头中是一双手在补一双小鞋子,但是背景声既有与画面一体的补鞋声,同时又穿插了叫卖声、高跟鞋走在石板上的声音、摩托车经过的声音。画面虽是特写,而声音却很丰富,这些丰富的声音为我们传达出这个补鞋的环境是在一个嘈杂的集市的信息。电视新闻及纪录片等非虚构类电视节目完全可以运用这种声音处理技巧。

图8-1-3 中央电视台系列节目《中国人的饭碗》拍摄拾音现场

在同期声的摄取上要特别重视声音的运动方向,从而形成一个真实、立体的声音空间。比如,一架飞机从空中掠过,如果要表现飞机划过的立体声效,就要让飞机穿越镜头和话筒,这就在立体声放音设备上形成声音是从左边的扩音器划向右边的扩音器的效果,从而形成很强的立体效果。

电视记者应该充分认识到同期声的重要作用,尽量去体现同期声的空间感与现场感,这样才能把观众带入一个真实的语境中,去体悟现场的"质感"。《新闻30分·沾河草甸森林火灾,火场风力大扑救难度增加》[1],主持人与前方记者做了连线报道。我们看到,前方记者在总指挥部的一个空旷、安静的屋里,向我们讲述屋外风有多大,扑救难度有多大。在这样一个安静的屋子里,观众怎么能感觉出来呢?记者为什么不打开窗户,让观众听听屋外风的呼啸,让观众听听风打在窗户上的声音?这明显是记者对新闻事件现场把握的严重缺失,造成这种缺失的原因是记者缺乏现场意识、缺乏同期声意识。

如果外面有风,记者就应站在风口上,让观众看看记者被风吹乱的头发,让观众听听风刮过的啸叫声;如果有雨,记者就应让观众感受一下雨打芭蕉的节奏,让观众听听水滴落在窗台上的旋律,让观众看看雨滴打在镜头上的状态。这些声音都能让观众体会到现场的"质感",感受到自然的呼吸以及生命的跃动。

7.运用同期声调动现场氛围、人物情绪

《沙漠里的北京额吉》片段

应当说,这渗透了记者的主观引导,即记者通过现场观察,在现场发现能反映事物特点、调动现场氛围与人物情绪的声音,并把这种声音放大。比如,"党旗下的风采"北京教育系统优秀共产党员系列片《沙漠里的北京额吉》一片,创作者在行进的车上播放主人公——一位多年治沙的离休老人喜欢的歌曲,从而激发了老人的情绪,最后老人不仅跟着歌曲唱起来,还吐露了心声。这段现场音乐成为老人抒发情怀、升华节目情绪的重要元素。

---

[1] 中央电视台《新闻30分》2009年5月1日播出。

由此可见,在现场,有时候记者并不是完全被动的,通过记者的介入与主动参与,可以很好地调动被访者潜在的生活状态。记者完全可以把被访者最喜欢的音乐,印象最深刻的电影、电视作品等有声素材引入拍摄现场,使被访者与现场形成良好的互动。

当然,这种引导并不意味着让记者去制造莫须有的同期声,而是要求记者通过观察与主动引导,把被访者的一种日常性状态更集中、更戏剧性地展现在镜头前。

8. 同期声创造余响

同期声犹如"直接引语",如果在结尾处能够运用极具表现力的同期声点题,或者提升意义,将会在观众头脑中留下余响。比如电视消息《中国自然保护区的大熊猫》①报道我国对四川大熊猫自然栖息地进行数量普查。片子是这样结尾的:

解说词:研究者希望这次数量普查是又一个里程碑,使大熊猫培育和保护工作能够进入正轨,培育出更多的国宝。

画　面:躺在床上的熊猫宝宝。

同期声:熊猫宝宝的呢喃声……

最后的同期声不仅重新点题,而且熊猫宝宝的面孔特写和它的呢喃声为节目增色不少,令人回味无穷。

9. 无声也是一种信息

无声与有声相辅相成,二者共同建构了真实的现场。有的时候,在采访过程中,生活停顿处的无声、被访者自然的沉默,都是合理的,都能够传达出更多的信息,正所谓"无之以为利,有之以为用"。在电视新闻中,常常是一两秒钟的无声能够展示停顿,它仿佛给观众开了一扇窗,稍作停歇;又常常能创造悬念,吸引我们去期待后续的发展。作为记者,不要认为被访者的无声、沉默就是无效信息,也不要在后期粗暴地剪掉这些停顿、漠视这种沉默,或者用解说词掩盖这些无声。如果善于体会沉默,善于尊重停顿,善于使用无声,那么节目就会"无声胜有声"。在《新闻调查·一只猫的非常死亡》中,当两位进行人肉搜索的网友叙述找到虐猫当事人时,这两位被访者面对记者发出会心的微笑,其后是停顿:

网友"追尾巴的猫":那个地方是当地一个著名的景点,萝北的那个政府网站上,它有关于那个景点的照片,然后拿出来一对照,几乎是一模一样。

记者:当时的感觉是?

网友"追尾巴的猫":我们找到了。

(微笑,停顿……)

---

① 美国全国广播公司《晚间新闻》2011 年 11 月 20 日播出。

这一停顿意味深长,不仅显示了这两位网友在千辛万苦人肉搜索后的欣喜,为从虐猫到虐人的思辨性提升埋下伏笔,也为前面紧张的搜索过程画上一个休止符,像马踏乱石,飞奔而下,突然收摄,力拔千钧,可谓神来之笔。

"墨痕断处听江流",无声就像中国山水画中的留白,只有笔墨空白的地方才能感受到情感蒸腾与意念流淌出来的声音;无声也如"空山无人、水流花开"的自然妙色,物我合一的境界里更能体味到空灵的意境。在许多节目中,我们都能感受到被访者沉默的力量,感受到喧嚣过后停顿的魅力。《收棉时节访棉区》里极力回避记者提问的工人的无语,《寻找小王丽的家》中面对蛮横的老婆坚决不要孩子,丈夫王怀连的沉默……真可谓大音稀声。

> 记住:忠实地记录同期声,创造性地使用同期声;现场的同期声与画面一起成为电视采访信息的载体与重要表现元素;善于开拓同期声的表现力。

第二节 同期声与主观声音的关系

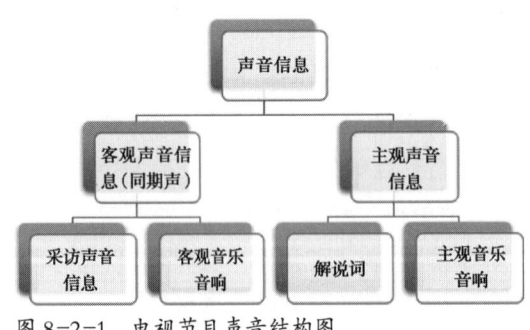

图 8-2-1 电视节目声音结构图

电视节目的声音信息主要分为客观声音信息(同期声)与主观声音信息(见图 8-2-1)。在创作中,我们一定要明确不同的声音信息系统承担着不同的功能,让它们各司其职,形成对新闻事件、新闻人物以及观点、意向的有效表达。

同期声与画面承担着传达现场信息的作用。在主观声音信息中,解说词主要承担着介绍背景、事件与人物之间的关系,直接表达思想、观念以及压缩时空等功能;主观音乐音响则起到提升情绪、情感的功能。在电视报道中,同期声的客观性、现场性、实证性使其成为报道中的首要声音元素,因此,我们要把握的一个原则是,能够用同期声交代清楚的尽量使用同期声,只有在同期声不能完全表情达意的情形下,才使用主观的声音。尊重同期声就是尊重"用事实说话"的报道原则。

比如"5·12"汶川地震直播报道中,中央电视台记者李小萌"路遇灾民"的片段。这个片段采用"白描式"交流,通篇没有一句解说词,只有现场的同期声,但是我们却能从中读出太多的信息。正如记者本人所言:"这一连串细节,琐碎平淡,却让我们看到灾难带给人们的究竟是什么,他们如何承受。他们的平静、接受,他们的骨气,让很多人联想到自己之后,感到惭愧。"①而在记者与灾民的交流、灾民与灾民的交流间隙,也会呈现出一些停顿、一些沉默,这些停顿与沉默为我们带来了巨大的情感蒸腾。

记住,现场信息本身就是有力量的!

"5·12"汶川地震直播中记者李小萌"路遇灾民"片段

一、同期声与解说词的匹配关系

作为现场抓取的声音,同期声与主观声音存在一个相互协调与配合的关系。这种相互协调与配合不仅是在形式上构成变化,以形成错落有致的节奏,更重要的是在信息的相互补充上能够发挥各自的长处和特点。就像钟表里的齿轮一样,同期声应该与主观的声音非常精准地咬合在一起,在形式上形成呼应,在内容上共同完成叙事与表意。当然,这不仅仅体现在前期注意抓取声音的典型性,同时也在于后期剪辑时的同期声意识,即"解说词为看而写",解说词是在同期声的基础上形成的。但在实际的操作中,很多电视媒体却反其道而行之,往往是先有解说词案本,再根据解说词贴画面。这样形成的节目,一切以解说词为中心,也就很难体现出同期声的作用,很难体现出节目的现场感。下面我们来分析一下《自行车人》(*Bicycle Man*)②这条新闻报道:

导　语:最后,有一样东西,很多孩子都肯定会渴望拥有的——自行车,而现实是很多家庭为孩子买不起一辆自行车,所以在一个小镇上,这些有需求的人都去求助"自行车人",我们的记者 Thanh Truong 将讲述这位为很多孩子实现圣诞节愿望的老人的故事。

解说词:在北卡罗来纳州费耶特维尔的一个古老的五金店里,在这个工作室里畅饮……

同期声:自行车铃声

解说词:也许是这个圣诞老人工作室里……

同期声:装配自行车的声音

解说词:下面要做的最好的事了。(记者把这句解说词拆分成三段,与同期声相互搭配,形成大珠小珠落玉盘的清脆节奏)

同期声:"自行车人"的笑声

解说词:拥有大量的工具、节日心情、一颗金子般的心,眼前的就是这位"自行车人"。

同期声(摩西·马西斯):我的真名是摩西,但很少人知道这个了。

解说词:摩西·马西斯是一名退役的海军机械师。他在 20 年前就手工装配自行车并赠送给家境不太富裕的孩子,因此赢得了"自行车人"的绰号。

同期声(摩西·马西斯):有很多孩子在圣诞节早晨醒来时得不到礼物,我就试着去

---

① 李小萌.不让失去的更多:在第十四届上海电视节开幕论坛上的发言[M]//中央电视台机关党委.我们也是战士:2008 重大事件报道中的央视人:上册.北京:中国广播电视出版社,2008:82.
② 美国全国广播公司《晚间新闻》2011 年 12 月 25 日播出。

弥补他们的缺憾。

解说词：于是一年来，摩西就把别人捐赠的二手车重新修理、装饰。

记者出镜报道：所有这一年来辛苦的工作，最后都汇聚到年底的这一天，"自行车人"能够及时地在圣诞节这天把1100辆自行车送到孩子手上。（解说词与同期声含义相互衔接，共同传达信息）……

图8-2-2 美国全国广播公司《晚间新闻》主题报道《自行车人》（Bicycle Man）画面

从这条报道中，我们看到记者能够厘清各种元素的功能，报道的解说词与同期声形成很好的呼应关系，在内容上互相衔接，在形式上增强了节奏感，共同推动叙事前进。

二、被访者有声语言的客观叙述与主观叙述

被访者有声语言能够传达确切的信息，在具体的采访中，我们要特别注重同期声中人物的客观叙述与主观叙述之间的关系。

1. 被访者的客观叙述

被访者的客观叙述是指被访者基本不带自己的主观观点、情绪和对事件的判断，只是如实地陈述事实。一般来说，电视记者为了求证信息，会如实采用这些客观叙述的信息，比如政府发言人的陈述、权威人士介绍情况、当事人对事件的还原等。当然，这种客观叙述是相对的，因为从被访者口中说出来的信息本身多少都会有些主观性，更别提被访者有时会在陈述时掺杂个人的主观意图。

2. 被访者的主观叙述

被访者的主观叙述是指当事人在叙述事件时牵带出对事件性质的判断以及个性化的叙述，这样的叙述能够引出更多的信息，从而具有较强的吸引力。比如，当记者去调查一起枪击案的时候，第一种方式中，记者以这样的提问开始：

记者：警官，这里发生了什么事？
警官：有一白人男子用枪扫射，受害人当场死亡，我们的调查正在进行中。

警官的回答是非常冷静客观的叙述，然而这种客观叙述完全可以用解说词来替代。如果记者换一种提问方式：

记者：警官，你是第一个到达现场的人，当你看到大街上的尸体，你头脑中的第一反

应是什么?

警官:我告诉自己,不要再发生了,这是这个星期的第三次枪杀案。

记者:你在这个城市工作了很多年了,治安到底怎样?

警官:我想这个城市是安全的,但是这个区域,大概十多条街是有问题的,我们已经在控制这个局势了,简直太疯狂了。

第二种回答则融入了警官个性化的情绪和思考。由于访问的目的不同,我们不能简单说哪一种方式更优,但是从电视媒介的表现特点来看,第二种方式能引出更多信息和更具个性化的表现力。由于记者的提问方式不同,人物述说的方式也随之不同。这个案例告诉我们,在一般情况下,人物述说类同期声往往作为新闻事件中有声语言的主观部分进行展现,比如当事人的想法、观点、感受、情感。由于这种同期声是个性化的信息呈现,才被记者直接展现在节目中,否则的话就可以用解说词来代替(换言之,解说词承担着客观叙述的功能)。我们只有认识到同期声的主观叙述和客观叙述的区别,才能更好地提出采访问题。

图 8-2-3　中央电视台系列节目《中国人的饭碗》采访拾音现场

需要进一步阐明的是,记者在采访前就要明确:这段采访是为了获得事件的背景信息,还是为了获得生动的同期声引用语?如果只是为了获得事件的背景信息,那么被访者的客观叙述和介绍足矣,但如果是为获得有个性的同期声引用语,就必须精心地采访和引导。

三、被访者有声语言与解说词信息互补关系

被访者有声语言是一种直接引用,而解说词则是一种转述与代述。

一般来说,解说词起着概述的作用,而同期声则抓取事件当下的细节和现场信息。比如中央电视台《高端访问·专访英特尔公司董事长克雷格》这期节目中,解说词介绍英特尔公司的历史和克雷格的经历,而同期声则承担刻画克雷格在生活工作中的细节与关键性转机的功能。

另外,我们在使用被访者同期声的时候,要特别注意同期声与当事人的非语言信息的配合,共同营造一个丰富的信息场。什么时候用同期声,什么时候用解说词代述,主要的一个判断标准是:同期声以及当事人的非语言符号是否只能用电视的形象信息来传达,用解说词代述是否会损失现场的综合信息。比如阳光卫视《人物志·华莱士》这期节目中,节目叙述

到迈克·华莱士最疼爱的儿子彼得在一次度假中坠落山崖而亡时,同期声与解说词的搭配相辅相成:

《人物志·华莱士》的同期声与解说词分析表

序号	声音
1	解说词:彼得在耶鲁的成绩出众,所以获准去欧洲度过1962年的暑假。
2	解说词(配音乐):在希腊,彼得走到一家可以俯瞰科林斯湾的修道院,他坐在山顶上一块突出来的石头上,享受着四周的美景。突然,他身下的那块石头塌了下来。
3	华莱士:他通常每星期或每十天便会和他的母亲或我联络,但突然间,整整几星期变得音讯全无,我们没有听到电话,我们没有听到电话……
4	解说词:迈克忧心如焚,他和搜救队来到了希腊,按照彼得前往修道院的路线进行搜索。
5	华莱士:我们带着几头驴子一直走到山顶。到了山顶后,一往下望,在那里……躺着我的……儿子。
6	华莱士:我从未经历过这样的事……它对我的打击太大了。
7	解说词:彼得·华莱士安息在希腊的郊野,享年十九岁……

在这个片段中,解说词只是介绍事件背景,而在描述华莱士寻找儿子的细节时,编导把话语权完全交给华莱士,华莱士不仅叙述了他当时看到儿子时的现场细节及心理,更重要的是,他的语气、手势、言语停顿都给我们呈现出一个失去爱子的父亲当时的强烈感受。这种直观的感受显然是很难用解说词代述与转述的。

在实际的创作中,为了避免解说词的主观介入,有的记者常常使用字幕信息代替解说词的形式,这就比较完整地保留了同期声的信息,从而形成节目信息客观、理性的传达。这种形式在纪录片创作中比较常见,在一些新闻节目中偶有所见。比如短消息《"方舟六号"12名船员成功获救》[①],报道"方舟六号"海上遇险沉没前,12名船员全部被直升机救出,整篇报道保留了现场的同期声,完全没有使用解说词,只是配上字幕介绍营救过程的不同阶段、人员的受伤情况等,这就使报道在现场感的基础上也能补充相关的背景信息。尤其是字幕信息对时间以及事件流程的阶段性交代,把这次危机事件中紧急援救的过程感呈现了出来,点出了这条新闻的价值点——"紧迫",较好地发挥了电视媒介的优势。

四、同期音响与解说词的关系

对于不用特别传达具体信息的被访者同期声和同期音响而言,原则上,我们应该保留这些同期声信息,配以解说词,从而既有信息量又为报道创造现场感。但是在实际创作中,很多电视新闻报道粗暴地抹掉这些同期声,使新闻报道声画两张皮,这样的处理方式丢掉了电视媒介的信息表达特性,需要在实践中予以修正。

---

① 珠海电视台播出,获中广协会城市台电视新闻委员会第二十三届(2011年度)电视新闻节目评析短消息类一等奖。

五、同期声与主观音乐音响的关系

主观音乐音响是表达创作者情绪的一种手段。在新闻报道中,应该谨慎使用。如果处理不当,将会损害新闻报道的客观性与真实性,落入先入为主的表达误区。在主题报道、宣传报道、灾害性报道中,这样的问题比较明显——为了煽情,不适当地加入带有主观情绪的音乐音响,极大地妨碍了观众对事件与报道人物的理解。

在国际媒体中,新闻报道中的理性与客观也体现在对主观声音的使用上。在谈到日本"3·11"大地震报道时,日本 NHK 综合台最重要的新闻节目之一 News Watch 9 的制作人阿部博史认为,日本媒体一般不会在新闻里使用音乐,不希望音乐影响新闻本身,而受灾民众的悲伤与希望也不必用音乐来渲染。[1]

主观音乐音响能不能在新闻报道中使用?在何处使用?如何利用现场的同期声元素隐晦地表现创作者的主观感受,这是考验电视记者运用电视媒介手段传达信息的基础。在这个前提下,如果还要提升情感与情绪,可以适当加入音乐或音响。即把握主观音乐音响的原则是,先有事实信息传达、先有建立在同期声基础上的情感表达,才能有音乐或音响加入的提升。

在当前的实际创作中,随着故事化、情节化叙事方式的盛行,新闻越来越与戏剧化的方式相结合,在一些深度报道和纪录片中,音乐音响也开始越来越多地使用,这实际上也是严肃报道理念与戏剧化新闻报道理念之间的冲突与碰撞。

在这里,笔者不下结论,需要创作者在实际中去考量,把握使用的度。

> **记住:** 我们要把握的一个原则是,能够用同期声交代清楚的尽量使用同期声,只有在同期声不能完全表情达意的情况下,才使用主观的声音。尊重同期声就是尊重"用事实说话"的报道原则。

思考及练习题

1. 同期声有哪些特点?
2. 结构同期声的技巧与方法有哪些?
3. 如何处理被访者的主观叙述与客观叙述?

---

[1] 任金州,等.灾难报道中的媒体行为及其思考:以日本 NHK 地震报道为例[J].现代传播,2011(6):49-52.

第九章
活在现场

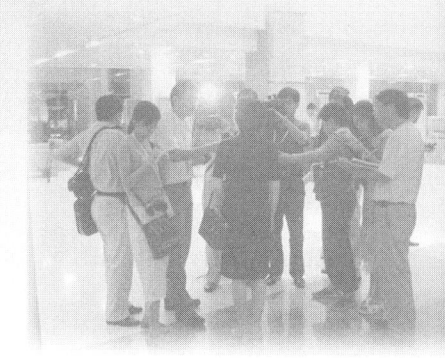

本章重点

- 记者的出镜报道不能被删掉
- 提升出镜价值
- 突出记者与事件现场的关系
- 背景"死"、我"活"
- 利用环境和物件进行求证
- 梳理现场
- "三明治"式的连线报道
- 现场谈感受、谈发现、谈细节
- 连线结尾提亮点

 要活在现场，不要立在现场。

在进入本章具体探讨之前，我们先谈两个案例。2010年3月14日，中央电视台记者张萌和随行的泰国籍摄影记者皮纳约头戴钢盔、身穿防弹衣在泰国民间政治团体反独裁民主联盟支持者"红衫军"和政府军对峙的中心区域进行报道。当时，政府军已将整个区域包围起来，双方对峙，相距仅100米。当记者从"红衫军"一方试图走向政府军一方时，从街道旁边的伦皮尼公园突然扔出一枚手榴弹并伴有连续的枪声，记者紧急趴在地上躲避，但仍不忘面对摄像机镜头描述现场，于是形成了《泰国冲突升级，本台记者亲历冲突现场》这条报道。记者用第一人称的亲历视点、以记者的感受和行为把观众带到激烈对峙的现场。另外一个案例是美国有线电视新闻网的"战地玫瑰"克丽斯蒂安娜·阿曼普尔（Christiane Amanpour）在炮火纷飞的战场进行现场报道，当她正在镜头前叙述战事局势时，身后突然想起炮声，这炮声让阿曼普尔本能地全身一震，真实的反应瞬间拉近了观众与现场记者的距离。

电视出镜记者应当如何让观众感受到现场？从这两个案例中可见一斑。

图9-0-1 中央电视台财经频道记者现场出镜报道

记者的现场出镜报道是电视媒介信息传播的特有形式。现场出镜报道是指电视记者在新闻事件现场，面对摄像机（观众）以采访者、目击者或参与者的身份进行的报道。出镜记者是现场最切身的感受者，也是最直观的呈现者。现场出镜报道是记者推己及人的信息传达，出镜记者是现场的代言人，是观众的引领者，他们用自己的动态行为、亲身感受让观众身临现场。因此，出镜记者在动态性事件报道中要有预见性，在静态报道中要有所设计，全方位地将记者所在的现场真实、鲜活地呈献给观众。在这一章中，我们将讨论常规现场出镜报道的规律，在此基础上探讨直播连线报道的特殊性。

第一节 现场出镜报道

一、记者的出镜报道不能被删掉

现场出镜记者不是花瓶似的摆设,但也不是中心;出镜记者是因为事件和现场而存在的,现场永远比记者的脸有魅力。作为出镜记者,首先要明确的是现场出镜报道的功能与意义,并在出镜报道中有效地体现这些功能与作用,否则出镜报道就会成为新闻报道中可有可无的段落,在后期编辑时,极有可能被剪掉。因此,出镜记者应该时刻提醒自己"我的出镜报道不能被删掉"。那么,出镜报道究竟有哪些功能与意义?它如何体现视听媒介的优势?

1. 现场感

记者在现场出镜,能够打破单一展示事件现场的模式。通过记者的介入、引领,观众能够跟随记者更好地理解现场的性质与氛围。这是现场出镜报道具有生命力的一个重要因素。比如,中央电视台记者在2016年长江抗洪现场,为观众讲述洪灾现场的突发状况和细节。记者在现场的一个目的是,如何突出现场,如何将屏幕前的观众"带入"现场。明确了这一主旨,才能有效地进行现场出镜报道设计。

图 9-1-1 中央电视台记者 2016 年长江抗洪现场出镜报道

2. 权威性和可信度

记者亲临现场,获取第一手资料,使记者和所属媒体形成与现场的亲密互动关系,从而为记者、为报道、为所在媒体增强权威性和可信度。比如"5·12"汶川大地震中徒步体验灾区交通的张泉灵在新闻现场发回的报道。2008年5月14日,张泉灵站在被地震摧毁了的213国道所在的巨大山体前,通过现场直播解答了全国电视观众的疑惑:为什么救灾队伍迟迟无法抵达重灾区。"5月14号,我沿着汶川方向,奔向213国道,

图 9-1-2 中央电视台记者在"5·12"汶川地震灾区 213 国道发回现场报道

踏进了打通道路的现场。观众看到了这样的情景:几乎半座山塌下来,路不见了。而这条路原本只有七八米宽,一边在塌方,一边是临着岷江的悬崖。工作人员上得去,但是展不开。"①这条报道,也许不那么惊心动魄,但是它把大家的疑问解开了,责难不见了,人们焦急的心情也冷静下来了,开始积极地帮着出主意,怎样才能使修路的进展快一些。记者与现场的融合,使新闻报道更加真实、可信。

3. 深化信息

通过记者的行为动态与述评,浮在表象之下的深层信息被揭示出来,从而加大了报道的信息量。下面我们来看《东方红制漆厂突发大火》②的现场出镜报道:

出镜记者: 在经过刚才的两次爆炸后,大家可以顺着我手指方向看一下,现在整个火势更加猛烈,因为现在现场的整个温度非常高。虽然我们现在距离着火点大概有20米的距离,但是我们现在能感觉到温度是40多度的高温。面对这样的大火,现在消防官兵只能往远处后退,来制定新的救援方案。(记者在现场谈感受,深化观众无法从镜头中得到的信息,事件的曲折反复增强了观众的关注度。)

出镜记者: 经过5分钟的紧急安排和部署后,现在消防官兵正在出动4只水枪,其中一只水枪专门用泡沫灭火器对明火进行紧急的扑救,还有3只水枪专门用来对明火进行冷却以及隔离。与此同时,经过几次爆炸之后,现在整个现场的气味是非常刺鼻。我们也不得不带上这样一个口罩,但即便是这样,现场空气中仍然能够闻到特别刺鼻的气味。但是消防官兵即便是遇到这样大的困难,他们依然奋战在扑救火源的第一线。(记者在现场通过自身的行为有效地解释现场事态,没有简单重复画面信息,而是谈记者的感受,谈观众无法从画面中得到的信息,比如"闻"的感受。)

4. 可视化信息

记者现场镜头前的展示、说明可将原本抽象、模糊的信息可视化、具体化,形成形象化的求证性报道,这样的出镜段落在批评监督报道中尤其出彩。比如中央电视台《焦点访谈·追踪陈化粮》的开篇,记者在镜头前刨开仓库里的陈化大米:

出镜记者: 绿色的,你看。看得见吗?我剥了一颗。

解说词: 又剥了几个稻谷也是变质的。

出镜记者: 我们随便剥了几颗都是这样黄的。

---

① 张泉灵:向世界报道 被誉为"灾区最美的记者"[EB/OL].人民网传媒频道,2008-06-11.
② 山西太原电视台《新闻快车》2010年7月16日播出,获2010年度城市电视新闻长消息一等奖。

因为记者的发现,证据在镜头前直观地呈现出来,事件的真相由此展开。

5. 对新闻报道段落的结构作用

现场报道在电视节目中可以起到统领报道结构的作用。一般来说,现场报道作为一种声画合一的信息形态,在节目中穿插使用,可以改变叙事的形态。现场出镜报道段落与解说词加画面段落、现场采访段落共同形成错落有致的节目叙事形态。因此,电视记者除了要考虑报道线索、主题、角度、熟悉采访对象外,还要考虑出镜报道在整个节目中的功能,在现场报道前就构思好段落结构,设计语言叙述,以便和其他信息形态形成系统性的整体结构。

- 现场出镜报道作为节目开端,引领观众迅速进入现场,以最新的事态切入事件信息,这是现场出镜报道的常规形态。
- 现场出镜报道作为结尾点题、升华或者叙述事态未来走向。比如《新闻调查·双城的创伤》节目结尾,记者跟随被访者小孙爬上一个十几米高的大土台子,在小孙还没接受完采访就不辞而别以后,记者顺势在大土台子上做了引人深思的开放式出镜报道作为整个调查的结束:

> 在这个谈话当中,看到孩子离开,你知道在他的内心世界里还有很多谜没有解开,他还有很多话很难说出来给我们听,我们只知道这些孩子的内心深处有很多从来没有被人了解的东西,而这些东西也许就是他们后来相继服毒的原因。其实在整个双城少年服毒事件的调查当中,到最后我们才发现最后的谜其实就是孩子的内心世界。怎么样去打开它,可能是每个人都需要面对的问题。

报道与现场结合紧密、设计精巧,不仅是对整个调查的收尾,也升华了节目的主题。

- 现场出镜报道作为段落转换,在节目中起廓清层次、过渡、转场的作用。比如,电视消息《美国珍宝》[1]报道纪念美国著名棒球运动员泰德·威廉姆斯(Ted Williams)的活动,他在世时创造了多项纪录,被称为"辉煌的刺(Splendid Splinter)"。威廉姆斯的女儿当日举办了威廉姆斯个人收藏品展览会,节目前半段在展览会现场穿插现场采访及短片,叙述威廉姆斯生前的业绩。在节目中段,记者在威廉姆斯生前效力的波士顿红袜队的体育场进行了出镜报道:

解说词:今天,威廉姆斯的业绩仍然吸引着人们关注棒球运动。
展览会场里的被访者:这些东西联系着我的父亲、我的家人,现在传到了我的孩子。
记者(体育场出镜报道,背景是体育场里参观的球迷):如果你没有感受到这样的联系,看看这些,现在这里没有比赛,没有球员,球迷们只是想在这里感受一下英雄当年的风采。

---

[1] 美国全国广播公司《晚间新闻》2012年4月26日播出。

(以下报道叙述威廉姆斯去世前的最后一场比赛,及其生前举办的慈善募捐。)

记者的现场出镜报道把观众引领到现场,同时作为段落转换,起着承上启下的作用,把威廉姆斯在球场中的业绩延伸到球场外。从中可以看出,其现场采访报道的语言及后期剪辑中的段落衔接在采访报道时就已经设计好了,体现了记者超前的编辑意识。

• 对于一些相对静态的主题类或现象类报道,记者的现场出镜报道往往能够改变报道的叙述形态,增强报道的现场感。比如在《干扰注意力的驾车行为》[1]中,报道了美国越来越多的未成年人在开车时发短信、聊天,分散了驾车注意力,从而造成越来越多的事故发生。这是一条现象类新闻报道,在报道中插入了一段记者模拟驾车过程中注意力被干扰的出镜报道段落。记者的现场报道与动态模拟,改变了报道解说词加画面叙述的单调形式。

二、提升出镜价值

电视出镜报道也同其他报道形式一样,它的优势是潜在的。能否转变为实在的传播优势、取得预期的效果,有赖于记者切切实实的努力。

1.敏锐的观察力

原中央电视台《面对面》节目主持人王志说:"在现场你没有任何东西可以伪装,也没有任何捷径可行,只有通过自己的眼睛去观察,用自己的心灵去体会,用自己的神情去把握,用自己的语言去表达,否则就是失败的开始。"记者要有新闻敏感,有敏锐的观察力,善于观察、捕捉有价值的事实与画面。

新闻事件形形色色,现场情景纷繁复杂,人、事、物的关系和空间场景瞬息万变,无论画面还是同期声的摄录都需要一定的条件,容量也有一定的限制。在现场,该突出什么人和事,该捕捉什么画面、录取什么音响,都需要记者当机立断。现场报道的成败,在很大程度上取决于记者的新闻判断力和识别能力。这种报道通常没有事前准备好的完整稿子,即使对预知性事件的报道,也需要记者随时印证和检验事前准备与现场情景是否吻合。突发性事件的报道,是不可能有事前准备的,全凭记者的现场观察、分析、归纳和构思,并及时予以恰当的处理和报道,而这一切都要在瞬间完成。因此,任何一次现场报道,都是对记者新闻素养的全面检验。

2.充实的准备

记者在现场报道前应尽可能做好准备,考虑到各种可能发生的情况。准备"十"做"一",因为有充分的背景材料和预案,记者就会胸有成竹,而准备"一"做"一",则极有可能在出现意外时无所适从。

在现场报道中尽可能提供准确的、有价值的背景材料,增强报道深度。现场报道主要依

---

[1] 美国全国广播公司《晚间新闻》2012年5月15日播出。

靠现场画面和同期声表现新闻事件,传播新闻信息。但是,画面和同期声只能表现一定场合的即时情况,而不能表现过去和镜头以外的事物,为了增加报道的广度和深度,往往需要调动背景材料,借以交代事件的来龙去脉、烘托主体事实,或揭示其社会意义。这就要求记者在报道前做好充分的准备工作,尽可能多地了解、掌握有关事件的背景材料、知识以及和全局有关的一切情况,这样才能充分、准确地反映事件,丰富报道的内涵。对于突发性事件的报道,则需要记者随时注意研究客观实际、结合报道思想,敏锐地判断其新闻价值,做到临场沉着冷静、忙而不乱。另外,突发性事件可遇不可求,记者能否抓住机遇,及时予以恰当的报道,取决于平时的积累和基本功的训练。

比如1997年香港回归直播报道中,在香港最后一任总督彭定康乘坐专车离开总督府之前,绕总督府行驶了两圈,中央电视台记者现场报道说:

看,彭定康的车绕了一圈,但历史的车轮必须滚滚向前。
他又绕了一圈,但历史的车轮必须滚滚向前。

记者由于不了解历任总督离任仪式的背景而只能"看图说话"。凤凰卫视的报道则说:

按惯例,历任港督离港前都要坐车绕总督府两圈,彭定康也不例外。只不过和他的前任不同的是,彭定康没有继任了。

凤凰卫视的这段报道在解说中加入了背景,使观众对现场事件有了深入的理解,同时也一针见血地点明了事件的性质。

3.良好的语言表述能力

现场情景不断发展变化,记者没有太多时间去考虑措词,这就要求记者具有流利的口才、机智的谈吐,具有能够就现场发展变化流畅地陈述新闻事实的能力。这种边观察、边思考、边报道的口头表达能力,不是一朝一夕练就的,而是平时不断积累知识和语言材料、锤炼语言表达技巧的结果。比如,记者在平时训练的时候,要善于用不同的表达方式去复述一个相同的信息,用不同的提问方式去表达同一个问题,把握信息转换的能力。原中央电视台记者张泉灵锻炼语言表述能力的方法有两个:第一是经常把听到和看到的新闻复述给别人;第二是加强写作训练,让遣词造句成为下意识的行为,这样在现场才会有足够的精力去考虑内容。

记者现场报道的语言要精练,又要口语

图9-1-3 中央电视台财经频道记者现场出镜报道

化,具体要求主要有:不用书面语言、报章语言,尽量使用短句、简单句;一个句子表达一个意思,长句易使观众听了后头忘了前头;语言简短,干净明了,且要言之有物、有内涵。

4. 得体的形象

图 9-1-4 中央电视台记者"纪念中国人民抗日战争暨世界反法西斯战争胜利 70 周年阅兵"直播现场出镜报道

出镜记者的形象必须得体。这并非要求记者具有宋玉、潘安之貌,西施、玉环之容,而是要求记者具有良好的气质、合理的装束、适宜的体态语言,能够与报道现场形成良性互动,让观众产生信任、亲近之感。简单地说,出镜记者要因地制宜,无论是在田间地头还是在庄严厅堂,在什么样的现场就应该有和这个现场相契合的形象。另外,在直播出镜报道中,一些容易干扰出镜的因素也要有所考虑,比如记者的头发,有的记者喜欢披肩发,在风大的时候,头发有可能成为干扰视觉注意的障碍。

三、现场出镜报道的技巧与方式

1. 突出与事件、现场的关系

出镜记者的现场报道是向观众传达事发时"我在场"的信息,因此,在现场报道中,出镜记者首先要明确其与报道现场的紧密关系,突出记者在现场观察、报道的权威性。简言之,现场报道要突出"第一时间""第一现场",满足观众对最及时的信息、最鲜活的现场、最直接的交流的需要。

一般来说,记者要在镜头中展示出"此时此地"的新闻价值因素。为观众展现"事发多长时间,记者就已经身在现场",或者"记者正在现场的什么位置,与现场是一种什么样的关系"等,才能体现出记者现场报道的价值。比如太原电视台《东方红制漆厂突发大火》现场记者在确保自身安全的情况下,尽量贴近救火现场,在记者出镜报道中,能非常清晰地看到背后忙碌的救火场面,记者也通过戴口罩报道的方式,传达出现场的空气等多层次信息。这条出镜报道,把记者的现场报道与事件紧密地结合了起来。出镜记者在报道中强调了记者与现场的紧密关系,从而突出了这条新闻的"第一时间"和"第一现场"。

当记者被规定在限定的区域内时,可以如实向观众说明情况,并积极利用现场因素,突出记者与现场的关系。比如中央电视台体育记者在沈阳五里河报道中国国家足球队时,被限制在警戒线以外进行报道,记者通过在镜头前触摸警戒线的方式向观众传达出她在现场的努力以及热血沸腾的现场。

在现场报道中,记者要迅速地融入现场,有两种情况:面对静态的现场环境,记者以自我陈述为主,报道相对容易;而对于有人出现、人物众多的现场,记者要充分发挥自己的主动性和灵活性,以现场为支点,使现场报道、现场采访形成一个流动的过程。比如中央电视台《新闻调查·杨柳坪七日》开头:

图9-1-5 美国广播公司记者在警戒线旁做出镜报道

记者(出镜报道):这是绵阳最大的灾民安置点——九州体育场,这附近全是在这儿等车想要回家的灾民,从三天前开始,每天将近有上千人从这儿离开,回乡抗震自救。但是我们知道,这里的灾民绝大部分来自北川,那是受灾最严重的地区之一。他们很多人房屋都已经垮塌,回家之后怎么样安家生活,我想很多人都非常关心这个问题。

记者(越过镜头):大哥,你们是北川哪儿的?

灾民1:我们是北川擂鼓的。

记者:在这儿等车等多长时间了?

灾民1:等了两个多小时了。

记者:那你现在家里头房子怎么样啊?

灾民1:房子垮完了,没有房子,没法居住了。

灾民2:里面全是堰了,里面的山垮了以后形成了堰。

记者的出镜报道以一个问题开始,接着随机采访现场的灾民,这使出镜报道与现场事件形成了很好的互动,从而使报道自然、生动。

在西方电视新闻界,有的记者常常把自己置身于正在发生的事件之中进行报道,比如站在暴风雨中、站在呐喊的游行队伍中。需要说明的是,这样的场景隐含着许多不可控因素,记者不仅要确保自身的安全,同时也要注意背景突变等因素。

2.以动态的人际传播形象化地展示现场信息

在现场报道中,一般来说,遵循一个原则:背景动,"我"不动;背景"死",我"活"。这样的原则有助于形成一个有规律的视觉呈现,既避免了死板,也规避了无序。

首先,按照前文的分析,记者在现场做出镜报道,要先寻找现场动态的因素。① 比如《快

---

① 具体参见本书第六章"动态呈现"。

图9-1-6 《快运公司退货忙》(UPS Return)记者现场出镜报道

运公司退货忙》(UPS Return)①这条消息报道UPS快运公司在假期里承接的顾客退货业务激增。记者在UPS快运公司的货物传送带前进行报道:

出镜记者(前景和背景是滚动的传送带及不断上来的货物):今年的这个时候,UPS平均每秒钟要运送300多件货物,数以千计的货物就是在这样的地方整理出来派发的,估计每小时要处理46 000件货物。

其次,如果现场是静态的,则需做"活"现场,犹如电影里的场面调度,出镜记者可以充分利用人际交流的特点,通过自己的动作、行为、语言为观众形象地传达信息。比如《愚人节的风暴》②这条消息报道了美国新罕布什尔州愚人节遭遇冰风暴并引起停电,当地人处在寒冷与黑暗中。记者在曼彻斯特当地做出镜报道,利用现场滚雪球的方式证明冰风暴的程度,并走进一户人家与户主交流,获知当地停电的细节信息:

记者(捧起地上的雪,卷成雪球):晚上好,戴安,这里积雪大概有半英尺深,很深很重的雪,对于滚雪球来说再好不过,但是对输电线路却是一次灾难。所以,现场有大量的工作人员在为恢复当地输电线路而忙碌着。

(记者走入一户人家采访了住户奥尼奥。)

记者:您能给我讲讲从今天早上开始的停电情况吗?

奥尼奥:自从今天早上7点15分就开始停电了。

记者:现在还没恢复?

奥尼奥:现在还没恢复。但他们告诉我马上就会来。

记者:那你怎么保暖?

奥尼奥:我们穿了一层又一层的衣服,我今天早上一直抱着我的狗,相互取暖。

记者:这是你的诀窍?

奥尼奥(笑):这真的是诀窍。

记者(转向摄像机报道):希望电能马上来。在这里,有3万多住户像奥尼奥一样未曾预料到这4月份突如其来的冰雪,并经历雪后带来的不便。

---

① 美国全国广播公司《晚间新闻》2011年12月27日播出。
② 美国广播公司《世界新闻》2011年4月1日播出。

出镜记者通过设计,把一个本不具有动态感的现场有效地调动了起来,而奥尼奥一句"我今天早上一直抱着我的狗,相互取暖"让我们一下子感受到了这个现场的温度。

一般而言,出镜记者在镜头前做纵向或横向走动的方式较为普遍,镜头移动或长焦调度形成变化。比如在《龙卷风席卷肯塔基小镇》①的报道中,天气频道记者在长达1分钟的时间里从远处走向镜头,叙述龙卷风给当地带来的灾害。

图 9-1-7　美国广播公司《龙卷风席卷肯塔基小镇》记者做现场出镜报道

记者(手拿砖头):昨天深夜,直径半英里左右的龙卷风席卷了这里,风势强劲,给建筑造成了毁坏,就像你看到的一样,一片废墟。(扔掉砖头,继续迎着镜头走)这是这个社区糟糕的状况,搜救行动已经开展了一天,这个社区也戒严了,只有搜救队能够进来,他们挨家挨户搜了不止一遍,有时甚至三遍,以防漏掉死伤者。电力系统遭到了损坏,没有一个建筑能幸免于难,这场代号"EF3"的龙卷风时速135英里,当地政府已经宣布进入紧急状态。我早些时候采访市长,他对这个只有2 000多人的小镇遭受的灾害损失感到震惊,你看,现场瓦砾到处都是;同时,市长还说,死一个人都太多。

记者应当有镜头意识,清楚现场报道是"出镜+摄像"的艺术。当记者进行运动的时候,需要充分考虑与摄像师的配合,即摄像机的镜头能够跟上记者的思路和动作。在做现场报道前,记者可先与摄像师进行沟通、设计,形成最佳的行动路线与镜头调度方案;如果摄像机镜头无法到达出镜记者语言叙述需要的位置,那么出镜记者的语言叙述就需要调整。在直播报道中,在没有事先沟通且需要大幅度走动的时候,出镜记者则需要给摄像师以暗示,让摄像师跟着自己走。比如,中央电视台记者张泉灵在一次直播中对演播室主持人说:"岩松,这样,我把这个线路走一遍给你看吧。"这其实是给摄像师的一句提示,摄像师就知道要跟着张泉灵走了。但这种情况一定是现场有两个以上的机位,可以进行镜头切换支持。

3.选择典型现场环境

利用环境因素的现场报道是一种求证性的报道。

记者应主动选择典型的现场报道环境,充分利用环境因素加强报道与事件的联系,尤其是在主题类或现象类报道中,要充分考虑环境因素。比如做体育报道时,场景选择在田径场、体育馆;做金融报道时,在股票交易所、银行大楼前等。选择典型环境时,不仅要考虑环

---

① 美国广播公司《世界新闻》2012年3月3日播出。

境与事件的关系紧密程度,更重要的是要思考环境对新闻价值的提升作用。

我们来分析一个经典案例,在1997年香港回归直播报道中,白岩松临时改变地点进行现场报道。白岩松在直播前一天到预设的现场报道点——连接深圳和香港的深圳皇岗口岸踩点时,发现在原报道点前面离香港更近的落马洲大桥上有一条标志性的管理线,这条线的一面是深圳,另一面就是香港,于是白岩松将报道地点由原定的皇岗口岸改为了落马洲大桥上的这条管理线。我们来看看白岩松的现场报道:

> 各位观众,我现在是在落马洲大桥上。大家可以看一下,这里有一个铁的这样的一条线,在桥的中央,可以这样说吧,我现在左脚一面就是香港,那么在右脚的这一面就是深圳。刚才水均益也说了,按理说这条线是不应该存在的,因为深圳和香港自古就属于同一个县,但是150多年前,英国人侵入之后,后来便有了这样一条线,便有了这条深圳和香港之间让很多人感到伤心的线。但是,再过3个多钟头,这条线就只具有区域线的意义了,一面是我国的经济特区,一面是我国的特别行政区。

当解放军驻港部队车辆一辆辆越过管理线时,白岩松作为离这一历史性跨越最近的见证者,难掩激动之情:

> 越过管理线!第二辆车越过管理线!……

当驻港部队先头部队的车辆一辆辆越过管理线后,白岩松又向观众们报道:

> 各位观众,这条线并不长,车速也并不快,但是今天驻香港部队越过管理线的这一小步,却是中华民族的一大步,为了这一步,中华民族等了百年。①

白岩松的现场报道得益于他前期的了解和观察,当他得知有这样一条标志性的管理线时,立即决定改变报道策略。香港回归、驻港部队跨过管理线,这条线的性质有了根本性改变,白岩松正是抓住这一重要的改变,进行了独特的现场报道;也正是因为见证了驻港部队跨越管理线这一激动人心的时刻,才有了后面"今天……的这一小步,却是中华民族的一大步"这样的有感而发。其实,结合前文所言的中心人物,这条线正好是记者抓到的一个形象的载体,一个有提升新闻价值空间的载体。

4.利用物件道具

利用物件道具也是一种求证性的报道,物件道具可以使记者的言语有所依托。报道越空越危险,尤其是初做出镜报道的记者,要善于寻找出镜叙述的支撑点,才能让自己的报道语言自然、流畅。

---

① 根据中央电视台1997年香港回归直播报道整理而得。

记者做出境报道时可以寻找到能与事件产生对比、类比的物件使报道的信息更加形象化。比如记者报道人类基因 DNA 构造的时候，站在一个螺旋式的楼梯口，用螺旋式的楼梯来类比人类 DNA 的结构；在报道湖泊能起到天然净化水资源的功能时，记者为观众展示了咖啡壶的过滤原理，来说明湖泊的工作原理；在报道屋里起火时，记者用了氢气球演示烟雾的运动路线，等等。

图 9-1-8　中央电视台财经频道记者现场出镜报道

物件在报道中往往能起到点睛的作用，有时物件就像一个代理人，从中能引出许多有趣的故事。比如"5·12"汶川大地震直播报道时，前方记者与主持人白岩松的一次连线报道，当主持人问记者在救灾现场有什么细节发现时，前方记者分别用一个矿工的一只手表、一个18岁士兵只穿了三天却破烂不堪的军靴、一位连夜赶回受灾家乡的摩托车司机的头盔讲述了三个感人的故事。睹物思人，物件背后是人的故事。在上文中我们要求记者透过物看人，而在这里，我们说，通过人带出物，使物成为人的代理，道理是一样的。

5.尽量使现场信息条理化、秩序化

现场报道要让处于行进中的纷繁复杂的事件以一个比较清晰、明确的面目呈现在观众面前。记者是现场信息的把关人，是新闻报道的首要组织者，因此，出镜记者在现场报道时要善于抓主要矛盾，抓事件主要脉络，忽略细枝末节的东西。比如北京电视台《天涯共此时》栏目"一带一路"特别节目《欧洲之门》中汉堡港对接中欧贸易的新闻，记者在汉堡港做出镜报道，面对数以万计的集装箱，记者在现场做了信息深化，"有三个集装箱来自中国"，并在中远海运的货轮上，解读不同集装箱的功能，通过货运单揭示出集装箱里面的物品等。而在汉堡港的货仓旁，则从它保留已久的货运吊钩开始切入。

6.报道中注意背景信息

在出镜报道的同时，记者要时刻关注事件中的变化和突发因素，随时调整报道状态，以和现场形成有效的互动并最大限度地避免突发因素。比如，在 2006 年德国世界杯足球赛现场，中央电视台《足球之夜》记者在德国奥芬巴赫体育场里报道巴西队的训练赛。正当记者在现场做出镜报道时，记者身后的两位球迷开始在镜头前踊跃展示他们所支持的德国和巴西的国旗，并极力想与镜头互动，记者果断地调整了报道状态，与现场球迷展开沟通和交流。在这里，记者充分利用这些突发情况，变不利因素为有利因素，向观众展示了现场真实、生动的信息。

图 9-1-9 中央电视台财经频道记者在做现场报道

记者在出镜报道时通常面对摄像机、背对事件现场,摄像师应当配合出镜记者,提示、帮助他随时注意背后的信息变化,从而能够及时跟进事态,或避免尴尬甚至危险。比如美国地方电视媒体一名记者在报道雪灾时,正当她全神贯注地面对摄像机做出镜报道时,身后一辆突如其来的铲雪车卷起一大堆雪向她砸来。就这点而言,有经验的记者应该对出镜报道的地点做充分的判断,避免各种危险情况的发生。

7. 记者情绪也能带出现场感

在做现场报道时,出镜记者报道的情绪也能带出现场感。有经验的记者能够利用自己的感受和情绪把现场鲜活地带动起来。对于这个问题,可能有的人会说,记者在现场应该保持一种理性、中立的状态,不能有情绪。但笔者认为,在很多情况下,记者首先是人,其次才是职业记者,情绪的流露是自然的就好。只要做到有度,不是无节制地煽情,这种情绪就能够带出现场感来,从而感染观众。

8. 提升可视化的呈现

随着无人机和360°摄像机等新技术在新闻报道领域的普及,出镜报道的方式越来越灵活,空间调度也越来越多样,可视化呈现也越来越丰富。在北京电视台《档案》栏目系列片《红军不怕远征难》里,主持人在红军曾经行走过的现场和根据地进行报道,无人机所提供的视角不仅具有视觉的运动感,更重要的是把主持人与广阔的天地等背景衔接起来,具有极强的代入感。

图 9-1-10 北京电视台《档案》栏目系列片《红军不怕远征难》无人机航拍外景主持

值得关注的是,近几年来,真人秀的元素也开始融入记者的出镜报道中,它发展了过去记者体验式出镜报道的样式。比如,在美国公共电视台(PBS)2012 年播出的 4 集纪录片《透视美国》(America Revealed)中,主持人在高塔、空中等各种非常人所能及的地方展开报道,提供给我们极为特殊的视角和体验。在这个过程中,主持人也尽量将自己融入现场的情境中,依靠自身的深入体验来呈现现场。

9.借助辅助工具

（1）记事本

记事本是记者出镜报道梳理谈话脉络，记录重要数据和引用语的辅助工具。在做出镜报道时，有的记者为了在镜头前体现出言辞流利而忌讳看记事本，其实适当地借助记事本，看看记事本上的数据和引用语，反而能够给观众一种严谨、引用有出处的感觉。随着新媒体技术的发展，很多记者的出镜报道开始借助平板电脑和手机来辅助报道。

图9-1-11　美国电视媒体记者在事件现场做出镜报道

（2）雨伞

在雨中做出镜报道，最好带一把透明的雨伞。透光的雨伞不会使记者的面部因光线不足而显得暗淡。

> 记住：突出"我在场"；提升记者的出镜价值；报道越空越危险，为自己的出镜报道找到支点。

第二节　电视新闻直播中的连线报道

目前，许多电视媒体在直播中都设置了前方记者与主持人的连线报道，以第一时间向观众传达现场信息。作为现场报道的一种特殊形式，连线报道日益常态化。这对连线报道的前方记者提出了更高的要求。中央电视台主持人白岩松曾经感叹：直播过程永远都出乎意料。这是直播报道的难点，但恰恰也是直播的魅力所在。

在西方电视新闻界，动态性事件报道已经逐渐发展成为相对稳定的直播连线报道，可概括为"SVS"模式：现场记者连线（Spot）+短片（VCR）+现场记者连线（Spot）。有人形象地称之为"三明治（Sandwich）"模式，即两片面包加一片菜叶子或肉，体现出"现场+直播+专业"的核心诉求。

一、确立严格的连线报道流程

直播连线报道比一般性报道更注重报道前的准备，记者要严格遵循以下流程：

1. 提前到达现场,熟悉现场情况

许多出镜记者都谈到直播报道前到达现场的重要意义。这样可以和现场多方人士沟通,熟悉各种情况,及时对内容进行调整和补充。

2. 提前演练

根据现场情况提前演练,与摄像师共同预测可能出现的突发情况,以便及时调整。

3. 技术准备

直播前与导播进行沟通,确保各种通讯设备的畅通。比如电话桥是否畅通、耳机音量是否合适、有没有备用的沟通设备等。

4. 情绪准备

直播前5分钟,调整情绪,进入直播状态,随时准备信号接入进行报道。在倒计时开始时,集中精力、全力以赴投入报道。

二、连线报道的技巧

1. 精心结构报道的开场

图 9-2-1 美国电视媒体记者出镜报道现场

准备一个好的开场,三五句话即可。中央电视台记者白岩松在直播前,通常会花50%的精力去准备开头10%的内容。一般来说,报道开头应该必备记者与现场的位置、事态的进展等要素,以体现记者在现场的权威性和可信度。

2. 保持冷静、沉稳、开放的心态

CNN在招聘出镜记者或主持人的时候,通常先让主持人播报一段稿子,在被试者播报的过程中,突然中断提示器。有的被试者会不知所措,而有经验的人会随手拿起桌上的稿件,正常播报。这就是主持人或现场出镜记者所需要的临危不乱的状态。

直播连线报道经常会遇到技术问题、现场问题等不可控因素,这需要记者沉稳应对,以静制乱。一般说来,在直播连线报道时会出现以下问题:

第一,记者报道出错,怎么办?

在直播报道中会遇到语言出错、状态出错等问题,在这种情况下,说破问题就不算是问题。江苏广播电视总台新闻中心记者王小蓓谈道:"没关系,纠错,把自己的失误'说破',就是最保险的办法。那种指望用第二个错误去掩饰第一个错误的只能使自己越来越被动。

2003年在抗洪现场做直播时,晚上只要灯光一亮,就会有无数飞虫直往脸上扑。有一次我在连线中,刚说了半句,一只大飞虫就冲进了嘴巴,还没来得及吐出就被下意识地咽了下去,噎得我足足三四秒都发不出声音。随后,我向观众作了解释。同时,也顺带出广大干部群众就是在这样恶劣的环境中日夜抢险的,比较自然地化解了尴尬。"①顺其自然,以一种开放的心态面对现场的情况,恰恰能把现场的质感传递给观众。

第二,受现场环境干扰,记者出现了思维停顿导致语言空白的状态,怎么办?

这种情况下,记者更应该保持冷静。因为这种停顿在直播的画面中只有两三秒钟的语言空白,记者如果迅速调整状态,接上语言,就不会出现大问题。

第三,通讯中断后,如何处理?

最保险的方式就是在没有叫停之前,现场记者必须继续报道,直至收尾结束直播;或者在直播中直接说明,提醒导播自己所遇到的麻烦,以便得到及时帮助。

在连线时记者要保持一种始终面对观众的姿态,尤其是在连线的开始和结尾要留有余地,在确认连线完全结束的情况下再放松状态。不要等回答一结束记者就放松警惕,自由行事。目前,演播室主持人和前方记者都在从过去的录播状态向直播转变,经常在直播连线的开始和结尾处出现主持人与记者的衔接问题,这是要引起人们重视的。

3.把握叙述技巧

在连线报道中,记者对报道内容和语言的组织要把握以下技巧:

第一,把握话语走向和思路,而非具体词语和语句。有时候,事先写下来的内容对自己反而是一种束缚,可以在采访本上写下要点与内容提纲、思路,在报道中进行扩展。

第二,把大段的内容化整为零,与演播室主持人进行多频次的交流。在事先与主持人的沟通中可以向主持人说明现场报道的主要信息点;在连线中,采用主持人提问、现场记者回答的形式,把信息传达出来,将连线的交流感自然而然地带出来。

第三,同非直播的报道类似,记者的报道内容要有现场依托,要有细节。必要时,可以借助一些道具物件。

第四,适当复述,增大信息量。连线记者可以把自己在现场的所见、所闻、所感做适当的复述,以供演播室主持人判断,提出有针对性的新问题,形成互动交流。

4.与主持人保持密切的沟通,确保信息畅通

在连线报道前和报道中,现场记者与主持人良好的协调与沟通是保证报道顺利进行的关键因素。在连线前,记者应把自己掌握的现场情况向后方演播室做简要说明,使主持人就提问和连线方向有一个大致的了解。在连线中,记者首先要与主持人之间建立信任感。对出镜记者来说,要把主持人的问题听清楚,在有些情况下就主持人的提问习惯说一些连接

---

① 王小蓓.出镜记者在电视新闻直播中的现场控制[J].视听界,2009(2):103-104.

图 9-2-2　中央电视台记者"纪念中国人民抗日战争暨世界反法西斯战争胜利 70 周年阅兵"做现场直播出镜报道

语、过渡语，比如"是这样的""这是一个好问题""也是我想问的问题"等。这样的做法能够使前方记者与演播室主持人之间达成一种默契，同时，也为前方记者的回答争取一定的思考问题的时间。

在连线报道中，前方记者最大的一个顾虑是直播信号什么时候切到自己这里，即记者什么时候处于面对观众的状态。具体来说，可以借助以下技术手段来实现：

第一，电话桥——前方记者与演播室主持人信息交流的通道。记者要保持耳麦的畅通，在必要的时候准备多套连线工具，比如备用手机、海事卫星电话等。保持与主持人、演播室的信息畅通，是前方记者的一个定心丸。

第二，PGM——反送到电话桥里的音频系统节目声。记者可以根据此判断报道的走向。不过这需要技术人员进行"减一"处理，否则，直播时记者的耳机里将会出现自己延时若干秒的声音，会对记者的现场报道产生严重干扰。

第三，摄像机开机指示灯。在没有电话桥的情况下，摄像机开机指示灯就是信号是否切给前方记者的提示。

第四，EVS——硬盘收录系统，它可以对收录的画面任意回放和放大。依赖此技术，可以要求导播对传回去的关键画面进行处理。记者可以在现场直接看着插入的画面进行解说，制作 VCR 短片。据美国 NBC 洛杉矶分台记者李若介绍，在美国直播现场，记者已经普遍采用在现场解说由演播室传回的画面，这对记者的现场即兴解说能力提出了更高的要求。

5. 充分预测直播现场环境背景

直播连线报道尤其要注意现场环境、背景因素的突变。在连线报道中，除了强调记者与事件现场的联系外，还要注意尽量选择安全、可靠、能使报道顺利进行的报道环境。

突发因素不是事先能够预测到的，属不可控因素，但是，我们可以事先多准备几套预案。比如，美国全国广播公司记者在一次火灾事件的报道中，正当记者准备在现场做连线出镜报道时，突然有一个男子出现在镜头里，并且开始不停地和记者交流。现场记者察觉这名男子有异常举动，于是事先做了一个现场出镜报道的演练，果然在记者正进行报道演练时，这名男子在记者身后做出了不雅的举动。记者于是决定改换报道场景，避开了这名男子。

如果记者判断现场存在安全隐患而难以控制，可以提前将现场画面拍摄回来，再找一个安全的地方做现场出镜报道，在直播的时候插画面，这样可以保证直播中后方与前方连线交流的安全性。

6.以现场信息为主导

直播连线报道以演播室控制为中心,以播出要求为核心。但是,对于新闻事件信息,应该以前方记者为主导。作为前方出镜记者,应该以现场信息为准,以记者所观察、所体验到的信息为中心。在主持人对前方情况不明确的情况下,记者应该努力说服主持人,跟着现场信息进行报道。

出镜记者不能越俎代庖,行使演播室主持人的职责。出镜记者只能说自己所在现场的话,而不能统揽全局。比如,某电视台的民生新闻栏目,报道大雾天气的交通状况,出镜记者在交管局监控室做连线报道。连线介绍完交通状况后,主持人开始预报明天的天气状况,天气信息并不是记者所在现场能了解到的,出镜记者并没有发言权。如果在交管局的出镜记者连天气都要包办,就会使信息的传达混乱,缺乏权威性。

7.连线记者在现场谈什么

第一,出镜记者在现场要谈能突出信息量的新的发现、感受、细节,这是对信息的深化,是对新闻价值的提升,而不是可有可无的摆设。比如中央电视台《大地震一周来临,仙台三月飘雪》[①]报道日本大地震一周年,记者与主持人的连线:

主持人:首先是一个比较感性的问题,在你接触的民众当中,你感觉3月份下的这场雪给即将迎来大地震一周年的民众会带来什么样的心情?另外灾后重建到了什么样的程度?

记　者:大家从镜头里看见,灾区下着雪、下着雨,其实这几天,灾区天气非常恶劣,雨雪交加,一个小时前这里是下着雪的,现在变成了雨。明天就是"3·11"大地震一周年,这种雨雪交加的天气给本来就很沉重的气氛增添了一丝凉意。大家能看到我身后有一些船,海啸经过的地方,每隔几公里就能看到这些船,在我旁边的农田里,大量的垃圾都已被清走了,但是里边还有一些细碎的垃圾,只能通过人的手才能清理干净。现在灾区的天气非常寒冷,再加上人手不足,清理起垃圾来可以说是非常的不容易,我了解的情况就是这些。

在记者长达1分钟的叙述中,作为观众,你觉得这位记者的出镜报道有信息量吗?现场到底有多寒冷?灾民的心情到底怎么样,他们都在做什么?很遗憾,记者讲述的都是画面中有的信息,没有做进一步深入。

上面的情况所有记者都有可能遇到。那么,当演播室需要信息,而前方出镜记者实在没有信息可以传递的时候,怎么办?这通常需要记者在前期有所准备,比如准备一个故事、一

---

① 中央电视台《新闻30分》2012年3月10播出。

个感触颇深的细节等,在报道时娓娓道来。

第二,记者在现场还可以说数据,尤其是精确的数据。如果大量的数据记不住,可以借助上文提及的记事本作为辅助,以显示言出有据。

第三,知之为知之,不知为不知。在根本不了解情况,或者遇到极为专业的问题时,谈不了则如实告知。

8.结尾连线提亮点

在即将连线结束时,需要把握的是,在叙述中要有亮点,或者点题,或者有新的信息、新的展望、新的数据,提升出镜报道的层次。

在连线结尾,在没有从导播那里确保连线结束时,记者不应马上松弛下来,或者立即离开,而应继续直视镜头,保持连线状态,直到导播告知连线结束。

> 记住:连线报道时,精心结构开场;保持冷静、沉稳、开放的心态;把握叙述技巧;与主持人保持密切的沟通,确保信息畅通;对直播现场环境背景有充分的预测;结尾连线提亮点。

思考及练习题

1.现场出镜报道有哪些意义及功能?

2.现场出镜报道的技巧有哪些?

3.在直播连线报道中,记者应当把握哪些技巧与方法?

4.练习口头复述一个事件,注意把握开头、叙述脉络及结尾。

第十章
如何获得成功的采访（1）
—— 现场采访

本章重点

- 好的电视现场采访是还原一个真实自然的交流状态
- 交锋式采访不是为了交锋而交锋，而是为了获取真实的信息
- 对于不配合的采访对象，要掌握赢得对方信任、直接发问、步步紧逼、开机进现场的技巧
- 处理好提问的"一次性原则"与重复的辩证关系
- 处理好开放式提问与闭合式提问的辩证关系
- 问题要具体、简短，突出重点
- 记者要有镜头意识
- 运用全感采访

单一的声音，什么也结束不了，什么也解决不了。两个声音才是生命的最低条件，生存的最低条件。

——巴赫金

现场采访是信息的开掘、语言的艺术，是人情的交往，更是思想的碰撞。现场采访在电视节目中比现场报道运用得更多，这些采访往往是新闻中最生动、最能吸引观众的部分。

第一节　理解现场采访

一、现场采访——形象化的人际交流方式

1.什么是现场采访

《电视新闻分类与界定》一书对现场采访作了如下界说："现场采访是指电视记者在新闻事件现场，对新闻的当事人或有关人士进行采访活动。"[①]电视媒介的现场采访，是指电视记者（包括主持人）在新闻事件发生现场，面对摄像机所进行的新闻采访活动。这样的界定明确了电视现场采访的形式与内容是密不可分的，采访的内容直观地呈现在镜头前。

在采访过程中，记者随时要考虑如何利用采访手段组织内容、结构报道，要考虑通过采访获得真实生动的信息；通过采访对象的言行举止把握并体现深藏于人物内心的思想和感情；通过采访对象生动的语言进一步展现人物的个性。总之，电视现场采访具有双重意义，它既是收集和挖掘材料的活动，也是有序地表现新闻内容、传播新闻信息的活动，而且前者是直

图 10-1-1　中央电视台中文国际频道专访现场

---

① 杨伟光.电视新闻分类与界定[M].北京：中国广播电视出版社，1994：11.

接为后者服务的。

2.获得真实信息——形象化的人际交流方式

好的采访是让被访者忘了这是采访。电视记者已经越来越意识到还原人际交流对电视媒介的重要性。"电视采访是人本化的采访,它比其他任何媒介都更加要求交流的人际化和采访的个性化。"①自然、真实、开放,才能引起观众的好奇心,激发收看的兴趣。比如,中央电视台2017年新春"走基层"系列报道《二孩之后》中,当记者问一位二孩爸爸,"都说老大按书养,老二按猪养",被访者不假思索地回答:"我们家(老大、老二)都是按猪养的。"回答出乎意料,但自然真实,引来很多网友参与到生养二孩给家庭带来怎样影响的话题讨论中。在互联网背景下,网络谈话节目如《奇葩说》《圆桌派》《十三邀》等之所以备受网友追捧,也在于其谈话场的真实、自然,有信息量。

因此,通过展示记者与被访者的交流、被访者与被访者的交流来传达信息,是电视采访区别于其他采访的重要特征,而这种交流本身不仅是电视采访的形式,同时也是电视采访的重要内容,信息在这样的互动状态下产生。因此,采取什么样的采访方式要根据现场情境和被访者有所调整,形式本身不重要,重要的是能够获取真实的信息。

二、现场采访的方式

从采访的外在形式而言,访谈分为动态采访、随机即兴采访与相对静态的座谈式专访。从采访的内在氛围而言,我们把访谈分为交流式采访与交锋式采访。

1.动态采访、随机即兴采访与座谈式专访

(1)动态采访

动态采访可以采取漫步式、追随式的形式进行采访。漫步式采访是记者和采访对象边走边谈,以漫步方式进行的采访,在视觉感受上亲切、自然,有人情味,这种采访方式适合调节气氛,结合环境因素有助于呈现出被访者更多的信息。追随式采访是指记者不干扰采访对象,跟随着采访对象的活动,让对方边工作边回答问题。这种采访方式在视觉感受上给人以真实、亲切、生活之感。获得皮博迪奖(Peabody)的《安东尼·波登:未知之旅》(*Anthony Bourdain:Parts Unknown*),把采访放置在采访对象熟悉的日常生活环境中,比如茶馆、卧室、书房等,随机、动态地去提问题,镜头在摆拍和抓拍间游走,形成较好的互动现场。

动态采访是记者与被访者在一种相对自然的语境下形成的交流。这种采访方式的核心是不让被访者与他自然的生活状态割裂开来,使其能够以相对轻松的状态与记者交流。这种方式最适合没有充分准备、没有被访经验、容易在摄像机前紧张的被访者。这种采访方式的目的是帮助被访者忘掉摄像机、忘掉灯光、忘掉所有与电视有关的事物而完全沉浸在与记

---

① 朱羽君,雷蔚真.电视采访学[M].北京:中国人民大学出版社,1999:25.

者的对话之中。

(2) 随机即兴采访

在新闻事件现场,记者随机地选择采访对象,这种采访方式在视觉上给人以真实、客观之感。随机即兴采访,人人都可以成为采访对象,会使观众产生更强的参与感。但随机即兴采访绝对不是随意采访,而是带着某个主题、某个问题进行的随机调查、采访。这种采访常用于对某一问题、某个现象、某个事件的态度、意见的调查,旨在收集舆论,是可视的"民意调查"。

图 10-2-2 中央电视台财经频道记者现场采访

在中国电视发展过程中,随机即兴采访经历了最初的街头小范围的随机调查,到当代的场景式的海采。2012年,中央电视台推出《你幸福吗》的海采式节目,大范围随机采访街头路人,听取他们的感受。2017年新春,更推出了场景式海采节目《为谁辛苦为谁忙》《二孩之后》《家是什么》等。所谓的场景式,即改变过去任意环境的抓取,而改为将采访地点设置在某一特点的场景中,如菜市场、矿井、列车车厢、茶馆餐厅、妇产医院等,记者沉下心与人们拉家常、聊愿望,把中国人对国家社会、家庭亲情的真实感受捕捉下来,形成特定场景的采访交流。应当说,这种场景式的海采主题更集中、更深入。

(3) 座谈式专访

座谈式专访在视觉上有稳重之感,它适合于严肃的、重要的内容采访。采访双方没有过多的动作干扰,可以让观众把注意力放在对话内容上。座谈式专访是为了获得更深入的信息,它的魅力在于记者与被访者进行思想、观念的碰撞与交流。中央电视台《面对面》、美国全国广播公司《60分钟》、CNN《对话亚洲》(*Talk Asia*)等,主要采用这种方式。

2.交流式采访与交锋式采访

在采访中,根据不同的访谈性质,面对不同的被访者,记者可选择不同的采访方式。交流式采访主要针对愿意接受采访,并能够与记者充分沟通的被访者;交锋式采访主要适用于对记者存有戒心、不合作者、狡辩者,一般而言交锋式采访在调查性报道、负面报道中比较常见。当然,在某些正面访谈中,当对方态度强硬或居高临下时,也可以适当运用交锋式采访。

在交锋式采访中,把对抗风格做到极致的,当属被称为"斗牛犬(Bulldog)"的美国《60分钟》主持人迈克·华莱士了,他在调查性报道中经常提一些对抗性很强的问题,他的提问直接且常常表达自己的态度,华莱士也因此成为颇受争议的访谈记者与主持人:

(你们)要想让事情办成,只有钱(华莱士做出钱的手势)。

——采访俄罗斯总统普京关于腐败的问题

主席先生,巴勒斯坦人可能也想干掉你。

——采访巴勒斯坦领袖阿拉法特关于暴力的问题

有很多人都讨厌你丈夫,甚至讨厌你。

——采访富兰克林·罗斯福总统的夫人埃莉诺·罗斯福①

交锋式访谈当然不是为了交锋而交锋,不是为了激起冲突,而是为了获取真相、获得真实的信息,是为了在信息停顿处把谈话往前推进一步,在信息阻塞处把通道打开。正如美国全国广播公司记者米切尔(Andrea Mitchell)对华莱士的评价:"他是一个好的讲故事者,总是推动故事往前发展,你总想知道更多关于被访者的一些东西。"②

从交流形态上来说,交锋式采访有时是以比较激烈的言辞、外在的情绪呈现出来,而有时却是绵里藏针、暗带机锋。

> 记住:电视现场采访既是一种搜集材料的手段,也是一种传递信息的方式。采访即传播,采访的过程也就是表现的过程。

第二节 如何接近被访者

一、有备而来

在第二章"策划先行"中,我们已经强调采访时不打无准备之仗,要想获得成功的采访,对被访者的事前预判与把握是重中之重。

1.研究分析采访对象

记者对采访对象的基本情况了解得越充分,研究得越仔细,对其在采访过程中的心理活动就能判断得越准确,也就越能与对方沟通,迅速达到采访的最佳状态,开掘出信息的深度。记者对采访对象的认识不应从与采访对象见面之后才开始。在明确采访对象之后,记者便应该通过各种渠道了解他的基本情况,例如性别、年龄、籍贯、业务专长、爱好等。事先进行这种初步的认识,有利于记者与采访对象见面之后找到"共同语言",形成一种良好的心理状

---

① 以上访谈段落摘录自美国哥伦比亚广播公司《晚间新闻》(2012年4月8日播出)。
② 美国全国广播公司《晚间新闻》2012年4月9日播出。

态:他是我"第一次见面的老朋友",或者是"熟悉的陌生人",从而打开采访局面。

比如,中央电视台原《东方之子》栏目的记者专程赶赴上海采访周谷城先生,但周老先生正在医院养病,表示只能讲一句话。由于记者事先对周谷城作了详细的了解和准备工作,所以与周老聊天时问到:"听说您在'五四'运动的游行队伍里曾经跑掉过一只皮鞋?"面对这样的提问,周谷城很吃惊,没想到记者对自己如此了解,这个问题一下拉近了双方的距离。这次采访进行了一个下午。

总的来说,分析采访对象主要从以下几方面入手:

第一,分析采访对象的性格、语言表达方式;

第二,预测采访对象合作的程度;

第三,预测可能会有什么样的结果;

第四,预测可能会遇到哪些障碍,方案A行不通,则启动备用方案。

如果事先不做准备,对采访对象一无所知,往往容易提出幼稚甚至愚蠢的问题,引起采访对象的反感;或者由于采访前缺乏对采访对象基本情况的了解,见面时常会因找不到共同的话题或一个合适的"由头"打开局面,造成面面相觑、相视无言的尴尬局面,严重时甚至导致采访中断。对此,曾经采访过斯大林的美联社记者尤金·莱昂斯深有感触,在采访前他得到通知,会见时间只有2分钟。而在实际的采访中,2分钟很快就过去了,斯大林却并没有结束采访,但此时的莱昂斯却没有一个完整的问题提纲。结果他在斯大林的办公室里待了差不多2个小时,却没能提出意义重大的问题来。事后他回忆说"我永远感到内疚"。

2. 充分的心理准备

记者在采访中应该怀有这样的一种心态——对方接受你的采访是正常的,不接受你的采访也是正常的。尤其是初学者,在实际的锻炼中,如果能有这样的心理准备,就会在采访前有多种采访方案的预设与准备。我们永远都无法预测现场的变化,我们永远都要带着开放的心态去准备。

图10-2-1 中央电视台"走基层"节目《悬崖村扶贫纪实》现场采访

二、如何应对不配合的采访对象

采访对象不配合的理由多种多样,记者只能根据实际情形调整,或正面引导,或反面刺激。

1. 赢得对方的信任

(1) 真诚交流

具备足够的耐心,一点点去打动对方,想办法让采访对象敞开心扉。但是,比不配合更难的是采访对象的言不由衷、口是心非。在镜头前所有采访对象都想展现最好的自己而不是最真实的自己,因此,要让采访对象逐渐回到最真实的状态,用本真的情感打动人。比如中央电视台2017年新春"走基层"系列节目《高铁上的淘粪男孩儿》,讲述几位90后高铁地勤机械师的故事,他们的工作听上去挺风光,实际上却是跟粪便打交道。记者刚开始采访他们时,只要话筒一举,这几个"淘粪男孩"要么不敢讲,要么讲空话。记者无奈之下干脆就采用笨办法,先和他们一起上夜班、学着淘厕所。当记者连续上了4个夜班,独立淘完一次集便箱,又毫无保留地说了自己的感受后,淘粪男孩们才开始敞开心扉。[①]

(2)取得对方的同情

俗话说:比弱者弱,比强者强。当面对一些不愿接受采访的弱势群体,比如灾难中的受伤者,尤其是心理受到创伤者,需要记者投入很大的耐心,有记者谈到自己在汶川地震中的采访经验时认为,"采访弱者最好的方法是让他同情你"[②]。获得对方的同情,其实是淡化记者的职业状态,以一个普通人的状态与之交流。

2. 直接发问

如果时间有限或者对方声明不接受采访,可直接发问,或适时地进行"封闭"式提问——抛出最关键的问题,让他回答"是"或"不是"即可。直接发问的关键是记者的提问要抓住问题的重点和要害,无论对方是否回答,摄像机都能捕捉到对方的言语或非语言符号信息。一般来说,直接发问之后需要采取步步紧逼的方式。例如半岛电视台《断层线》(*Fault line*)栏目《霍乱时期的海地》(*Haiti in a Time of Cholera*)[③]的报道,2010年海地大地震后,霍乱导致8 000余人丧生,为了追踪谁为这次人道危机负责,记者从海地到纽约联合国总部一路追踪采访相关官员,从联合国特别大使克林顿、时任秘书长潘基文的发言人到秘书长潘基文本人,记者基本都采用开机进现场、直接发问的方式。比如采访潘基文时,记者在有限的时间里直接发问:"为什么会造成这样的灾难?为什么没有对死者家属进行有针对性的赔偿?"可以说,直接发问是针尖对麦芒,是获取信息的最直接的方法。

3. 步步紧逼

对于顾左右而言他、极力狡辩的被采访对象,可以适时采取步步紧逼的方式。从某种意义上来说,记者与被访者之间存在一种心理的较量,特别是面对一些棘手的问题和不合作的被采访对象,记者应该多揣摩对方的心理,适时调整自己的心理状态,才能挖掘到有价值的新闻。中央电视台资深记者赵微特别善于做批评性报道,在采访中常常能抓住对方的心理,步步紧逼。比如在《治病哪能添心病》这一期节目里,面对事故嫌疑人,记者充分揣摩对方的心理,攻

---

① 杨华.新媒体时代也是主流媒体的新时代[J/OL].《新闻战线》微信公众号,2017年4月11日.
② 柴静.杨柳坪七日创作体会[M]//中央电视台机关党委.我们也是战士:2008重大事件报道中的央视人:上册.北京:中国广播电视出版社,2008:75.
③ 该节目2014年获得美国艾美奖(Emmy Award)杰出调查性报道和美国皮博迪奖.

破对方百般抵赖的心理防线。她分析采访对象时指出:"显而易见,我们面对的这位是典型的'以攻为守'型的采访对象,这种人的特点是在精神上压倒对方,理亏气势不亏……唯一的办法是避其长就其短,从对方意想不到或准备薄弱的地方入手,挫其锐气……"①

4.开机进现场

正如前文所言,镜头前被访者的任何一种状态,争论、辩解、回避,即使对方保持沉默,其表情、动作、态度等非语言符号也能传达信息。开机进现场是电视记者动态采访的重要观念,华莱士在许多调查性报道中,都是直接向被访者进行询问,无论对方回答、拒绝、争辩、躲避、遮挡、推搡抑或是无语,这些信息都被摄像机捕捉到,生动地呈现在观众面前。

> 记住:记者在采访中应该怀有这样的一种心态——对方接受采访是正常的,对方不接受采访也是正常的。

第三节 现场采访的总体原则

无论是现场动态采访、随机即兴采访还是座谈式专访,都要遵循总体的原则和要求,在这一节中,我们主要分析现场采访的普遍规律。

一、现场提问的总体要求

无论何种采访,都要求记者在采访提问时体现电视媒介的提问特点。

图 10-3-1 美国广播公司记者现场采访

1. 深化信息

现场采访报道声画同步,加强了信息的优化组合,能在相同的报道时间内深化信息内容。

电视是声画一体的信息双通道,当画面能够呈现现场信息的时候,记者的采访提问需要揭示画面没有呈现出的内容,否则二者就产生了重复。从这一点来说,现场提问的信息与解说词功能相同,即揭示画面里更深层的信息。要发挥这种特点,记者就必须在采访中思考如何深化信息,不要让自己的提问流于表面。

---

① 孙克文.焦点外的时空[M].北京:生活·读书·新知三联书店,1997:216.

"5·12"汶川大地震直播报道可以说是对中国电视媒体现场报道、现场采访的一次重要锻炼和提升。在这次报道中,中国各个电视媒体都涌现出许多精彩、动人的现场采访和现场报道。比如《新闻调查·杨柳坪七日》中记者的现场采访深入、自然、平实,充满了人文关怀:

记　者(采访回乡的小女孩):你这背的是什么啊?

小女孩:家里的东西。

记　者:我看看沉不沉。(掂量小女孩的包)哟,这怎么也有三四十斤啊!现在回去害不害怕?

小女孩:害怕。

记　者:为什么还要回去啊?

小女孩:毕竟是自己的家。

记　者:那现在家里什么样,知道吗?

小女孩:不知道。

记　者(转向一对夫妇):你们是去哪儿啊?

男灾民:我们都是擂鼓的,都是到北川的。

记　者:那家里的帐篷够不够,知道吗?

女灾民:不知道。

记　者:那帐篷不够怎么办啊?

女灾民:我们家里的房子垮了,还有其他的篷布什么的,我们山上的树木多,就可以把它弄下来自己搭。

记　者:你们要是多等几天的话,也许那里的帐篷可以给你们建好。能够多运点过去,你们不就省点事吗?

女灾民:不,我们自己好脚好手,我们自己回去盖。因为在这里,他们对我们确实太好了……

记者的采访自然、平实,但同时很注重对现场信息的挖掘。比如,掂量小女孩的背包,用记者自己的感受为我们传递更多信息;替观众问出灾民回乡安置等一些关键问题,让我们体会到这些普普通通的灾民回乡心切、勇敢面对生活、靠自己双手重建家园的可贵品质。

在思辨性报道中,记者可以通过现场采访,让人物表达自己的思想观点,并通过有针对性和目标明确的提问,围绕主题立意层层展开。后期编辑可用平行、交叉剪辑手法,把有思想交锋的不同观点、不同心态的语言场景组接在一起,在观众心目中产生撞击,这样既增强了客观事实报道的说服力,又以强烈反差的对比增强了报道的思辨色彩。比如中央电视台

《焦点访谈·土地变绿的秘密》①开篇,一句出自当地村民的"都是菠萝"这句话,把当地冬天里种菠萝的真实情况展示了出来。通过记者的进一步挖掘,把当地政府要求村民土包上植草皮、荒地上铺绿网等滑稽行为公之于众,从而揭示当地政府为了应付"违法用地检查"而采取的欺骗行为。比如这个采访段落:

记　　者:这个网铺在地上起什么作用啊?

香伟忠(广东省东莞市六甲村党支部书记):那个土不要给它流走。水应该可以补一点。

记　　者:它又不是一个斜坡而是个平地,就是下雨土也流不走啊。另外这么透明的网,你要它水分不蒸发也不太可能。

香伟忠:蒸发一点吧,应该可以,有一点作用的。

2.突出人物个性与情绪

(1)突出个性

人是电视新闻中最活跃、最生动、最有表现力的因素。通过对特定新闻人物的采访,挖掘他的内心思想,或者与采访对象探讨理性问题等,都是深化新闻内容的重要手法,也是展现人物个性的有效手法。

艺术家强调,把握和表现个性的东西是艺术的真正生命。同样,发现、捕捉、表现个性,也是电视的活力、魅力所在。挖掘采访对象的个性化语言、个性化动作是展现人物个性的重要方法。例如,2016年巴西奥运会期间,对中国游泳选手傅园慧的采访爆红网络:

记　　者:你游了58秒95。

傅园慧:58秒95啊?我以为自己是59秒,我有这么快?我很满意!

记　　者:你觉得今天这个状态有所保留吗?

傅园慧:没有保留!我已经用了洪荒之力了!

记　　者:我们知道其实这一年你的身体状态不是很好,走到这一步非常难。现在恢复到以前的自己了吗?

傅园慧:这已经是历史最好成绩了,我就用了这三个月去做恢复。鬼知道我经历了什么,真的太辛苦了,我真的有时候感觉我已经要死了。我当初的训练真是生不如死!今天的比赛我已经心满意足了。

记　　者:是不是对明天决赛充满希望?

傅园慧:没有!我已经很满意了!

被访者完全不按套路走,回答完全出乎记者的意料,但回答真实、有个性。

---

① 中央电视台《焦点访谈》2008年12月13日播出,获《焦点访谈》2008年第四季度银奖、最佳采访奖。

(2)引发情绪

现场采访中根据不同的采访任务、目的,要适当抛出能引发对方兴趣、使对方兴奋起来的问题。因为兴奋,能有效调动积极的思维,如回忆、描述细节或情节、谈自己的感受等,这样的采访展现在屏幕上也能有效地感染观众情绪,这对加强节目的情绪感染力很有帮助。

寻找能引发情绪点的问题,关键在对采访对象有所了解的基础上,有预测、有目的地设计问题。现场采访是可视的,一旦记者的问题成功地把采访对象的情绪激发起来,可视的人物情绪就能感染观众的情绪。

在中央电视台2017年春节场景式海采节目《家是什么》中,在外打拼多年的一位回乡者包林伟说,每年回家一到村口就不想坐车,而是想下车走路。

记　　者: 你走那段路的时候都在想些什么?
包林伟: 看着,想着,闻着,这片土地的气味挺好。
记　　者: 是什么味道?
包林伟: 小时候的味道。

短短几句话,就刻画出了这位回乡者真切的"乡愁"。记者的追问与受访者形成了有效互动,深化了信息。

3. 引发情感

记者在现场采访不仅要挖掘信息,还要在交代事实的同时,展现人物的个性和情感,而个性和情感又通常是糅合在一起的。有个性的语言带有情感色彩,同样也能唤起观众的情绪、联想及想象力。通常,能调动起观众喜怒哀乐等情绪的采访,都是个性化的采访,人物个性就是在观众联想、想象中展现出来的。

比如,中央电视台《方寸众生　瞬间永恒》选择北京王府井的中国照相馆,采访了拍全家福的三代同堂、相濡以沫的老夫妻,以此展现中国人的家庭观、爱情观。其中记者与何学文、王光彩的交流令人感动。

王光彩: 这四十年我们风风雨雨在一起,在一起吃过苦、受过累,我说我
　　　　们俩一定要好好地过每一天。
记　　者: 珍惜彼此。
王光彩: 珍惜每一天,我说要再有来世,站在你背后的那个人还是我。
　　　　(笑)。
何学文: 站在前面吧,别站在我背后。

方寸众生
瞬间永恒

人物的情感真挚,中国人的爱情观、家庭观生动地呈了出来。
新闻因当事人的情感而精彩!
信息、个性、情感是好节目必须具备的三个要素。在成功的现场采访中,人物独特的语

言既能讲述事实,交代必要的背景材料,也可以进一步展现人物的个性和情感。

4. 开拓思想内涵

电视的形象化特点,要求记者尽量发挥画面形象的作用,而现场采访的问题应是无声画面表现不了的,特别是对抽象的概念,对人物的内心活动、思想等方面的阐述。采访的语言要在对画面形象的补充、深化上下功夫,用现场采访开拓报道的思想内涵。笔者认为,好的采访是记者与被访者的共谋,是双方的碰撞与激发让问题进入到一定的深度,让思想的开掘进入到前所未有的境界,这是任何单一一方都无法达成的。

5. 客观理性提问

新闻是客观事实的报道。记者在提问时也要用事实说话,忌带主观色彩。在提问时问题要客观,这在批评性报道的现场采访中尤其要注意。有的记者出于义愤,提问时往往带有个人的感情色彩,这是不符合新闻规律的。新闻要客观,谁是谁非,摆出事实,让观众去判断。

图 10-3-2　中央电视台系列片《大国工匠》采访现场

提问客观,既要注意提问态度上的客观,忌带感情色彩;也要注意语言表达上的客观,忌带主观色彩,不要提那些让人一听就带有明显倾向性或诱导性的问题。

要做到这一点,记者必须控制自己在现场的情绪,不要被采访对象带到特有的情境中。应做到任尔如何取闹,我自岿然不动的境界。有的记者会在现场被情绪化的采访对象激怒,参与到事件的争执中,失去应有的理性与从容,这是职业记者的修养与规范所不允许的。

6. 突出双向交流

好的采访是聊天式采访,是双向交流。双向交流要求记者边问边听边思考,在理性与情感的交流中收集信息。双向交流的优点是互为传者,信息反馈及时迅速。记者要善于运用各种因素,积极调动起对方的"交流"心理。

二、辩证处理四组矛盾关系

在实际的采访中我们往往会面临许多矛盾,而有些矛盾是没有最终答案的,需要灵活应对。

1.处理好提问的"一次性原则"和问题重复的辩证关系

任何事物都有两面性,问题的"一次性原则"和重复并不矛盾,而是在不同采访情境中的应对方式。

采访中的"一次性原则"是指在采访的准备和实际操作中,一个问题只问一遍。现场采访的问题都是精心选择、有目的、有针对性的,所以一般情况下不提重复的问题。尤其是在电视谈话节目的前期策划中,预采访要特别避免所提问题与正式采访问题相同,否则会造成被访者兴奋度降低,从而影响谈话质量。一般来说,预采访可以采用转换提问方式或者旁敲侧击的方式引出记者想要知道的背景信息,在正式采访时才由主持人提出正式问题。比如《面对面》对刘姝威的采访,当记者第一次与刘姝威见面,在翻阅刘姝威的资料时,记者更多地选择了沉默。对于记者的沉默,刘姝威有些不习惯,她问记者:"你没有问题吗?"记者说:"有,但我要在采访中问你,而你有一次回答的机会。"①

从另一方面说,问题的适当重复同样有效,当面对被访者回避重要问题、记者急需探寻事实真相的时候,可以重复性地追问。比如中央电视台《焦点访谈·追踪陈化粮》节目中,记者调查陈化粮的问题时,为了求证掩人耳目的万顺华饲料加工厂停产的情况,询问吉林省长春市工商局绿园分局市场科科长焦明喜时,提出了三个重复性的问题:

记者:能确定他们一直都在生产吗?

记者:能确定他们这个工厂一直在生产饲料吗?

记者:能确定它这两年来一直在生产饲料,没停过工吗?

面对这样的问题,被访者先是躲避,然后是哑口无言。这样的采访强化了现场氛围,进一步暴露了当地工商执法部门的不作为。

当报道中需要通过现场采访就某一事件呈现不同群众的态度时,也常用重复的问题设问。问题的重复,即向不同的采访对象问同一个问题,通常用于调查性节目或舆论收集上。正因为设定的问题是同一个,那么选择的采访对象就要不同,要体现不同领域、不同阶层、不同年龄段等方面的代表性。在后期编辑时,记者的提问不出现,只把回答者的语言组接在一起,以表示各方面的舆论。中央电视台在春节等重要节假日推出的海采"你幸福吗?""想要二孩吗?""厉害了,我的国"都采用了街头随机提问的方式,采访对象的回答千差万别,多元地体现了民意。

2.处理好闭合式提问与开放式提问的辩证关系

对于闭合式提问与开放式提问,不能简单地评价孰好孰坏,而是要靠记者在现场见机处理。

---

① 王志,耿志民,欧阳询.面对《面对面》[M].北京:文化艺术出版社,2006:82.

在一般情况下,应以开放式提问为主,目的是从采访对象口中得到更多的信息。在现场采访节目中,有很多自我封闭式的提问,采访对象只能被动地回答"是""对""没有"等。这样的提问未能引出更多的新信息,连新闻事实本身也交代不清。在这种情况下记者成了主角,采访对象则成了配角,显然满足不了广大观众获取新信息的要求。

在某些情境中,比如调查性采访中,这类问题有时也有其存在的合理性,并不是绝对不可用。中央电视台记者童宁在谈到"即兴采访"的时候认为:

> 我在电视纪实节目《街谈巷议》中采访北京街头的人们,请他们对撤销林业部(部)长职务一事发表自己的看法,我用一句短得不能再短的即兴采访的问话——
> 林业部(部)长该撤吗?
> 回答非常踊跃。这是为什么?
> 因为这个问题非常好回答,尽管答案是千奇百怪各式各样的。被采访者的心理是:别在摄像机前出丑。你问的问题愈好回答,他就愈高兴愈兴奋愈奋勇愈勇敢愈敢说愈说愈好。这就建立了继续深入采访的默契的合作关系。对方顺利地回答了你提出的第一个问题,就有信心来回答你提出的第二个、第三个问题……这时,就要求你,一个即兴采访的记者的问话"有如连珠炮"了。当他回答了第一个简短的问题后,正是脸上表情最丰富的时候,你的第二个问题就要跟上去,不容他思想开小差,而要他集中精力回答你的问题。问题一个连着一个在脑海中浮现,提问一个跟着一个从嘴里进出,犹如排炮一般集中火力猛烈攻击要害之处。①

这个采访实际上是随机了解人们的态度,采用闭合式提问能迅速接近对方。需要注意的是,闭合式提问在适当情况下运用时,应该有相关问题跟上,才能得到有效信息。

3.处理好理性、中立与情绪的辩证关系

图10-3-3　CNN主播凯特报道叙利亚男孩场景

实际上,这个问题也一直是业界争论的问题。在采访中,作为一名职业记者应当保持理性、中立的态度,在提问时,不会因为被访者或者事件而表露出自身的情绪。但是,的确在许多节目中,比如"5·12"汶川地震直播中主持人赵普的流泪、CNN主播凯特因叙利亚男孩奥兰姆的哭泣、《看见》采访周星驰时记者的哽咽、美国奥兰多枪击案连线中CNN安德森·库柏泪洒直播等,都透露出了记者比较强烈的主观情绪。

---

① 童宁."突发"的魔力[J].电视研究,1996(8):26-31.

有的记者认为："这其实是人性中非常难克服的部分,尤其是当有大事件发生时,当很多人都渴望你替他们表达情绪时,这对记者是一种巨大的诱惑。但现在我慢慢意识到,记者要表达的是事实而不是情绪。任何情绪都可能成为你采访中的障碍。"①但笔者认为,新闻主播和记者首先是人,其次才是记者,虽说新闻要客观、理性,但在实际操作中,这二者经常是矛盾的。记者只有感受现场中的人,才能感同身受,做出来的新闻才有温度。我们不主张"煽情",但在彼时彼刻,主播和记者的情绪可以理解也应当得到尊重。正是在这样矛盾的实践中,新闻采访和报道才充满魅力,鲜活生动,因为主播和记者不是机器。②

4.处理好"我在场"与"添乱"的辩证关系

作为记者,都强调新闻事件发生时"我在场"的意识,而在实际采访中则有可能面临对现场的干扰和破坏,这样的情况在我国"5·12"汶川大地震和日本"3·11"大地震中都有所体现。记者在现场的采访报道与现场救援形成矛盾,甚至有时候因记者的出现而妨碍了救援工作。《中国青年报》2011年3月16日的一篇文章《"我在场"的使命与"记者添乱"的争论》所谈到的问题值得我们思考。在重大事件面前,媒体与记者"我在场"的意识不容置疑,但是到具体的现场采访报道中,记者要遵循采访报道大系统的命令,做到报道不添乱;应该有效组织自己的采访报道方式,使效果最大化,把对现场的干扰减到最小。

> 记住:好的采访是记者与被访者的共谋,双方的碰撞与激发让问题进入到一定的深度,让思想的开掘进入到前所未有的境界,这是任何单一一方都无法达成的。

第四节 现场随机采访的技巧

现场随机采访具有相当的灵活性、不确定性和挑战性,这考验着记者的反应、组织和现场调度能力。

记者在现场采访语言应具有鲜明的目的性,即便是为避免冷场,或为联络感情的交谈语也应为报道任务服务。要有既定的目的,也要根据现场随机应变。

---

① 柴静.记者要表达的是事实而不是情绪[N].中国青年报,2011-10-23.
② 参见"传媒狐"记者对笔者的采访.哽咽的主播年年有 这次轮到CNN[EB/OL]."传媒狐"微信公众号,2016年8月23日.

一、现场随机采访的准备

在现场随机采访之前,预判随机采访所能达到的效果和目的,记者应该问自己以下几个问题:

- 选择的采访对象是否多元,街采中所选择的对象能否代表不同的视角(参照性别、年龄、职业等人口统计学上的指标)?

图 10-4-1　日本电视媒体记者在"第二十八届世界遗产大会"中的采访现场

- 主题是否具有明确性?采访的问题是否围绕着主题展开,层层递进?
- 采访对象的合作程度会怎样?选择什么样的采访对象比较善于合作?
- 如何接近被访者?如何陈述自己的采访目的从而能迅速被采访对象接纳?
- 热场的问题如何开始?跟进性的问题是什么?
- 如何把握语气、语态,既能与采访对象形成互动,又不妨碍信息的抓取?
- 从采访对象处是否获取到了有效信息?采访对象的回答是真实的吗?采访对象的回答有个性吗?

二、现场随机采访的提问要求

具体设计问题时,除了参考具有新闻共性规律的采访技巧外,从"现场"特点出发,还应注意以下几点:

1. 问题要具体

现场随机采访的时间限度决定了采访中不宜提大问题,而应提具体的问题,便于采访对象直截了当、简短扼要地做出答复。像"您当时怎么想的""您感觉如何"等笼统的问题,只能使采访对象抓不住问题的要点而做泛泛的或者言不由衷的回答。这些笼统的问题会给观众留下记者无知的印象。

布雷迪在《采访技巧》中也尖锐地剖析了"您感觉如何"等问题的弊端。他认为,这些提问"实际上在信息获取上等于原地踏步,它使采访对象没法回答,除非用含糊不清或枯燥无味的话来应付"[1]。比如,采访一名刚刚夺得世界冠军的乒乓球运动员,像"拿了世界冠军后你有什么感想?"或"你的体会是什么?"这样老套的提问就缺乏针对性,由于问题太过空泛,采访对象也不好回答,很可能讲出一大堆与比赛无关的话。相反,如果换成具体一点的问

---

[1] 布雷迪.采访技巧[M].北京:新华出版社,1986:92.

题,如"今天的比赛你在大比分2∶3落后的情况下,及时采取了怎样的战术又重新掌握了比赛的主动?"

作为记者,应该尽量不问空泛的问题。早期电视屏幕充斥着"你有什么感想?""你印象如何?"之类的空泛无指向的问题,被新闻界同行作为电视记者不会采访只会拍摄的例证,也给观众留下了电视肤浅的印象。现在这样的问题越来越少了,这也从一个侧面显示我国电视记者的成长、成熟。

当然,万事无绝对,像"你是怎么想的""你有什么感想"这类问题可以在采访中根据上下语境适时提出,以获取对方的思想和感受之类的信息。有时这类问题往往能引出被访者许多信息,这样记者或许能从其描述中延伸出新的问题。

笔者认为,不问空泛的问题应该成为记者的职业追求;尽量从一个具体问题着手,往往能获得意想不到的效果。

2.问题要简短

现场随机采访,因时间短促,采访对象没有太多准备。所以,问题本身要简短些,以让采访对象和观众短时间内就能听明白。过长的问题会使对方听了后面忘了前面,抓不住问题的核心,不能作出准确的答复。即使问题中需要交代背景材料,也要尽量扼要。在用词表意上,记者要善于把背景交代和问题本身分开。记者还要避免提那些合二为一的问题,不同的问题要具体地一个一个问。若问题过长,记者自己滔滔不绝地讲,易给观众造成"卖弄"的印象,采访对象在侃侃而谈的记者面前会感到被冷落而不知所措。

有的记者在提问时,常常有很长的铺垫。比如说,"你是全国劳动模范、青年企业家、政协委员、新长征突击手……请你谈谈对当前经济形势的看法好吗?"诸如此类的提问,切忌用在随机采访中。

例如《二孩之后》,记者在上海外滩随机采访街头游客:

记者:二胎政策放开,有没有考虑(生二胎)?
游客:可以,这事可以,我觉得身体也行,整一个。
记者:有没有考虑过有压力,两个宝宝?
游客:有点儿压力,但这事儿,毕竟是男人嘛,这事儿得扛住啊。
记者:就是扛住是吗?那你爱人会不会也有这个想法?
游客:做工作。
记者:那包不包括要做这个大孩儿的工作呢?
游客:大孩儿的工作啊,大孩儿的工作也得做。毕竟想法很多,现在小孩儿啊……
记者:哪个方面的工作?
游客:能接受一个家庭有多个孩子。

记者在街头随机即兴采访游客,边走边采,问题具体简短,游客的回答具有强烈的个性,真实、生动。

3. 问题应是新闻的重点

现场采访时间有限,因此问题要少而精,应选择新闻报道的重点以及观众最关心的问题。比如《焦点访谈·惜哉,文化!》记者调查吉林市博物馆火灾原因时,就提了两个问题:"火灾损失有多大""到底有没有消防许可证"。记者以这两个问题分别采访当地官员、专家和普通百姓,所得到的回答相互矛盾,由此让观众认清了当地官员的失职及官僚主义工作作风。

三、现场随机采访的注意事项

1. 记者要有镜头意识

所谓镜头意识,是指电视记者在采访报道中,要始终想到自己的采访是在摄像机前的采访,采访时要想到镜头的拍摄位置以及镜头里可能出现的内容。

(1) 照顾摄像师的拍摄

要善于引导摄像师的镜头进入采访区域,并且为摄像师抓取最好的角度提供便利。比如,当记者意识到被访者的站位和角度不利于摄像师抓取其正面形象时,要善于调整采访方位,让被访者给镜头一个舒服的角度。

要保证摄像师能够充分调整镜头抓拍到一些关键性的细节。当镜头呈现的内容由于光线或其他原因不完整时,记者要善于在现场去补充这些细节,从而使记者的采访提问内容与镜头内容相呼应。

在一些危险的情况下,要善于保护、引导摄像师,充当摄像师的第三只眼,因为此时摄像师的注意力主要放在寻像器上。

(2) 深化镜头的内容

好的现场采访需要记者的提问与镜头的拍摄密切配合。记者既要注意采访提问与镜头里拍摄的内容相配合,同时也要不断深化镜头的内容。观众与现场记者的区别在于两者掌握的"信源"不同,如果信源相同就没有必要设立前方记者了。因此,记者的现场采访应该超越视觉和表象,向更深层次发展。这样,出镜采访的作用才能得到充分体现。

记者要善于调动自己的思考,既让观众通过摄像机镜头看到现场,同时也能透过镜头里的现场把握更深层次的东西。这就要求记者不能见画面说画面,而是善于挖掘镜头之外的东西,充分调动各种感官为观众带来视觉之外的人性化的感受。比如,上文提到的《新闻调查·杨柳坪七日》开篇记者的采访即是如此。

(3) 从现场信息切入采访与报道

这一方式与上文并不矛盾,而是问题的两面,互为辩证。一方面我们强调记者的采访信息不能与镜头重复;另一方面,我们同时要注意根据现场的信息切入提问和交流。这是看菜

吃饭、就地取材的最好方式,能形成良好的交流氛围。比如,中央电视台原《东方之子》栏目的记者采访卡斯特罗,第一个问题是:

> 我们注意到您今天穿了一件非常漂亮的军装,实际上自从您当上古巴领导人以来的几十年中,一直是穿这身衣服。但是最近几年呢,人们注意到您在有几个场合穿上了西服,那么这种服装的变化对您来讲仅仅是一种个人服饰上的变化呢,还是有更深层的含义?

这个问题本来是记者已经准备好的,但是借现场场景提出,具有更强的针对性和现场感。

2.运用全感采访

全感采访是指记者在采访时,运用视觉、听觉、触觉、嗅觉、味觉等感觉器官,获得对事物全面的感性印象,并由多种感觉综合为对事物整体的、本质的认识。

全感采访是采访中由感性到理性的过程,即通过所有的感性认识,确定它们之间的内在联系,从而综合为一个整体。所以,全感采访是形象思维和逻辑思维的结合,是从感觉、感性认识开始,最终归结到理性认识的一种采访过程。

前文提到的《焦点访谈·收棉时节访棉区》里有一段极为精彩的全感采访。1996年,当时我国已实行社会主义市场经济,粮食、蔬菜等大部分农副产品价格都已放开,但由于种种原因,棉花收购还没完全进入市场,由国家统一定价收购,社会上也就因此而产生了不遵守国家法令,擅自抬高价格收购棉花的现象。在棉花收购季节将临之际,为从舆论导向上协助政府做好棉花收购工作,《焦点访谈》派记者到我国棉花收购大省湖北省进行采访,不仅报道了一些棉花收购站秩序井然、棉农反应良好的现象,也报道了违法收购现象。襄樊县朱集镇棉花加工厂在过去一年因以代农加工的名义违法收购棉花,曾受到国务院有关部门的通报批评。记者中得知他们依然在违法收购,于是前去采访。该加工厂是由镇政府办的,有人向记者告知真实情况,也有人去向镇领导通风报信。得知中央电视台记者要来采访,镇政府即下令工厂关门,让工人立即整理现场。当记者前去采访时,工厂大门紧闭。采访就从大门开始,记者询问开门的工人,这里是否在收购棉花,一个说不知道,一个说没收。在记者的追问下,又说收过。调查伊始就产生了悬念。随后的采访中记者巧妙地运用了全感采访——

- 触觉:记者按常规到厂干部办公室,办公室空无一人,但桌上有衣服、茶杯,记者摸茶杯,还有温度,于是向观众说:"茶杯余温尚在,看来主人刚刚离去。"
- 嗅觉:记者来到车间,车间里也空无一人,记者凭自己闻到的气味说:"空气中弥漫着尘土味,看来这里刚刚打扫不久。"
- 视觉:镜头随着采访记者的问话运动起来,只见院子里的人能躲的躲,躲不掉了就坐在台阶上。记者指着跑着躲避的人,问一个坐在地下的人:"你们是这个厂子的?"坐在高处的人回答说是来玩的。那么,"这个呢?这个呢?"回答说都是来玩的。更精彩

的是当记者询问一位女工时,女工回答说,家里没事,来这里玩的,这时摄像师的镜头已经推到她的头发上,特写展示她头发上粘着的棉花。当记者又追问另一个身上沾满棉花的人:"你的身上怎么都是棉花?"对方支支吾吾掩饰着走开了。

调动听、问、看、摸、闻等感官收集来的信息,展现给观众的是一个鲜活而立体的现场,到底这里有没有收购棉花,观众心中已有了自己的判断。

全感采访的现场动态展示,是让观众的认知随着记者对现场事物的感性认识而上升为理性的判断。它展现的是第一手材料,是采访调查的过程;结论由观众自己得出,使调查报道更可信、更生动。

3. 明知故问

有的时候,记者实际上已经知道或者揣摩出问题的答案,但还是要向被访者提出问题,让他们面对镜头回答。这种"明知故问"的提问方式在现场采访中十分有效。

在一般性采访中,其目的是让被访者对着镜头(实际上是对着观众)陈述,这样的方式使节目更富人际交流的情感。比如前文提到的《钱凤鸣老人36年的凤凰自行车》报道,记者在采访前已经知道这辆车的历史年龄,但是在采访中仍然问钱凤鸣:

记　　者:你这车骑了多少年了?

钱凤鸣:36年了。

记　　者:大概是?

钱凤鸣:1963年3月份买的,待会儿你看看发票就知道了。

这段记者的明知故问实际上是为了让钱凤鸣亲自向观众讲述她的自行车历史,这不仅能使叙事完整,而且能在交流中牵带出钱老的情感因素。

在调查性采访中,记者可以采用明知故问的手法获得证据,从而与后面采访到的内容相互印证。比如在中央电视台《焦点访谈·追踪陈化粮》中,记者采访吉林省万顺华饲料有限公司工作人员时提问:

记　　者:这车拉的都是什么粮?

工作人员:都是陈化粮,都是拉去加工饲料的。

记　　者:都是拉去加工饲料的?

工作人员:对、对、对。马上就要拉走了。

记　　者:你能确定是加工饲料的吗?

工作人员:百分之百。

记　　者:拉给哪个厂?

工作人员:合心加工厂。

其实在这段采访前,记者心里已经清楚对方的陈化粮的用途,但是在现场仍然用明知故问的方式让工作人员作假的行为在镜头前暴露出来,从而为下文做好铺垫。记者在这段采访后赶到合心饲料厂采访,得到的信息是这个厂已经两年不生产饲料了,而陈化粮实际运到了沈阳的辽中县星晨粮谷加工厂被加工成大米。这样的采访和印证真实可信。

4.同类替换

作为记者还要注意问题的同类替换,其潜台词就是"换言之"。当记者提问中意识到对方对问题不理解或者是不懂的时候,要适时地转换表达语言,重新组织问题。如果记者的问题太宽泛,则要举例说明;如果问题太抽象,则要使之具体一些。

> 记住:问题具体、简短、突出新闻重点;记者要有镜头意识;善于运用全感采访。

思考及练习题

1.如何把握交流式采访与交锋式采访?

2.该如何应对现场采访中的几种矛盾?

3.现场随机采访的技巧有哪些?

4.做一个镜前随机采访,就一个事件设计三个问题,分别问不同的对象,从中总结出规律。

第十一章
如何获得成功的采访（2）
——人物专访

本章重点

- 重视开场，创造谈话基础
- 善于梳理、总结、提炼对方的想法与观点，为观众指明方向
- 顺向问题与逆向问题——交流与审视相结合
- 提问类型与方式没有固定的模式，其目的都是为了获得真实的信息、个性与情感

好的访谈是让思想进入到前所未有的深度。

在撰写这章的时候,笔者首先想到了那些杰出的访谈者,他们的访谈充满着个性、渗透着思想、蕴含着力量。最关键的是,他们不仅是访谈引领的专家,更是好奇的倾听者。在这个过程中,他们不仅获得了信息的深度,也形成了自己的风格。

人物专访是有准备的访谈。它的魅力在于采访者与被访者在相对稳定的环境中进行思想的碰撞与交流。因此,专访的深度、广度远远超过随机采访。由于人物专访在形式上是相对静态的访谈,其重点更多地是在访谈交流本身上做文章,在问题设计、言语方式、信息层次上形成重点。

第一节 人物专访的技巧

一、人物专访的准备

对于一般性采访准备,我们在本书第二章中已经有详细的介绍。除了常规的采访准备要求之外,人物专访还需要做以下准备工作:

第一,找准自己所在媒体与被访者在价值观、采访诉求上的契合点。无论是为了探求事实真相还是进行思想和观点的采访,在准备时要明确自己所代表的媒体与被访者在利益诉求上有什么契合点,对方为什么能接受自己的采访。比如,对方想通过他信任的媒体发声,想与他价值观相契合的媒体进行沟通。

图 11-1-1 中央电视台中文国际频道记者专访现场

第二,深入研究采访对象。从不同信源了解采访对象的详细信息,尽量获取独家信息,这个过程也是将访谈深化的过程。《人物》杂志要求每篇采访稿必须做到每千字一个信源,这也就意味着一篇8 000字的深度报道,必须出现8个信源,而且这些信源还不能是同质化的。这样才能保证有足够的独家信息,而不是用媒体上报道过多次的信息去提问。①

第三,有耐心与被访者沟通交流。在时间允许的情况下,有足够的耐心等待被访者对记者及记者所代表的媒体进行审视,有足够的耐心与对方进行积极的沟通与交流,每一次磨合都能激发、碰撞出新的信息。

二、重视开场,创造谈话基础

美国作者林纳特·苏宁说:"在人类的舞台上,上演着许多互动的戏,而你正是这无尽演员中的一位,……无论你的回答是什么？它们都有一个重要的共同因素,你必须面对四分钟防线,这是关系建立或再进一步时,接触一开始时的短暂片刻。"②记者和采访对象初次见面的最初几分钟内,如何打破坚冰将决定整个采访怎样进行下去。在这几分钟内,采访对象在审视、判断:这一记者是否有诚意,是否值得信赖？是否有能力处理我提供给他的信息,并且如实地写出有关我的情况？

好的开始是成功的一半,记者在专访中的开场问题是敲门砖、试金石。我们先来看《60分钟》主持人华莱士对邓小平的采访开头。华莱士在采访邓小平时,首先以漫谈的方式同邓小平进行交流,巧妙地表露了他的意图:

华莱士:我把今天同您的交谈看成是一次非常难得的机会。因为像您这样的人物,我们记者不大容易得到专访的机会。

邓小平:我是一个普普通通的人。

华莱士:我希望我们在一起的一个小时对您是有趣的。

邓小平:我这个人讲话比较随便。因为我讲的都是我愿意说的,也都是真实的。我要我们国内提倡少讲空话。

华莱士:您有没有接受过一对一的电视采访？

邓小平:电视记者还没有。与外国记者谈得比较多的是意大利的法拉奇。

华莱士:我读了那篇谈话,感到非常有趣。法拉奇问了您不少很难回答的问题。

邓小平:她考了我。我不知道她给我打多少分。她是一个很难对付的人。基辛格告诉我,他被她刳了一顿。

华莱士:是的。我采访过法拉奇;但我也问了一些她很难回答的问题。

这段采访至少表明了华莱士的四个意图:第一句对话表明他对此次专访的重视。老练的华莱士深知只有在采访对象确认记者满怀诚意并非常重视采访的情况下,才能得到对方的信任,进而达到双向合作。第二句对话道出他素以硬性采访著称,对美国政界首脑经常采

---

① 真正有关人性的故事是如何浮出水面的[J/OB].《人物》微信公众号,2015年11月10日。
② 苏宁 L,苏宁 N.最初四分钟接触:人际关系的奥秘[M].北京:作家出版社,1989:1-2.

用咄咄逼人的提问方式。第三句对话显示他的专访对邓小平是开创性的电视一对一专访，这在某种程度上提高了此次专访的新闻价值。而后的话语用意在于引起邓小平对他本人的重视，因为他曾向难以对付的法拉奇提出过她难以回答的问题，说明他本人也不是等闲之辈。虽然华莱士采取的是漫谈方式，但每句话都是有意图的。

图 11-1-2　中央电视台系列片《大国工匠》人物专访现场

采访是人情的交往，也是对人性的揣摩。作为记者，好的提问技巧应该达到这样一个标准，即能够积极主动地为实现特定目的进行创造，开场尤其重要。在实际操作中，访谈的开始未必是节目的真正开场，但无论怎样，记者都应该在专访开场进行特别的设计和准备。比如，在访谈开始，适当地赠送对方一件小礼物，这个礼物最好与双方都有密切的联系，而且与本次访谈有一定的关联。

记者在专访中要善于热场，善于结构一个好的开场。好的开场应该透露出这样的信息：

1. 显示记者和观众对这次访谈的关注和重视

记者可以从最有价值的新闻点出发提问。比如《杨澜访谈录》中，杨澜在北京奥运会期间采访美国篮球明星布莱恩·科比，其开始的提问是这样的：

杨澜： 你们的第一场比赛就是中国队，挺不容易的，因为他们是主场作战。对这场比赛您的预期怎样？

科比： 我的预期是这个环境对我们是很特别的，我想，我们今后也不会再体验到这样的比赛环境，现场气氛会极其热烈。但是总有人要首当其冲，去迎战东道主，而我们轮到了。我们都很振奋，对我们来说是一个很好的机会，能够在奥运会的舞台上展示自己。

开场提问，杨澜就从中国观众感兴趣的新闻点入手，拉近新闻人物与中国观众的距离。同时，我们也看到，科比的回答也很有技巧，显示出他对北京奥运会的尊重，对中国队的尊重以及对中国球迷和中国观众的尊重。被访者借此平台向观众表达意愿，采访者的问题设计具有深意。

2009 年，杨澜采访访问中国的美国国务卿希拉里时，其开场提问是这样的：

杨　澜： 您在参议院外交委员会作证的时候，您说美国应该在国际事务中运用"巧实力"。这个策略在您这次亚洲之行中是如何体现的,尤其是对中国的访问?

希拉里: 在奥巴马政府中,我们的目标是运用一切手段加强与世界各国的关系,在外交政策方面,我总是说三个"D",也就是防卫、外交和发展。我们尤其要重视外交和发展这两项,我上任这一个月以来,一直重申我们要代表和保卫美国的利益、安全和价值观……

杨澜在开场提问中,从中国观众的角度,把被访者与中国联系起来,同时也巧妙地运用了被访者的主要观点,提纲挈领地引出谈话,便于观众理解。

2. 创造良好氛围,激发被访者谈话的热情和欲望

"酒逢知己千杯少,话不投机半句多。"在一般情况下,记者应以创造性的开场引起被访者谈话的兴趣,为双方的交流顺利推进打下良好基础。比如《面对面·杨利伟,飞天圆梦》中,记者王志在"神五"上天前,来到北京航天医学工程研究所航天员选拔训练中心,对杨利伟进行了独家专访。此次访谈不同于一般的采访,为了保证航天员在出发之前的健康万无一失,在采访之前,对节目组人员进行了仔细的身体检查和消毒防护措施。

记　者: 你好,请坐,手就不握了。

杨利伟: 我们非常希望跟你握握手。

记　者: 等你回来以后我们就握手。

杨利伟: 假如有这机会肯定是没问题。

记　者: 拥抱都可以。

杨利伟: 没问题。

记　者: 我先做一个自我介绍,我 1965 年 5 月出生,身高 1 米 76,体重就不说了。

杨利伟: 那你比我大了一个月,身高还比我高了很多。

记　者: 你身高是多少呢?

杨利伟: 我 1 米 66。

记　者: 体重呢?

杨利伟: 体重现在可能有 63 公斤左右。

记　者: 你们的要求是什么?

杨利伟: 我们现在要求身高一般不超过 1 米 72,一般在 1 米 65 到 1 米 72,体重一般在 70 公斤以下。

记　者: 需要什么条件呢,当宇航员?

杨利伟: 他们来有个条件,飞行基本上要在 1 000 小时以上,最少在 800 小时以上。作为咱们现在空军这种飞行的话,当时我们来的时候,在 30 岁左右的时候,基本上年龄都在这个年龄段,你才能有这个空中经历,才会飞这么长

时间。

记　　者： 不是你的年龄控制,而是你的飞行时间,这个就画了一道杠。

杨利伟： 对,本身招的时候、选拔的时候,也有个年龄段,从25岁到35岁这个年龄段去招我们,但是你带有飞行的东西,正常大家去飞行的话,基本都差不多。

中国古语有言:"将欲取之,必先予之。"这一段开场是精心设计过的,王志一上来就透露自己的个人信息,以自己的个人信息换取对方的信任,这比上来直接询问对方的信息要婉转得多。正如《面对〈面对面〉》一书所言:"王志曾经说过,他最不喜欢的事情就是暴露自己,因此他更喜欢作为记者去访问别人,而不喜欢成为被访者。但这一次采访航天员,他首先就'暴露'了自己的出生年月、身高等,接下来再问对方的身高、体重等等,这样的提问方式容易让采访对象感到放松,肯定也比一上来直接就问对方的个人信息要好。"①

3. 证明记者对这次访谈有充分的准备

访谈是在双方信息平等基础上的交流,被访者抽出半个小时甚至更长时间接受采访,不是要讲述那些基础的信息,尤其是对于名人、政治人物这样一些忙里偷闲而又很难接受采访的对象更是如此。如果对方意识到记者本人对自己没有足够的了解,没有足够的资料准备,他就会产生轻视、排斥的心理。因此,记者的采访技巧就是在提问中暗示自己为这次采访做了精心的准备。英国《卫报》记者林恩·巴伯(Lynn Barber)曾说过:"做好功课,带着充分的准备与好奇心前往。一开始就提出详尽的问题,去证明你对他所知甚详,也提醒他,你期待他也努力回答你的问题。"上文提到的对希拉里的采访中,杨澜引用被访者希拉里的观点也充分说明了杨澜对希拉里的研究。

记者有充分的准备还意味着,不问被访者"老掉牙"的问题。尤其是对于一些接受过无数采访的名人而言,他们已经对不同记者讲述了自己的发家、奋斗、跌倒、爬起的历史,如果记者的开场还是那些看似有故事实则无新意的陈年往事,这跟谋杀对方的生命没有什么不同。

4. 暗示此次访谈的目的

此次采访目的是什么?为什么选择该采访对象?是信息采访还是个性采访,是思想交流还是挖掘故事?在实际的操作中,这

图 11-1-3　中央电视台《经济信息联播》人物专访现场

---

① 王志,耿志民,欧阳询.面对《面对面》[M].北京:文化艺术出版社,2006:199.

样的信息在访谈前的沟通中就可以传达给对方,以让对方对此次访谈有较为清晰的认识和良好的准备。

三、善于梳理、总结、提炼对方的想法与观点,为观众指明方向

在访谈中,被访者的很多内心想法和观点可能隐藏在具象的叙述中,记者应该适时地做一个提炼者、引领者,从其感性的表述中提炼出具体的观点,从而有助于观众理解,同时也把访谈引向一个比较明晰的方向。比如在《面对面》采访凤凰卫视原新闻主播刘海若的母亲黄庆中的段落中,刘海若在英国旅游时,遭受列车脱轨事件,身受重伤。在入住的英国医院里,其母亲黄庆中与医院就是否为刘海若做脑干测试,检查她是否脑死亡产生了严重分歧:

记　者:那你为什么就不愿意让他们做脑干测试?

黄庆中:我觉得她拔掉管子,可能我女儿就没命了。因为她太弱了,所有帮助她的东西统统拔掉了,她怎么活,我一个很直觉的反应就是这样子。我觉得她不应该那么快地拔,应该再过几天,等我女儿养一段时间,才能够拔。

记　者:这个时候可能是不是一种亲情让你产生……

黄庆中:我也不知道,我那个时候就是这样子。平常我这个人一向马马虎虎的,那个时候我想到我女儿性命比什么都重要。但是我告诉你,更可笑的是在这里,好像在第二天吧,突然来了一个医生,是一个印度人,就来跟我大女儿讲,说要给海若缝肚子。你们相不相信,在那个时候,她的肚子没有缝,我们都不知道,只在那儿争她做脑干测试,因为她盖的有东西,我们都没有看到她的肚子没有缝!

记　者:你不相信他们?

黄庆中:我没有讲出来,我心里这么想。

黄庆中的叙述,让记者敏锐地抓住她当时的不信任心态,并将之点透,以便观众更好地理解当时的事态。当记者体现出这种准确把握采访对象内心的提问水平时,采访对象与记者就能达到交流上的默契。

四、灵活把握访问技巧和思路

从某种程度上讲,技巧的运用是因人因事而异的。但记者怎样灵活地提问,怎样提出有分量的问题,或者怎样巧妙地用提问方式将信息引出来,这其中却有一些基本的规律。

归纳起来,主要有以下几种技巧和对策可以作为参照:

1. 充当对手,展开讨论

对持有不同思想观点的对象进行采访时,记者采取这种技巧往往能够挖掘采访深度,比

较适合于思想观点的采访。

2. 抛砖引玉，唤起回忆

采访往往涉及往事追溯，有人能够倾吐，有人则不愿回忆。记者若选择一件特别能够触动对方情感的事抛砖引玉，则会唤起对方的怀旧之情，这一技巧适合于个性专访。比如上文提到的《面对面》对杨利伟的访谈。

3. 恰如其分地肯定，鼓励对方讲下去

对显而易见的成就或观点进行恰如其分的肯定，对方会感受到记者对他的理解，会激发其谈话的热情，这一技巧适用于新闻人物和名人专访。

4. 提出疑问，"激怒"对方全盘托出

当采访对象因某些做法不被人理解，或者引起社会上的不同议论时，记者可以引用其中某些否定性议论，以疑问口气提出问题，对方为了澄清事实，一怒之下会将事情原委吐露出来。此种技巧适用于有争议的事件、人物、现象的采访。

5. 问题宽窄结合，灵活多变

根据不同的采访对象、不同的报道题目采取灵活多变的提问技巧，可先宽后窄或先窄后宽，即采用"漏斗式"的提问顺序或者是"倒漏斗式"的提问顺序。换言之，先提出一个涉及范围较广的问题，然后收回到较窄的范围；或者先小范围提问，然后再放开来谈。

6. 顺向问题与逆向问题相结合

在实际采访中，问题的组织有顺向问题和逆向问题之别，有人又称之为"顺毛捋"或"反毛捋"。

顺向问题是记者根据对方的回答思路，顺向进一步提问。记者根据交流的实际发展方向，根据对方在回答中的语言与观点，就势提出记者想要问的问题，从而自然地将访谈推向深入。有的记者在采访中，往往按照拟好的提纲来提问，这就易把访谈套入一个生硬、按部就班的一问一答的死板形式中。在采访中，记者应该把准备好的问题融入头脑中，适时灵活地提出问题。比如美国哥伦比亚广播公司《60分钟》对歌手碧昂斯(Beyonce)的采访：

碧昂斯：我很小的时候就学会权衡评估一切事物，我很早就下定决心绝不做一些事。

记　者：不嗑药？不暴饮暴食？不乱交朋友？没有不堪承受的压力？

碧昂斯：是的，我觉得我很幸运，我的成功是一步步取得的。

记者顺着碧昂斯的话，进一步帮她说明，所谓的"绝不做一些事"是指什么。信息在相互交流中逐渐明晰。

第十一章 如何获得成功的采访（2）—— 人物专访

中央电视台《面对面·沙祖康:我是中国派》①中,记者采访沙祖康对联合国副秘书长职位的态度时,沙祖康回答道:"我喜欢直接,不喜欢间接。"记者顺着对方的回答追问:"那好,我有一个直接的问题,59岁是一个很敏感的年龄,您在这个年龄阶段被任命到这样一个位置,大家觉得您有后台。"沙祖康回答道:"后台有,我的后台就是13亿中国人民,我的后台就是我们中国政府,其他没了,当然我家里的后台就是我老婆,还有我儿子,还有我很好的、很贤惠的儿媳妇。其他我没有后台,我不相信后台。"

逆向提问,是提问不沿着采访对象回答的方向走,而是对采访对象的回答提出质疑,从而从不同角度印证谈话、抓住事物的本质。逆向提问是记者在与被访者交流之外的一种审视与反驳。这样的提问往往与被访者产生碰撞、交锋,能使谈话深入下去。比如,在《新闻调查·"黑脸"姜瑞峰》中,当姜瑞峰大谈特谈如何蔑视金钱、美女时,记者插话提问:"金钱、美女难道不好吗?"随即话题进入观众感兴趣的问题,姜瑞峰内心世界中反腐倡廉的基础是什么?再如,《面对面·马燕:我要上学》中,记者探寻马燕上学动机的提问:

记者: 你想对妈妈说什么?

马燕: 我想上学。

记者: 为什么要上学?

马燕: 我觉得上学好。比在家里蹲着好。别的不说,听到我的父母他们吵架,感觉到非常烦恼。

记者: 但是我还是有点不明白,你已经读到五年级了,别的女孩子可能读到三年级就不读了。家里又是这种经济状况,你为什么一定要读?

马燕: 从三年级到五年级,我们那时候读的书更多了,学到的东西也更多了,看到的也多了,总觉得再不要过以前的那种生活。

记者: 过老的生活有什么不好呢?

马燕: 他们一天就知道下苦,去外面打工有时候还被人骗了。就是不被人骗,他们还是挣不上钱。这都是看到的。虽然没有亲身体验过,但是从他们身上可以感受到。

记者: 你为什么一定要改变?

马燕: 我觉得最大的一个启发还是从我母亲身上学到的。她是一个没有文化的妇女,从妈妈这样的妇女身上我感觉到,我们需要知识,那是有用的。

马燕最初回答上学是为了躲避父母的争吵,这个答案显然还有信息空间可挖掘,于是记者用连续的反问进一步求证。在这里,记者通过一连串带有审视的追问,刨根问底地探询出马燕想要上学的真实想法。

---

① 中央电视台《面对面》2007年2月11日播出,获第十八届(2007年度)中国新闻奖电视访谈一等奖。

图 11-1-4　中央电视台 G20 杭州峰会演播室访谈

记者在访谈中应该把顺向问题的交流与逆向问题的审视结合起来,从而避免被采访对象牵着走的尴尬境地。"访谈过程中,交流与审视交叉推进,此起彼伏,就形成了谈话的节奏与冲突。记者只有懂得将交流与审视交替运用的艺术,既拉近与采访对象的距离,又保持一定的距离,才能以职业访问者的身份将访谈式采访进行下去。"①

以上六种技巧是从众多提问实例中提炼概括出来的。真正能够巧妙地运用提问技巧不是一件容易的事,需要借鉴前人的经验并不断地实践。

五、发挥多维性思维

创造性采访的特定含义是:创造性采访不仅引出信息,而且允许进行信息互动、碰撞,从而创造出一种采访对象单方面不能达到的交流状态。

记者在专访中如何引出信息、交流信息并达到一定水准呢?

人物专访是问、听、看、想四者有机结合的采访活动,因此,记者只有进行多维性思维,才能达到上述水准。

1.确定访谈的魂

为什么要约定这次专访?要达到什么目的?问题该怎么统摄起来,而非一盘散沙?记者在设定问题的时候,要有明确的目的,这是采访者的知识、洞察力和创造性想象形成的过程。漫谈也好,集中也好,有追求的记者应该赋予每一次访谈以魂魄,只有这样,其主题、个性、思想才能很好地体现出来。

2.关注与倾听——做有思想的耳朵

好的访谈就如日常生活中的聊天。有趣的是,"聊"字的部首是一个"耳"旁,这充分说明在聊天过程中"听"的重要性。访谈时,记者要精神高度集中,全神贯注地倾听对方的回答,否则很容易出现问题——没有听清采访对象说了些什么,什么重要,什么不对……初出茅庐的记者有时只顾准备提出下一个问题,考虑怎样措词,以致没能注意到采访对象因为他的漫不经心而对访谈失去了兴趣。记者在访谈时必须认真倾听每一个回答、每一句话、每一个观点、每一个细节。听懂了才能提出好的跟进性问题,否则无法向谬论提出疑义,无法澄

---

① 王志,耿志民,欧阳询.面对《面对面》[M].北京:文化艺术出版社,2006:70.

清含糊不清的问题,无法抓住话头补充提问。记者不但要竖起自己的耳朵,而且还要带着观众的耳朵倾听。对记者来说清楚明白的问题对观众并不一定也清楚明白,记者应该排除其中的障碍。

在访谈过程中,记者要投之以关注的神情,这不仅是对被访者的尊重,而且也是被对方传达的信息所吸引的一种表现。比如中央电视台《实话实说》早期节目主持人崔永元在节目中就非常善于倾听,是从一个倾诉者转变为倾听者的代表,是一只"有思想的耳朵"。他说:"这才是真正的谈话!我说的'听'就不是技巧问题,这是真正在听,用心在听,所以他在打动你的时候,你才会落泪;他说得有意思,你才会哈哈大笑,才会忘掉自己。"[①]美国《奥普拉访谈》主持人奥普拉在节目中也自始至终投以关注的神情,她随时都在用她的体态和表情向被访者传递这样的信息:"我和你们一样,我是真的理解你们"[②]。

在访谈中,多一些倾听,放弃预设,这不仅是一种人文关怀,更是一种专业操守和职业素养。

3.访谈与观察同在[③]

西方心理学家经过多次实验,证实"谈话过程中自然流露出来的体态和面部表情,并不是出于无心的偶然活动……而是具有口头才能表达出来的特殊传感意义"。很多记者在访谈中对此观点有深刻体会。很显然,访谈中需要记者察言观色。

那么,观察什么?如何细致入微?

第一是观察对方说话的方式,包括表情、手势、神态、语调。这些因素往往能体现采访对象的鲜明个性。

第二是观察对方对采访的反应,是紧张、激动,还是兴奋、高兴;是烦躁不安,还是滔滔不绝……这些都可以表明采访对象对问题所持的态度。

第三是观察对方的外表,包括外貌、身材、服饰。这些可以体现采访对象的外部特征。

第四是观察对方所处的环境,包括他拥有的财产、室内的装饰、摆放的特殊物品、户外的地理位置。这些可以衬托人物的生活习惯、爱好。

4.访谈与思考并存

访谈是一个艰苦的脑力劳动过程。然而思考什么?如何思考?

其一是围绕着事件思考。当对方向记者叙述一件事的时候,记者应该想事件的开头、经过、结尾是否完整,细节是否具体,数字是否准确。一旦发现有漏洞或有疑问,应当立即澄清。

其二是围绕着观点思考。当对方提出一个观点、一条经验时,记者就要认真思考这个观

---

① 根据笔者1999年在科技情报所对崔永元的访谈。
② 苗棣,等.美国经典电视栏目[M].北京:中国广播电视出版社,2006:110.
③ 相关问题的探讨还可参考本书第五章第三节"如何塑造中心人物"。

点是否正确,是否具有科学性,该经验是否符合客观实际,有什么普遍意义。

其三是围绕着主题思考。主题在专访中的体现方式比较独特,它是在一连串的提问或者不间断的交流过程中得以体现的。记者在采访前就应对主题思想有所思考,在访谈中应注意挖掘新鲜、生动、能够说明和深化主题的事实与观点。

其四是围绕着专访的形式思考。特定的专访形式有着特定的时间长度、表现形式的要求,记者必须考虑形式与内容的有机结合。

综上所述,可以发现:记者的多维性思维就是从不同角度、不同侧面去认识事物、分析事物、反映事物。

> 记住:带着有思想的"耳朵",促动双向交流与合作。

第二节 人物专访的提问方式

采访中的提问是一门艺术,这种艺术是记者与被访者互动交流的产物。在具体的采访中,有多种提问方式与技巧,记者应当在实际采访中灵活运用,同时在前期问题准备和策划中也要有意识地设计各种类型的提问方式,以获得预期效果。主要说来,人物专访中常用的提问方式有如下九种:

一、正面提问,开门见山

这是抓住关键问题,单刀直入,直奔主题的提问方式,有人又称之为"开闸放水式"的提问。记者发问的目的是获取新闻事实,为了解未知事实向知情者发问,不绕圈子。

我们来看中央电视台《小丫跑"两会"》采访重庆农民工冉长明的一期节目:

记　者:我们的同事在拍照片的时候,他(冉长明的儿子)为什么不愿意面对我们的镜头呢?

冉长明:没有钱,好像他就不愿意面对镜头。

记　者:孩子的学费有多少?

冉长明:整个是八千多。

记　者:你一天能挣多少钱呢?我们在短片中看到的都是一块两块这样的收入。

冉长明:一天有十几块钱,好的有二十几块。最好的三十块钱,如果扯平的话。六百块钱都不到。早上七点起来,晚上菜摊子都收完了,我们才回去。一天要十几个小时。

记　者：冉大哥今年五十？

冉长明：今年五十四了。

记　者：有没有生过病呢？

冉长明：有,病得没得法的了,只有拖,没有钱。担重担我也很喜欢,可以发点汗,人就好了。像伤风感冒就用这种方法。

记　者：冉大哥还有一位老母亲,有多大年纪了？

冉长明：七十四,我妈妈单独住。

记　者：那妈妈的生活怎么办？

冉长明：纯粹独立生活,她开了一个店。一天找到个三四块钱、两三块钱来维持生活。

在这里,记者完全用简短直接的问题,获得当事人的事实信息,传达出冉长明的生活状况。

正面提问要求记者有高屋建瓴的把握问题的能力,所提的问题往往是关键的、触及事件核心的。这样的问题往往能起到以一当十的作用。

二、迂回采访,侧面提问

此种提问又分两种情况：一种是记者采用转述、代述的形式,以其他人的口吻,提出问题。记者或者以观众的口吻或者以其他人士对被访者的评价来引出问题,比如,《东方之子》采访联合国原秘书长加利时即采取了这样的方式：

主持人：秘书长先生,请允许我告诉您今天在这里采访您的除了我本人以外,还有许许多多关心联合国、关心您个人的中国人,因为我也带来了一些我们的观众的问题,现在我们是否可由一个北京的小学生的问题开始我们今天的采访呢？这个小女孩请我们问您联合国有多大？秘书长的权力有多大？

加　利：联合国就像是一个大家庭。就像这位小姑娘的家有父亲母亲、兄弟姐妹一样,联合国这个大家庭一共有 185 个成员。联合国就是这 185 个成员的家。联合国秘书长的权力并不是很大,他不过是这个大家庭的仆人。他就像一个大管家,负责保护这个家,每天早晨开门、打扫卫生……而且他要努力让这个家的每一个成员彼此和睦相处,如同亲兄弟一般。因为这个家里经常会出现一些争论,秘书长的作用就好像是调解人,他的角色是解决争论,平息争吵……

在这里,记者首先介绍了这次访谈的重要性,然后以一个小观众的口吻提出了一个看似很初级但是又为观众所关心的问题。而加利的回答也很风趣、生动,牵带出许多我们感兴趣

的信息。

此外,一些刺激性很强的问题,也迫使记者采取此方式,比如针对1980年伊朗人质事件,华莱士顶着压力采访伊朗最高领袖霍梅尼,其中引用了埃及总统穆罕默德·安瓦尔·萨达特对霍梅尼的评价:

> 埃及总统萨达特说你的做法是有损于伊斯兰颜面的,而且他称你——阿訇,请原谅我,这是他的话,不是我的,他说你是一个疯子。

华莱士是伊朗人质事件后,第一个获许采访霍梅尼的美国记者,在当时紧张的局势下,面对伊朗最高领袖,一贯以提问刁钻著称的华莱士借萨达特之口,向霍梅尼抛出了这样尖锐的问题。而这个问题不在事先提交批准的问题单之列。① 事后,华莱士回忆道:"我当时心里想,天啊,他会不会把我关起来?"②

借助互联网的发展,电视媒体与观众的互动越来越多,记者或主持人往往采取搜集观众提问的方式来为节目注入互动的活力,这样的访谈对象感更强,更能契合观众的兴趣点。比如《杨澜访谈录·中国式的智慧——柳传志》一期节目的结尾,杨澜向柳传志抛出了互联网上搜集到的观众感兴趣的问题:

> **杨澜:** 山东济南有一位叫程亮的朋友说,对于A股回归,你觉得联想在什么条件下会做?做了以后对联想又会产生什么样的影响?
>
> **杨澜:** 福建省福州市一位叫刘雪春的网友向您提出这样的一个问题,说中国古人说富不过三代,联想继续辉煌的保证是什么?
>
> **杨澜:** 齐齐哈尔一位叫王国新的朋友问,据说中国企业领袖级的人物的标准要有传奇性、要有魅力、要有自己的思想,你同意这种标准吗?

另一种情况是,对一些问题,记者不好单刀直入,则要通过旁敲侧击的方式来提出问题。2005年年底,杨澜采访马来西亚总理巴达维,在研究资料时发现巴达维的妻子刚刚去世。因为得知他们夫妻感情很好,杨澜很想问一问对方这方面的问题,"但坐在你对面的毕竟是一个总理,一上来就问人家妻子去世的事,很唐突,也不礼貌。在谈完许多政治方面的话题之后,我就想怎样让他自己把这个问题谈出来。所以我就决定这样问他:'在过去的2005年发生很多事,但对你影响最大的事情是什么?'他就说,'对我来说,2005年是哀痛的一年,因为我妻子去世了。'一直讲了十几分钟的时间,讲他和他妻子的感情、她最后的日子,讲得非常好。采访结束后,他的新闻秘书就说:你们中国记者真有本事,因为我们总理在公众场合从来不谈个人生活。"③

---

① WALLACE M.Gary Paul gates,between you and me[M].Hyperion Books,2005:129.
② Newsman Mike Wallace dead at 93[N].USA today,2012-04-08.
③ 杨澜.你可以不成功,但不能不成长[EB/OL].[2008-08-26].http://expert.bossline.com/402/viewspace-3072.

三、追问

这是记者常用的一种提问法,是记者根据采访对象的现场回答做出即兴提问的采访方式。追问的目的在于捕捉那些具体的事实和细节。追问需要记者对事件的深入把握,同时也考验了记者在现场组织问题、即兴发问的能力。一般而言,追问可分为两种方式:

一种是寻根究底法,就一个问题由浅入深、富有层次地提问。按照中央电视台记者童宁的说法,可以称之为"起承转合法"——是什么,为什么,怎么样。有时候一个封闭式的提问后面接着就应该有后续的问题,被访者一个简短的"是"或"不是"可能正是记者、观众要了解的信息,但是一般情况下,总是想从对方口中得到较为详尽的回答。如

图 11-2-1　中央电视台《面对面》栏目人物专访

果用简单的提问,无法使对方展开回答,最好紧接着问"为什么"。"为什么"不是一个可以用简单的"是"或"不是"来回答的,这种"为什么"的提问往往能给对方一种无形的尊敬,迫使对方发挥他的专长回答问题,他所回答的内容或许恰恰是观众需要了解、知道的东西。比如《面对面》记者采访沙祖康时,沙祖康谈到"我愿意当幼儿园的园长,也不愿意当联合国的副秘书长",记者适时地提出"为什么",从而引出沙祖康对祖国的情怀。

另一种是步步紧逼法。这一方式尤其适用于质疑、求证中,或者面对被访者处于躲避、绕圈子、顾左右而言他的时候。比如,《面对面》记者对边金阳的采访段落即是一例。2003年,9 岁少年边金阳在连续写出《时光魔琴》和《秦人部落》两部长篇小说以后,被人们称为是"中国的哈里·波特"。其《时光魔琴》一书的海外版权更是卖出了 15 万美元的高价,这一价格创造了低龄作家海外版权收费的最高纪录。记者在采访中,就边金阳以如此小的年纪而成为两部小说作者的真实性进行了求证,用的就是步步紧逼的方式:

记　者:是你自己写的吗?

边金阳:是啊。

记　者:但是现在有好多人认为,一个 9 岁的孩子,不可能写出这种书来。

边金阳:之所以我才 9 岁,所以才能写出这种书,如果大人就写不出这种书来。

记　者:你怎么写的?

边金阳:拿电脑。

记　者:那你怎么坐得住呢?

边金阳:就这么坐就坐得住了。在电脑前一打字,我就坐得住了。

记　者：那么有趣吗？

边金阳：有趣啊，多好玩。

记　者：怎么好玩？

边金阳：感觉我写的东西特别好玩,边写边乐。

记　者：有人说因为你爸爸是做编辑的,你妈妈也会写诗,是不是他们帮你写的？

边金阳：他们绝对写不出我这样的,一般说人越大,就越没有想象力,他们要能写出这东西,我就把这台摄像机给吃了。

在这里,记者就写作的真实性从不同的角度和侧面进行了刨根问底式的提问,不仅给观众求证了信息,而且也牵带出边金阳富有个性的回答。

擅长步步紧逼的华莱士也有很多经典的追问段落,比如其采访巴勒斯坦原领导人亚西尔·阿拉法特：

华莱士：为什么沙龙(以色列总理)如此憎恨你？他想干掉你？

阿拉法特：他曾经试图13次干掉我。

华莱士：对啊。他为什么这么恨你？

阿拉法特：这,你得问他。

华莱士：不！不！不！不！你有你自己的看法。为什么？

真可谓风格即人。

王志认为,一个职业记者的职责应该是,当采访对象给记者提供一个答案的时候,记者要根据这个答案再提出至少五个问题,而记者和采访对象之间的问答互动正是人物专访节目的主要内容。① 由此可以看出,追问对记者的现场判断、即兴提问、把握谈话走向的能力提出了更高的要求。

四、带背景的提问

有的时候,专访对象身居高位或者是知识水平、阅历都较高的精英人士,记者在提问中往往会忽略掉最基础性的展现事实的问题,而在提问中首先介绍事实背景,然后直接进入观点和思想层面的问题。比如,《面对面》记者采访主张修建三峡大坝的专家潘家铮,记者问道："我听说您为三峡还专门写了一本书,用了四个字'千秋功罪',没有看到这本书,但是我很想知道,您对于这个工程,这个功过怎么评说？"在此,记者交代了与潘家铮有关的背景事实,接着直接寻求被访者的观点。这样既向被访者和观众交代了背景,同时又直接进入了深层次的谈话内容。

我们需要辩证思考的是,带背景的提问往往是长问题,它与我们之前倡导的提简短的问

---

① 王志,耿志民,欧阳询.面对《面对面》[M].北京:文化艺术出版社,2006:166.

题是不矛盾的。一般而言,在一些深度访谈中,带背景的提问能迅速牵带出很多信息,扩展访谈的内涵。因此,在实际的操作中需要因地制宜辩证使用。

五、假设性提问

假设情境,巧设埋伏,这是一种创造性的提问方法。记者希望得到新的更感人的、更能反映事物本质的素材,对事物

图 11-2-2　中央电视台中文国际频道主持人专访现场

或人进行合乎规律的预测、估计、推断,然后设法在某种推测性提问中验证可能性和真实性。比如在《杨澜访谈录·光环下的真实》这期节目中,杨澜在采访新上任的中国残疾人联合会主席张海迪时,提出了这样假设性的问题:

杨　澜: 如果做一个假设,你遇到上帝的时候,会不会第一句话就是劈头问他一句,你为什么让我的腿无法走路?

张海迪: 不会。

杨　澜: 你会说什么?

张海迪: 我就跟他说"hello,It's very good",谢谢你给了我生命,尽管它是残缺的,我也认为很好,如果我不承受的话,别人也可能承受,既然是我承受了,我就说一句,勇敢地说一句,我不承受谁承受。人要大度一点,对吧。

杨　澜: 有一种承担啊。

张海迪: 对,应该锻造这样一种品格,对吧。

张海迪高位截瘫,她的乐观与坚韧支持她走过人生的岁月,杨澜在最后提出这个假设的问题,引出张海迪的回答,是对海迪"缺憾创造完美"的精神总结。

采用创造性提问方式时,需要注意的是,假设的情境要合理合情,也要做好对方拒绝回答的准备。

六、概述性提问

概述性提问是通过记者的有效梳理与总结,以简明扼要的问题,牵带出事件最突出的特点和最富戏剧性的生活细节。比如,中央电视台《对话》栏目播出的《大坝前的对话》,针对立项以来就一直存在争论的三峡大坝水利工程,以 2010 年的大洪水为契机和由头,在三峡大坝现场对话相关专业人士,以事实和科学态度回答方方面面对三峡工程的种种质疑。节目访谈现场选取到位,策划突出,敢于提出真问题,尤其是主持人善于用形象性的提问,引出回答。比如在节目开端,记者结合当年大洪水的新闻由头,向访谈嘉宾提出"如果这是一个

考试的话,相当于什么级别的考试,是小考、中考还是大考"的问题。这一问题具有概括性,也有针对性,更具巧妙性。再如,在《杨澜访谈录·中国式的智慧——柳传志》中,杨澜的提问——"在风险投资领域您认为做得比较漂亮的一宗是什么案子"也是类似的案例。

概述性提问能够帮助观众一针见血地抓住被访者最突出的特质,从而对谈话主题、谈话方向有一个提纲挈领的把握。概述性提问也可以是富有人情味的提问,比如,"哪些对你最有刺激性""你最喜欢哪一类人""你最信奉哪种人生哲学""你上任以来遇到的最棘手的问题是什么"……这些问题带有个人色彩,常会勾起对方的回忆,引发情感,启发思维。这类问题往往在节目开头或结尾提出。比如,中央电视台《高端访问》对英特尔总裁克瑞格·贝瑞特的访问即是以这样的问题开始的:

记　　者:回顾这些年来,您如何看待,您给英特尔留下的财富。

贝瑞特:那是一段非常有趣的日子,我们在1999年到2000年经历了互联网泡沫的破裂。那是一段非常艰难的日子,整个行业都是如此。我认为非常幸运的是,英特尔度过了那个难关。在那段经济萧条的时期,我们是最大的半导体公司。到目前为止,我们仍然是最大的半导体公司,扮演着领头羊的角色。

记　　者:你会用一个什么样的词来形容呢?比如说,您的任务已经完成。

贝瑞特:我是一个非常乐于竞争的人,我总是认为我能做得更好,能向更高的层次冲刺。所以我希望能做一些不同的事情。

记　　者:比方说?

贝瑞特:我希望我们能预料到当初互联网泡沫的破裂。

记　　者:那太难了。

贝瑞特:但那是一个真正的挑战。

图11-2-3　中央电视台驻欧洲中心站记者采访国际足联前主席约瑟夫·布拉特

记者以一个总结式的问题打开节目信息流,使观众对贝瑞特的风采、性格有一个迅速直观地了解,接着跟进问题,启发被访者共同进入一个生动的谈话场。

概述性提问对收尾也同样有效。比如,国际足联前主席约瑟夫·布拉特(Joseph S.Blatter)执掌国际足联17年,因牵涉国际足坛反腐风暴最终被国际足联禁足。中央电视台记者对他进行了专访,收尾问题是:"15年前您第一次接受我专访,您说足球之所以伟大因为它既教我们怎么赢也教我们怎么去输,这对我非常有帮助,我想问的是,您现在来总结你是个赢家还是个输家?"布拉特回答道,在这之前他一直都是赢家,他相信他最终是一个赢家,因为他是那个将足球带到全球的人。有这个定义在,有这个历史坐标在,布拉特不会输,这也是记者的专业判断,与政治无关,任英美媒体如何喧嚣,时间才是检验一个人物是非功过的标尺。作为收尾性的总结问题,这个问题简要地引出了布拉特对自己的职业评价。

七、反面激问

反面激问,即记者通过一定强度的刺激设问,促使采访对象由"要我谈"变成"我要谈",从而打开采访通道。此种形式常常适用于谦虚不想谈、有顾虑怕谈和自恃高傲不屑谈等类型的采访对象。记者可采用一定强度的刺激提问,促使对方在感觉上发生变化,从而使采访活动顺利进行。这种提问方式有两类:

一类是激问。即记者在其所假设的问题中,投入一定强度的刺激,迫使对方态度朝相反方向转化。

一类是错问。该方式的刺激强度超出激问,而且要求记者从事实的反面提问。

八、观点求证式提问

记者把被访者过去在不同场合中的观点重新亮出来,进行求证,以深化背景,展现被访者的思想、性格与精神境界。这种提问方式也是记者与被访者在观点上的交流与碰撞。比如《东方之子》记者采访在巴塞罗那奥运会获得男子100米蝶泳和50米自由泳两个第四名的蒋丞稷时有这样的提问:

记者:在你取得两个第四名的时候,你说过一句让人印象非常深刻的话,你说,可能两个第四这种缺憾也是一种美,你是怎么理解这种美的?
记者:我听说你在游完以后,说过一句话,那一瞬间给了你这14年一个很大的回报。
记者:但是面对这14年的游泳生涯,你也说,你恨了14年游泳?

游泳运动员蒋丞稷在多个场合都出语不凡,表现出一个运动员罕有的思想和精神境界,记者在采访中多次引用他的观点进行面对面求证,由此向观众展现出一个努力拼搏向上,但是又充满矛盾、辩证思索的体育运动员的个性。

九、启发引导式提问

为了让被访者更清楚地说明事情真相,记者可运用启发诱导的原理和技能,旁敲侧击,循循善诱地促使其对新闻事实产生回忆。启发引导通常能引起联想:一是接近性启发引导,

即记者凭借经验,对在空间和时间上相接近的事物形成联系,使采访对象通过一事物回想起另一事物;二是相似性启发引导,列举性质上相似的一些客观事物,使采访对象通过这一事物回想起另一事物;三是对比性启发引导,记者列举出在性质上相反的一些客观事物,而使采访对象引起对另一事物的回想。

比如美国新闻学家肯·梅兹勒在《创造性采访》中所举的一个案例:

消防员:我曾经有过很多次害怕的经历,但是现在没有任何值得一提的。

记　者:我想可能在特定的情况里你能想到,比如楼房坍塌,或者有人困在楼里,或者有爆炸的危险。

消防员:爆炸,对,这让我想到了……

《杨澜访谈录》有一期采访布莱恩·科比的节目,其中有这样一段:

杨澜:你(打篮球)的动机是什么?

科比:我不知道,我就是喜欢篮球,对我来说这是乐趣。

杨澜:你不需要教练在后面赶着你说,跑、跑?你不需要,是吗?

科比:不需要,我只是自然会拼命地跑。这么多年了,这已经成为本能了。

记者通过一个形象化的描述,帮助科比表达他对篮球的热爱。

启发引导式提问还可以采用询问例证的办法。通过跟进性的问题,"比如说是什么""您能举个例子吗"让被访者的回答更加具体化,从而能让观众更好地理解。

需要着重指出的是,启发引导式提问绝不是让被访者按照记者的想象走,不是要求被访者的回答符合记者的既定思路。在采访中记者应以实事求是的态度,去引出被访者的真情实感。这需要记者非常审慎地把握提问的方式。比如,"5·12"汶川大地震中,中央电视台记者在现场采访救灾警花蒋敏的段落值得商榷。蒋敏在地震中失去了父母和女儿,但她仍然坚守在救灾第一线。记者在现场采访时,这样提问:

记者:你的工作是从什么时候开始的?

蒋敏:从12号地震时就开始了。

记者:每天要工作多长时间?

蒋敏:从12号以来基本上没有休息。偶尔就是打盹。

记者:我们听说家里也有自己的亲人在这次灾害中遇难了。

蒋敏:是,我的父母还有我两岁的女儿都不在了。

记者:在这种情况下你怎么能坚持在战斗第一线呢?

蒋敏:如果他们有生存机会,那边会有很多好心人在帮助他们。

记者:你在救助这些灾民的时候,看到老人和小孩,会不会想到自己的父母和女儿?

蒋敏:会想起,一切都会想起,每当我看到很小的小孩,跟我的女儿差不多大,与他们在一起的时候,我知道她已经不在人世了,作为一个母亲,我太想她了。

记者的这段采访为我们呈现了一个灾难下的母亲所承受的重量以及她的大爱,首先得感谢记者为我们找到了这样一个感人的故事。但是从另外一方面而言,在这样的情况下,是否要去揭开她的伤痛?在采访中记者的提问是否合适?(比如,换成类似这样的问题:"听说你的女儿当时是和她外婆在一起?"看对方反应,让对方接话,或者是"出事以后回过家吗?"等等)另外,记者的问题是否在诱导蒋敏朝记者的方向回答?这些都引起了很多观众的质疑。笔者想,这是现场记者永远要面对的矛盾和困惑,也是记者在现场要不断去解决的问题。

> 记住:提问类型与方式没有绝对固定的模式,其目的都是为了获取真实的信息、个性与情感。

思考及练习题

1.人物专访的技巧有哪些?

2.在人物专访中,如何针对不同的采访对象、不同的语境提出相应的问题?

3.做一个10分钟的人物专访,从前期分析采访对象、设计问题、接近采访对象到具体提问等环节去体会并把握人物专访的方法与技巧。

第十二章
特殊的采访报道方式

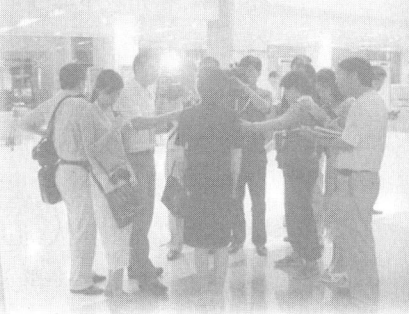

本章重点

- 体验式采访要求记者投入相当的时间与精力参与到采访对象的事态中，感同深受
- 只有当明确地感到若以记者身份采访不可能得到真实情况且对方会竭力掩盖事实时，方可采用隐性采访、隐蔽摄影的方法做暗访
- 连线采访报道实际上就是扩大谈话交流场

寻找任何恰当的通往真相的采访形式。

第一节 体验式采访

一、体验式采访界定

电视记者的体验式采访是指记者以参与者或目击者的身份,亲身参与到事件中,体验被访人的感受与情绪,并通过视听语言符号传达的采访方式。体验式采访要求记者投入相当的时间与精力参与到被访者的事态中,感同身受。若从外延来看,体验式采访与蹲点式跟踪采访有相似之处,比如中央电视台2017年新春"走基层"系列《零点后的中国》,在全国派出九路记者,选取零点后仍在忙碌的普通人,采用记者蹲点跟踪拍摄方式,关注他们的生命、生活、生计,用纪实手法讲述他们在严冬午夜里的苦乐、冷暖、经历或不为人知的状态以及背后故事,或通过个体的呈现来折射某行业的生存状态。其中一路记者连续十天在零点后跟随上海救助站的工作人员做采访报道,为我们呈现出宁静背后的喧嚣。

戏剧表演艺术中有以斯坦尼斯拉夫斯基为代表的体验派,主张演员应该"主动感受角色的情绪,生活于角色的生活之中,以使观众也有所感受";要求演员"在舞台上,在角色的生活环境中,和角色完全一样正确地、合乎逻辑地、有顺序地、像活生生的人那样地去思想、希望、企求和动作"。体验式采访报道也是如此。

体验式采访在媒介发展历史中早已有之,在汉代司马迁撰写的《史记》中已有许多亲历性和体验性的内容。西方新闻界早在19世纪即有体验式的采访。在体验式采访中,比较有名的例子是,1959年,白人社会学家约翰·霍华德·格里芬为了了解美国南方种族歧视问题,乔装打扮成黑人,他用服药、照射紫外线等方法使自己的皮肤变黑,并剃光头发。在南方,他仿佛就是一个黑人,在人行道上摆摊擦皮鞋,到穷苦人家去借宿,乘公共汽车到处旅行,通过这种亲身感受和调查的办法,了解黑人的生活状态。1960年,他在《瑟匹亚》杂志上发表了《像我一样黑》(*Black Like Me*)的一部分内容。1961年,出版该书。

美国在伊拉克战争中实行的"嵌入式报道(embedded press)"属于战争中的体验式采访报道。2003年,在伊拉克战争中,美国军方实施了所谓的"嵌入式报道"方式,按照时任美国国防部长拉姆斯·菲尔德的说法:要让记者到战壕里去报道战事。这种方式的主要特点是把记者编入军队的作战单位中,让他们与士兵同吃同住,就地发稿。在全球范围内,一共有600多位记者有幸进入了"嵌入式报道"记者圈内(美国甚至给曾经被他们指斥为"偏向性过于明显"的卡塔尔半岛电视台预留了4个名额)。① 在这次"嵌入式报道"中,凤凰卫视肖燕和隗静也被嵌入伊战前线,莫乃倩、赵宏也随美国海军的杜鲁门和罗斯福号航空母舰前往海湾,通过他们的视角发回了大量美军前线的电视报道。在理论界与实践界,对"嵌入式报道"更多地是从美国战时新闻管控的角度来探讨,在此不赘述。而对记者来说,这也是一次特殊的战地体验式采访报道。

现代电视媒体的发展促进了体验式采访的形态与功能的演进。从电视媒介特性来看,体验式采访更能发挥电视媒介"过程感"这一特点,通过电视的随机记录和综合的视听语言,体验式采访能够给观众更真实、生动的信息。

体验式目击采访主要分为两种:一种是以记者身份参与目击式体验报道;一种是隐瞒记者身份,以被访者的身份参与其中,也就是通常所说的隐性采访。

图 12-1-1　纪录片《运行中国》主持人丹尼·福斯特做现场体验式采访报道

二、体验式采访特点及技巧

1. 体验抓特点

体验式采访能更全面、真实地抓取到被访者的特点。记者以亲历者、参与者的身份进入到采访中,能够抓取到被访者自然、真实、生动的细节。比如上海电视台的纪录片《大动迁》,创作者为客观地反映动迁户的喜怒哀乐,历时五个月,跟着动迁户陈佩芬体验乘车的滋味——等车、挤车、换车。有一次,摄制组在车里被挤得前胸贴后背,连摄像机都无法扛起来才不得不下车。由于电视媒介直观形象的特点,这种方式更能让记者呈现出现场的细节。因此,体验式采访更要求记者抓取现场细节,否则,体验式采访就失去了意义。

体验式采访能够通过出镜记者或主持人的亲历感受,立体而人性化地向观众传达事件信息。这就要求记者在采访中能把自身的感受传达出来。比如《岩松看香港》中谈到香港高效的运输系统,白岩松带领观众体验了香港的地铁、电车、轮渡、出租车、室外电梯等,在采访中特别注意抓细节、谈感受。在乘坐香港的有轨电车"叮当车"时,记者谈道:"坐在里头还有一个特别的感触,让我们的镜头跟我们一起看看这个汽车本身的构造。有点古香古色的,顶上都是木头的感觉。跟其他的那种完全钢铁动物的机动车不太一样。让你坐在里头,有

---

① 刘雪梅.美国战争史上的"嵌入式报道"与美国战时新闻管控[J].军事历史研究,2004(2):161-166.

一种浪漫的感觉,还有一种怀旧的感觉。"在这里,记者通过自己的主观感受揭示了香港人的"电车情结"。

2. 体验加深理解

体验式采访使记者更能理解、抓取、提炼到事件的主题和性质,从而形成独特的报道角度。在2008年"两会"报道中,中央电视台记者撒贝宁以体验者的身份去感受当前的一些社会热点问题。他和建筑工人一起爬到几十米高的脚手架,在招聘现场感受大学生找工作的难度,从而使他对这些热点问题有了更直观深切的认识。

3. 体验形成过程

图 12-1-2　美国公共广播电视台(PBS)纪录片《透视美国(America Revealed)》中的降落伞体验式报道

体验式报道能充分发挥电视媒介的过程性,能够充分发挥出镜记者或主持人的能动性,通过报道者的动态方式激活一些静态的场景、抽象的概念。随着媒介融合的发展,这种体验式的报道越来越趋向于真人秀的形态,主持人本身也在事前设计和现场的碰撞中灵活调整,形成一种具有过程性和形式感的报道方式。比如美国公共广播电视台(PBS)的《透视美国》(America Revealed)以及中央电视台的《数说命运共同体》主持人的出镜,很多体验式的设计极具过程性和形式感。极致的场景调度,精巧的转场设计,把体验式报道提升到了新的高度。

体验式采访的另外一种类型是隐性采访。关于隐性采访,我们将在下一节进一步探讨。

> 记住:体验式采访更能发挥电视媒介"过程性"这一特点,通过电视的随机记录和综合的视听语言,体验式采访能够给观众更真实、生动的信息。

第二节　隐性采访

隐性采访是一把双刃剑,从它诞生起就备受争议。

电视采访通常的方法是明察,在现场敏锐地边观察边分析边调查。只有当明确地感到若以记者身份采访不可能得到真实情况,且对方会竭力掩盖事实时,方可采用隐性采访、隐蔽摄影的方法做暗访。

一、隐性采访的类型

隐性采访按照采访目的大致可分为三种类型:

1. 揭露事件真相的舆论监督报道

这一类是揭露某个个人或利益集团为了掩盖真相而进行的违法犯罪活动。在采访中,记者主要抓取假象背后的真实状态。比如,《"罚"要依法》曝光了山西省长治市部分公路交警利用职权在309国道上乱设卡、乱收费、乱罚款的现象。节目中最精彩、最令人气愤的材料是记者使用隐性采访方式得到的。记者装扮成搭车人,坐在驾驶室里与驾驶室外的交警讨价还价,设法延交交警要的20元钱。一个强作笑脸、苦苦哀求,一个蛮横粗暴、强取豪夺,记者用偷拍设备把这一幕展现得淋漓尽致,摄取到了违法警察的"凶狠状态",为另一幕中司机谈警变色、闻罚丧胆做了很好的铺垫。

2. 考验式的隐性采访

通过记者的策划设计,考验采访对象在某种情境下的反应、行为或状态。比如浙江电视台记者假扮患者,用普通茶水代替尿液送给多家医院进行化验,以此检验这些医院的医疗条件和医生素质(结果半数以上的医院给记者开了消炎药)。但是这种方式普遍存在争议,因为记者策划事件与诱导采访对象的行为使媒体呈现出一种不公正、不真诚的状态。

3. 揭示自然状态的隐性采访

这样的隐性采访使用在正面报道中,目的是为了不让摄像机对被访者形成干扰,打破被访者的自然状态。但是,使用这种方式在采访完毕后要向被访者说明情况。

如果从隐性采访的工作方式来看,隐性采访分为三种方式:旁观式——记者所扮演的是旁观者、见证者角色,不用提问,只是记录;侦探式——采取的是像侦探一样的调查方式,而不是使用其身份和角色;体验式——记者装扮成当事人参与到事件中。[1]

二、隐性采访的技巧与方法

隐性采访主要有三个特点:一是隐瞒记者的真实身份;二是被访者在不知情的情况下接受采访;三是未征得被访者同意。因此,隐性采访要经过精密策划和周密安排,才能取得预想的效果。

---

[1] 梁建增.《焦点访谈》红皮书[M].北京:文化艺术出版社,2002:222-227.

1.隐性采访的技巧

第一,使用特殊的采访设备。

隐性采访需用到特殊的技术设备,在摄录设备方面可采用微型摄像机,包括手持微型摄像机、笔式摄像机、眼睛式摄像机等。在一般情况下,记者是把微型摄像机放在手提包里,摄像机打到广角位置,在摄像头上蒙上丝袜类的防反光材料。除此之外还需要无线话筒等设备。

第二,善于发展"线人"。

记者应合理找到报道领域的"眼线",取得其信任,使其为采访提供帮助。但是,记者要善于分析"线人"的动机并与其保持适度理性的距离,维护新闻从业者的理性形象,既能完成采访任务,又不能被其利用。正如《焦点访谈》记者周学刚在《"线人"——舆论监督节目不可或缺的角色》一文中所说:"'线人'的成分是复杂的,所以他们给我们提供线索的动机和目的也不相同,有的'线人'是出于公心,出于正义,尽管事件和自己无关,还是提供给我们去曝光;有的'线人'本身就是事件的受害人,也叫'苦主',他们提供线索,既希望能曝光也希望自己的冤屈与不公正的问题能够得到解决;而有的'线人'提供线索,则是掺杂着个人目的,通常是被批评对象的对立面。"①

记者要给披露情况的"线人"提供有效的保密和保护措施。

第三,取得相关公安、工商等执法部门的支持。

记者为了公共利益而要获取采访信息,在适当情况下可以与相关公安、工商执法部门共同合作以获得这些部门的政策、信息和人身保护等方面的支持(当然,前提是记者调查的领域没有地方保护主义的存在,否则还是独立调查为好)。

第四,在采访拍摄中,突出细节。

由于隐性采访拍摄是在一种非常状态下的拍摄,其镜头结构、场面抓取都具有突发性和不稳定性,因此,记者应该在现场或者编辑时突出镜头中的细节因素或重点,以引起观众的注意。比如,《焦点访谈·触目惊心注水肉》里,乔装打扮的记者为了让镜头拍下真实的细节,不断通过各种方式展现猪肉注水后的状态,以保证镜头能从不同角度抓取到现场的状况。在福建电视台的《"双11"分拣乱象》里,记者选取了几家快递公司,用隐性拍摄的方式,抓取到分拣员对货物粗暴野蛮的分拣乱象,很多信息以细节的方式得到强化,增强了证据的说服力。

第五,合理地自我保护。

在揭露性和批评性报道中,记者进入暗访现场就是把自身置于危险的境地中。中央电视台记者姚宇军与摄像记者王守城为了采访到河北衡水不法商贩向生猪注水的真实过程,连续两天在半夜时暗访私人屠宰点,最后做出了《触目惊心注水肉》的报道,详细展示了不法

---

① 孙玉胜.十年:从改变电视的语态开始[M].北京:生活·读书·新知三联书店,2003:512.

分子生产注水猪肉的全过程和细节。节目播出后,当地有关执法部门的负责人对记者坦言:"不是我们不知道这种事,实在是太危险,闹不好就会出人命,我们不敢查呀。"因此,在隐性采访中,记者要有多方面的保护措施:

- 有相关的经验和知识的储备,比如熟悉对方交谈的行话切口及其打交道的方式等。
- 合理隐瞒身份、做好伪装,比如《触目惊心注水肉》的两位记者在进入河北衡水采访几天前就开始蓄须,到衡水后更是头不梳、脸不洗,整天徘徊于各个肉市,为采访顺利进行打下了基础。
- 有应对的多套方案,同时考虑好一旦暴露如何脱身的办法。尽量避免单兵作战,应该有接应的记者或者当地执法部门的工作人员。比如《触目惊心注水肉》的两位记者在进入生猪私屠窝点前,后方制片人与记者、线人、随车司机等都保持着联系,以防不测。
- 做好采访素材的保留。对于揭黑的隐性采访,往往容易涉及法律问题,因此,无论是镜头前的证据材料还是镜头外的证据材料,都要尽量保存好,以便作为呈堂证据,防止对方起诉、纠缠等。尤其是在暗访中,由于前期拍摄不足,有可能导致镜头里的画面证据有缺憾,在这种情形下,要特别注意保存一切能够证明所拍摄的证据确凿无误的资料。例如,在《谁动了我的储备粮》[①]中,记者与举报人去储存中央储备粮的粮仓里秘密提取稻谷样本,但是由于拍摄条件限制,稻谷样本很难在镜头前辨识清楚,记者随后在相关质监部门检验了提取的样本,揭示出储备粮里掺假的证据。这个调查有可能遭遇到的质疑是,记者从粮仓里提取的样本跟随后去质检的样本是否一致,因为拍摄条件的限制,既没有公证人员在粮仓现场与记者一起提取样本,记者也无法在提取现场给观众证明稻谷的成分,因此,这样的调查有可能遭到当事人的反诉。面对这种情况,记者应该备好一切能够证明的材料,防患于未然。

2.隐性采访的注意事项

电视隐性采访从一开始就受到争议,因此,隐性采访所涉及的法律和道德问题远比其技巧更受关注。

第一,遵守相关法律,把握采访的"度"。

隐性采访往往容易侵犯被访者的隐私权。在隐性采访中,公众的知情权与采访对象的隐私权往往冲突,记者在采访中是牺牲被访者的隐私权而满足公众的知情权。这时,要严格把握隐性采访的"度":

首先,记者的采访是为了维护公共利益;

其次,记者要权衡什么样的采访对象可以实施隐性采访;

最后,记者要考虑采访对象的哪些隐私可以被曝光。

中央电视台《焦点访谈》栏目就隐性采访的禁区做了规定,指出下列领域是不允许使用

---

① 南京电视台"东升工作室"播出,获中广协会城市台电视新闻委员会第二十三届(2011年度)电视新闻节目评析专题类一等奖。

隐性采访手段的：涉及国家机密、商业机密；涉及与公共利益无关的公民的隐私；涉及个人隐私、涉及未成年人犯罪。① 而《新闻调查》和《焦点访谈》也规定了隐性采访要遵循的四个原则："有明显的证据表明，我们正在调查的是严重侵犯公众利益的行为；没有其他途径收集材料；暴露我们的身份就难以了解到真实的情况；经制片人同意。"②

第二，避免越位。

记者在身份装扮、行为方面避免越位。有些身份如政府公务人员、执法人员是不能假扮的。同时在一些色情、毒品等场合，记者不能以身试法。

记者是通过调查呈现事实，而不是再造事实。记者在采访中应尽量避免主动诱导对方，引诱犯罪。在现实采访中，有的记者故意设套、布陷阱，这种采访方式仍然很受争议。

第三，体现人文关怀。

记者应以善意揭露问题、解决问题的心态进行隐性采访报道。记者在隐性采访之中和之后不仅仅是报道与传播事实，同时也要给被访者以人文关怀。在采访中，要考虑节目播出后对当事人的影响，权衡利弊。

对于影响较大、涉及未成年人及隐私的画面，要慎用。必要的时候，要用马赛克遮挡画面，以免给被访者的生活造成严重的伤害。

> 记住：只有当明确地感到若以记者身份采访不可能得到真实情况且对方会竭力掩盖事实时，方可采用隐性采访、隐蔽摄影的方法做暗访。

第三节　连线采访

连线采访是通过电话或视频连线采访现场记者或各方专家的采访报道方式，它实际上是扩大了的谈话交流场。

连线采访是电视媒体充分发挥其技术优势和媒介特性而出现的新的报道方式和节目形态，尤其是在电视新闻直播报道中，它具有多方面的优势：

第一，连线采访能够第一时间向观众传达现场信息，强化了新闻发生的地域感和现场感，拉近了观众与新闻事件的距离。

第二，通过多方连线专家与评论员，收集不同评论和背景材料，对突发事件形成立体、多层次的解读，连线采访也是媒体拓展新闻资源而采取的惠而不费的方式。这种方式突破地

---

① 梁建增.《焦点访谈》红皮书[M].北京：文化艺术出版社，2002：246-248.
② 梁建增，关海鹰.见证《焦点访谈》[M].北京：文津出版社，2004：260.

域限制,便于获得多方信源和观点。比如湖北广播电视台《长江新闻号》突破地域限制,连线新华社、外交部等专家,展开评论,从而"坐拥长江,纵论天下",以"强评论,精秘闻"获得差异化竞争特色。

第三,连线采访打破了一个人静态主持的模式,通过主演播室、分演播室以及现场记者的互动,拓展、延伸了演播室的空间,充分发挥了远程人际交流的特点,形成实时的人际交流场,使新闻采访报道变得更加生动活泼。

正如中央电视台《时空连线》的栏目宣传语所言:"连线可以无限远,速度可以无限快,背景可以无限深。"这再一次回到了电视"television(远处的图像)"的本质。

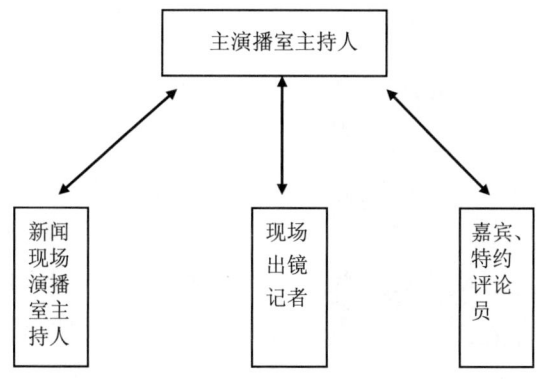

图 12-3-1　连线采访工作模式图

从 20 世纪 90 年代开始,西方主流电视新闻媒体就把连线采访作为重要的采访报道方式。中国电视媒体在本世纪初积极实践连线报道,比如中央电视台的《时空连线》节目。在"5·12"汶川大地震报道中,中国电视媒体也大量采用连线直播采访报道的形式。这一采访报道方式使电视媒介的优势得到更好的凸显,成为电视新闻媒体竞争的重点。随着互联网技术和网络移动直播的发展,连线互动越来越频繁,其未来发展参见第十三章。

一、不同类型的连线采访

从传播媒介技术角度划分,连线采访可以分为电话连线采访和视频连线采访。一般来说,电话连线比较便利,但是需要创建前方记者、固定嘉宾及评论员的图像资料库,以便连线采访时,增强画面的可视性及权威性。

视频连线需要更复杂的技术条件。从西方电视媒体的经验来看,设立不同区域的演播室和访谈现场,针对不同区域的主持人、记者以及固定的专家或评论员进行连线采访。

从连线对象角度划分,连线采访可以分为以下三类连线采访方式。

1. 主持人与现场记者、当事人连线采访

图12-3-2　湖北卫视《长江新闻号》主持人与记者连线

图12-3-3　湖北卫视《长江新闻号》主持人与专家连线

图12-3-4　湖北卫视《长江新闻号》全球连线

通过多屏、大屏的展示，主持人对异地新闻当事人的采访使采访地点更为灵活。主持人在演播室连线采访现场记者，通过主持人高屋建瓴的信息掌控以及现场记者的细节提供，共同为观众传达事件的全方位信息。主持人可以通过对不同地域的现场记者的采访，充分发挥电视媒介优势，使演播室真正成为一个信息集散与发布的主控室。

当代电视传播技术的发展为新闻事件的角度拓展提供了便利的技术手段，电视媒体为一个新闻事件提供现场、背景等多角度的新闻信息，相当于是在同一时间内经过整合的包裹式新闻。击毙本·拉登一周年后，美国全国广播公司《晚间新闻》就奥巴马总统秘密访问阿富汗进行连线报道，NBC驻白宫记者Chuck Todd提供奥巴马总统访问阿富汗的背景、总统一号专机降落喀布尔的过程及奥巴马与阿富汗总统卡尔扎伊签订战略协议及撤军等信息，另一位驻阿富汗的记者Atia Abawi则在喀布尔前方提供了当地的反应，而纽约演播室的安全分析师Michael Leiter对击毙本·拉登的细节及美国反恐政策、背景做了分析。多视频的专家采访近似于新闻谈话节目，不同专家提供多角度的评论。

图12-3-5　卡塔尔半岛电视台的《视频流访谈》（*The Stream*）栏目

随着互联网技术的发展，利用网络视频的方式进行异地连线成为连线采访报道、收集舆论的新方式。比如卡塔尔半岛电视台（Al Jazerra）的《视频流访谈》（*The Stream*）栏目利用Google Plus、Skype等网络视频技术连线不同地点的嘉宾。这种连线采访报道因为网络的普及而趋于平民化，电视连线采访由此进入视频连线采访报道的阶段。

2. 主持人与专家连线采访

主持人就事件异地连线采访一个或多个专家，专家从自己的专业领域和角度对事件进行解读。网络技术的发展使媒体采访打破了地域限制，在全球范围寻求对某一事件的专业和权威解读。

3. 异地主持人连线采访

随着通信技术和卫星技术的发展，电视媒体往往在不同地域设立不同的演播室，以接近性原则采访报道就近区域的新闻事件。这样做的好处是有利于不同区域的嘉宾和评论员到就近演播室接受采访，有利于强化演播室与事件的接近性，增强节目的权威感。比如美国有线电视新闻网在亚特兰大总部和纽约、华盛顿、洛杉矶都设有演播室。这就出现了不同演播室主持人之间的连线采访报道。

图 12-3-6　英国广播公司网络连线采访韩国釜山大学罗伯特·凯利

图 12-3-7　美国有线电视新闻网 Anderson Cooper 360° 主持人安德森·库珀与异地主持人连线采访

二、连线采访的技巧

1. 增强交流感和互动感

连线采访毕竟有电话或视频作为中介，不如面对面直接，因此要求主持人采访时特别注意交流感和对象感，加强人际传播的互动性和亲切性。

由于声音与画面的传递速率不同，异地连线会出现声音延时或信号临时中断等情况，容易造成主持人、记者、嘉宾之间的交流障碍。除了在技术上解决这一问题外，主持人和记者都要做好充分的心理准备，临场不乱，多一些等待，并能够及时转换话题。

2. 强化主持人控制

英文"anchor"指新闻主持人，也有锚的含义，亦即主持人是稳定的轴心。主持人要加强"锚"的角色，依靠演播室强大的信息背景，加强控制。

从主持人的角度来说，主持人要善于掌控报道方向，并积极保护前方记者，为前方记者提供一个可以回旋的空间。从这方面来说，"5·12"汶川地震直播报道中的徐娜事件，其实是可以采取适当的措施规避的。

另外主持人还可以根据演播室掌握的信息，通过提问的方式帮助现场记者厘清现场信息,深化问题。一般来说,演播室主持人掌握多方信息源,对事件有一个宏观而多角度的把握,因此,前方记者可以通过主持人的提问,更好地把宏观与现场的微观细节结合起来,共同完成现场报道。比如在"5·12"汶川大地震直播报道中,主持人与深入灾区的记者何莉连线,在听完记者的初步介绍以后,主持人问了两个跟进性问题:

主持人:请你给我们介绍一下今天这些抢救受灾群众官兵的工作状态,刚才你说到一个细节,说有一些官兵受伤了,他们为什么会受伤?

记　者:因为有很多人还进入不了北川的事发现场,那么在现场,我们见到的是所有的路都被巨石挡住,每个人想通过这条路,都是要侧着身子过去,而且在里面有很多倒塌的房屋,从里面救助灾民的同时,有时还会有轻微的余震,我们在里面采访的时候,也会遇到余震,其中有一次长达半分钟,这些余震会造成一些很危险的建筑物倒塌,会造成一些官兵被砸伤。

主持人:刚才我们连线四川电视台记者的时候,他说已经看到有一些救灾的设备已经运进去了,你的观察是什么样的?

记　者:我们在北川的总指挥部,就是袁家坪中学,这个中学现在是北川的总指挥部,这里已经运来了大量的食物,还有80多个医疗人员已进入,对伤员进行抢救。

在这个连线中,主持人根据所掌握的信息与前方记者形成互动交流,帮助前方记者深化报道,同时也多方求证信息。

3. 嘉宾观点多元化

对于多视频连线采访嘉宾和评论员而言,嘉宾的选择很重要。应该尽量选取持不同观点的专家呈现于屏幕上,通过专家不同观点的争论、交锋、碰撞,共同推进对事件的解读,避免"一边倒"的状态。西方电视媒体常常以主持人为轴心,选取正反方的嘉宾连线采访,通过嘉宾的碰撞来求得平衡解读,使节目的可视性得以增强。

> 记住:连线采访是最能发挥电视媒体特色的采访报道方式,是未来电视媒体竞争的趋势。

思考题:
1. 体验式采访的特点与采访技巧是什么?
2. 隐性采访的技巧是什么?
3. 隐性采访在伦理道德上有哪些注意要点?
4. 连线采访报道的技巧有哪些?

第十三章
融合采访报道

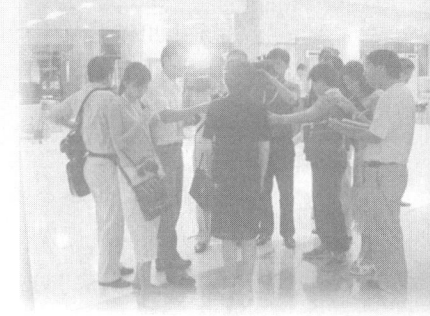

本章重点

- "中央厨房"的内容生产变革
- 空间与时间的汇流
- 发现用户内容
- 从信息提供者到信息管家
- 通过信息产生连接
- 故事和信息并重
- 融媒体报道可以理解为一种意识、素养、过程、团队
- 媒体记者素养包括意识、技术、技能
- 验证式报道
- 参与现场

能够促进连接的模式才有未来。

这是一个融合的时代,融合、混搭、跨界是时代的命题。

从辩证角度去思考,融合是与分化相反相成的,新闻前端生产、渠道传播、终端消费分化,又融合汇流。先分后合,合中有分。传统媒体和新兴媒体走向融合,相互渗透、彼此交融。这种信息变革的状态前所未有,信息呈现形态、媒介工具都出现了巨大的融合,呈现出融(全)媒体的形态。有人说,全媒体是"一种业务运作的整体模式与策略,即运用所有媒体手段和平台来构建大的报道体系。总体上看,全媒体不再是单落点、单形态、单平台的,而是在多平台上进行多落点、多形态的传播。报纸、广播、电视与网络是这个报道体系的共同组成部分"[①]。信息不再单纯按介质划分,突破边界、重组要素成为内容创新的重点。

电视已经化为大屏、中屏、小屏,节目已成视频,单向度的观看变为双向的互动、分享与社交。正如英国广播公司的新闻经验,"看(see)""分享(share)""连接(connect)""无处不在(be everywhere)"。具体到新闻生产和传播,具体到采访和报道中,将发生何种变革?

第一节　媒体融合新闻理念的变革

一、新闻生产理念

传统新闻报道及生产的一些准则和价值仍然有效,甚至有的要素变得更加珍贵,比如专业性、现场性。但是,为了适应新的语境,很多生产方式和理念的确在发生变革。

1.中央厨房——新闻生产流程再造

由于媒体组织旗下多个终端和产品的出现,为了统一协调资源,提升效率,传统的单一信息生产方式与流程发生了巨大的变化,全媒体"中央厨房"的内容生产机制与协调方式应运而生。"中央厨房"最初源于食品餐饮业的中央厨房的管理和运作方式,也是工业化、标准化的生成模式。它主要是指在规模化与标准化的餐饮业中,实现统一原料采购、加工和配送。通过集中规模采购,实行集约化生产,从而降低成本,提高效率和效益;通过标准化、专业化的工序,保证质量。全媒体借助"中央厨房"的理念,将工业化、标准化、集约化的生产与

---

① 彭兰.媒介融合方向下的四个关键变革[J].青年记者,2009(6):9-12.

分发模式应用于新闻传播领域,建设符合多种介质特点的全媒体信息处理平台,其核心内容就是"新旧融合、一次采集、多种生成、多元发布"[1],从而有利于实现管理的扁平化、功能集成化、产品全媒体化。[2] 在这里,我们可以简单地用三个词来概括:整合、融通、多元。

整合,即统一技术平台支撑。首先要在集团层面建立一个共享技术平台,对报纸、杂志、广播、电视、网络、电信等媒介形式加以融合集成。比如《人民日报》"中央厨房"全媒体平台、新华社"全媒体报道平台"、中央电视台新闻移动网等。

融通,即统一采制。要求传统媒体与新媒体混编,成立大编辑部,创新采编流程,对原材料实现多层级、多层次开发。实现一次采集,多形态生产,多时段展示,多介质传播。

多元,即多元呈现。整合加工所有传统产品与新媒体产品的生产线与生产能力,生成电视终端、互联网、微信、微博、客户端等多元产品,最终在集团拥有的所有媒体平台上发布,实现生产环节的集约化和多样化。这一生产方式的理论基础最初来源于"水波纹"理论,即一个新闻事件的发生犹如石落深潭,媒体报道恰似波纹荡漾,由里而外,不同形式的报道逐渐散开,这是对新闻事件最大的开发。在这样的基础上,"中央厨房"的生产方式延伸到了新媒体的不同产品。

统一采集 → 生成通稿 → 多平台发布 → 用户交互 → 媒体&用户:不断生成新内容 → 圈层扩散
（开始流转、扩散）

影响用户认知 获取用户认同

图 13-1-1 全媒体内容生产流程

图 13-1-2 《人民日报》"中央厨房"全媒体平台

---

[1] 温建梅.基于"中央厨房"制的全媒体运作模式探讨[J].中国出版,2011(12):56-58.
[2] 刘奇葆.推进媒体深度融合,打造新型主流媒体[N].人民日报,2017-01-11(06).

图 13-1-3 中国传媒大学全媒体运行中心

2.组织重构——数字新闻采集和编辑团队

在媒体融合时代,传统的广播电视媒体向融媒体转型,专门成立数字新闻采集和编辑团队。同时,采编分离,专门的产品运营经理应运而生。与之相适应,单一介质的记者将向融媒体记者转型。

(1)新媒体团队

面向互联网和移动端的新媒体团队成为新的生产力,新媒体团队与传统广播电视媒体逐渐融合,协同生产。比如,CNN 的新媒体由数字新闻采集部门、数字新闻编辑部、数字产品部组成。① 这些团队能够积极应对移动客户端、社交媒体的产品生产。见图 13-1-4 所示。

(2)全媒体记者转型

传统广播电视记者向全媒体记者转型,由原来单一介质发稿转向多平台发稿,能够初步胜任文字、图片、视频、交互网页等多种介质的产品制作。比如,中央电视台积极推动新闻中心的本部、驻国内 31 个记者站和各海外分台、中心站的近千名记者"变身"全媒体记者。记者在前方的采集工作也变得比以往复杂,分成不同层次采集信息。

---

① 杜毓斌.美国有线电视新闻网(CNN)的新媒体转型之路[J].南方电视学刊,2016(4):23-26.

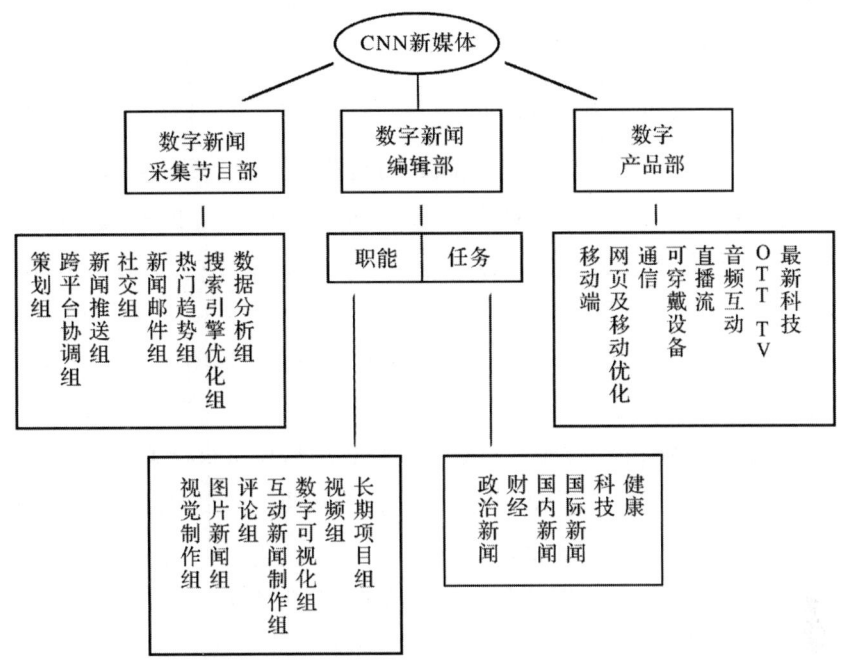

图 13-1-4　CNN 新媒体组织架构及职能分工

3.发现用户内容——新闻生产主体的变迁

随着媒介互动手段的加强,传统媒体的定位由原有的内容生产向整合型媒介平台发展,平台的开放性和整合性使原有的故事生产者由单一的专业媒体转向多元化的生产者,新闻生产形成了机构生产(OGC)、专业生产(PGC)和用户生产(UGC)的模式。用户正在成为"专业余者"[①],他们在业余时间"工作",在生产的同时"消费",非职业但很专业。[②] "专业余者"将成为有品质保障的新闻内容生产的重要力量。

这样的模式在 BBC、CNN 等国际知名电视媒体中已经践行多年。在 2005 年 7 月伦敦地铁爆炸案的报道中,BBC 第一次使用非 BBC 记者录制新闻视频,这也是用户生产内容第一次出现在广播电视新闻中。多数英美媒体认为 2011 年为用户生产内容在新闻编辑室真正风靡并走向主流的第一年,自此用户生产内容成为新闻采集的重要元素。[③] 而诸如网络聚合媒体《赫芬顿邮报》在金融危机时期推出的分布式新闻(distributed news)——鼓励用户记录自己的故事,为"统计数据添加血和肉",故事的视角、故事的素材更加多元开放。2017 年 2

---

① DIJCK J. Users like you? Theorizing agency in user-generated content [J]. Media, culture, and society, 2009, 31(1): 41.
② LEADBEATER C, MILLER P. The pro-am revolution: How enthusiasts are changing our society and economy [M]. Demos, 2004.
③ WARDLE C, DUBBERLEY S, BROWN P. Amateur footage: A global study of user-generated content in TV and online-news output [J/OL]. (2014-12-3) [2015-3-26]. http://towcenter.org/research/amateur-footage-a-global-study-of-user-generated-content/.

月19日上线的央视新闻移动网,开辟了用户上传图片、视频的平台,鼓励用户"变身"记者发起直播。

4.信息管家——专业记者的角色变迁

传统的专业新闻媒体承担着更多新闻采集与传播的功能。而在新媒体环境中,专业新闻媒体在新闻内容生产过程中所担当的角色正在逐渐转变,其功能重心也发生了变化。从信息提供者变成信息管家,增强了信息梳理、求证和深度解读能力。由此,内容管理与维护就是一种知识。①

第一,专业媒体不仅是内容生产者,也成为平台运营者。既为用户提供信息服务,也提供社区化支持与服务。

第二,专业媒体的功能重心逐渐从一线自采原创向后台编辑与策划转移。专业媒体通过建立平台,构建渠道,进行议题设置,引导用户参与新闻生产。同时,整合、编辑用户生产内容,并利用资源进行新闻内容的规模性策划。

第三,筛选和甄别内容,记者需要在大量的网络用户内容中淘尽黄沙始见金。媒体不仅要建立一整套筛选和甄别的机制与团队,单个记者的内容识别能力也需要获得提升。

二、新闻生产方式的演变

新闻生产由传统的自采自播的专业生产演变为原创内容与发现整合内容相结合,内容来源越来越多元化。与此同时,用户生产的内容逐渐成为新闻源之一,媒体也逐渐赋权给用户。

1.随机搜索与整合

这是新闻媒体对用户生产内容最基础的使用,一是从社交媒体中搜寻获取,二是直接获取用户主动提供的素材。

新闻价值高的用户生产内容可能会因网民的点击与多次传播而出现在新闻媒体的视野中,但价值平平的病毒性视频也可能充斥其中。更重要的是,在突发性新闻报道中,并不允许记者坐等高质量素材的出现,而是需要通过高效率的手段对用户生产内容进行搜集与获取。针对已经进入公众视野的新闻事件,尤其是突发新闻,BBC 和 CNN 搜集用户生产内容的方法有如下三种:

第一,监控特定区域发送的推特等信息。这种方式的应用得益于智能手机以及定位系统的进步。在突发事件发生时,新闻媒体能够通过这种方式快速地获得现场目击者拍下的视频或图片。

---

① 科瓦奇,罗森斯蒂尔.真相:信息超载时代如何知道该相信什么[M].陆佳怡,孙志刚,译.北京:中国人民大学出版社,2014:185.

第二,搜索标签。标签是社交媒体中帮助用户进行内容和话题分类的方式,也便于记者对内容进行搜索。

第三,联系地方记者。地方记者通常与当地警方、民众联系紧密,能够快速地与当地用户取得联系,找到所需内容。

除了直接接收到的素材,要获取网络上的用户生产的视频、图片和文本,直接下载、复制或屏幕录制、截图即可。

2. 协同新闻报道

在直接使用的基础上,媒体有意识地汇聚用户生产内容,与用户协同开展新闻报道则是用户生产内容使用的进阶层次。协同报道并不等同于将新媒体报道工具与技术手段结合的融合报道,而是将用户生产容纳在新闻内容生产的过程中。

比如,CNN"iReport"主动借助用户的力量聚合用户生产内容。2011年3月,CNN"iReport"推出新版块"Open Story"。在 CNN 设定的报道主题下,用户可分享自己的原创图片、视频以及文字报道或评论,与 CNN 协同进行重大事件报道。同一主题下的用户报道与评论将通过地图标识、时间排序以及文字综述等方式被整合在同一框架内,并将用户撰写的稿件与 CNN 记者稿件放在一起,以多角度地进行主题报道。2011年日本地震海啸以及占领华尔街运动、2012年伦敦奥运会、2013年波士顿马拉松爆炸事件、2014年乌克兰危机以及弗格森事件等都吸引了众多用户的参与。

这种协同新闻报道形式与其说是用户新闻渗透传统媒体,不如说是传统媒体引入用户生产。二者的优势在协同新闻报道的过程中得以相互结合。协同新闻报道是增进媒体与用户关系的一个重要渠道,同时也有助于媒体挖掘更广泛的新闻故事。《赫芬顿邮报》的 OTB(Off the Bus)项目为其建立了庞大的"公民记者"队伍。在2012年总统大选报道开始之前,《赫芬顿邮报》仅有150名雇员,却拥有12 000位志愿"公民记者"待命。

3. 目标任务的策划与分发

将用户分门别类,并通过策划为其提供明确的报道目标,设定报道任务,则是融合用户生产内容的第三种形式。

(1)内容生产组织化

比如,CNN"iReport"的"Open Story"不仅体现 CNN 协同用户进行报道,也表现出其有目的地对用户生产内容的组织与整合进行策划。通过目的性的策划,新闻媒体能够使用户生产内容的生产组织化、系统化,使得效率大大提高。在 CNN"iReport"的任务派发处(assignment desk),用户可以选择自己感兴趣的任务进行报道,如在指定任务下完成的报道则有很大几率被 CNN 使用。用户还可以根据自己的兴趣与特长加入政治、军事、科技以及健康等垂直领域主题任务小组,接受指定领域的报道任务,并与小组成员共同完成报道任务。

（2）发布平台社区化

专门设计的用户内容发布平台能够让用户更加便捷、有组织、有目的地为媒体提供内容。通常这类平台会提供直接的内容供给通道并将媒体编辑的策划话题作为任务。仅有发布渠道还难以将用户聚集在自身媒体身边，平台的社区化比较符合目前互联网的发展趋势，能够稳定用户数量，使用户生产内容常态化、持久化、系统化。例如CNN"iReport"，其已经突破单纯的内容供给平台，建立了用户生产内容共享社区。用户注册成为iReporter之后，能够建立自己的iReport博客，收藏视频，关注其他用户，加入自己的兴趣话题小组。与此同时，CNN不仅建立了严格的审查制度，也建立了奖励机制，对用户进行鼓励。

4. 规范用户专业培训

当用户成为生产者的时候，不仅仅要求他们有新闻的鉴别能力（新闻素养），也要提升他们的新闻生产能力。策划报道任务使内容生产更有组织性，社区化的发布平台则让用户生产内容常态化、持久化，但用户生产质量的提高仍然是需要解决的问题。从更深层次思考，用户生产内容的专业性以及内容品质差异来源于公众的制作能力与水准差异。对内容生产者进行技能培训与专业引导，不仅能够提高用户生产内容的质量，也能够增强与用户的联系，提高新闻媒体的传播能力。《赫芬顿邮报》以及CNN"iReport"的实践都证明，对用户的培养能够让新闻媒体受益匪浅。

CNN"iReport"始终坚持对普通用户进行专业的新闻业务实操培训。其不仅在投稿指南中，通过新闻要素、标题、描述和标签引导用户，详细介绍发布素材的方式，而且还提供详尽的指导说明（iReport Toolkit），里面包括叙事、摄影摄像以及录音等新闻实务的讲解，同时还附有案例供用户学习，如其宣传语所说，iReport Toolkit帮助用户"像专业人士一样讲故事"（Tell your story like a pro）。为了对用户进行更专业的培训，CNN建立了名为"CNN iReport新兵训练营"（CNN iReport Boot Camp）的虚拟课堂。用户可以报名参加七周的课程，学习题材选择、采访技巧、摄影摄像、后期制作、结构构建以及标题拟定等内容。

5. 信息整合与再加工

随着传统的内容原创转变为内容搜集与整合，检验媒体内容生产能力的指标也增加了对内容"再加工"能力的衡量，这是全媒体转型中内容生产的重要变革，可以从以下两个方面来着手：

一是把互联网上碎片化的信息、无序的信息整合成具有意义的内容，从而构建新的意义与价值，形成新的原创内容。比如，搜索、整合互联网上的文字、图片、视频等病毒式内容，并重新建构新的内容价值。

二是把多介质的内容信息进行柔性化生产，通过富有创意的分解、编辑，整合成满足不同视听终端的融媒体内容。

随着人工智能技术的发展，这些整合的工作已经逐渐由机器算法来实现。

三、报道传播理念的变迁

我们应当重点关注新技术带来的传播报道理念的变革,以此为技术和技巧的发展指明方向。

1.以用户为中心

传统的观众(viewer)、受众(audience)演变为用户(user),对媒体产品的消费从"后仰式"被动观看变为"前倾式"主动使用。回顾大众传媒发展史,从传统的"魔弹论"到"有限效果论",乃至"使用与满足理论",进而成为现在主动的用户,大众传媒对受众的控制越来越弱,而用户的主动权越来越大,传统的"我播你看"的格局完全被颠覆。以用户为中心,如何满足用户需求,甚至主动跟踪并预测用户需求,成为媒介变革时期媒体的出发点。

通过对用户大数据的搜集与分析,为用户进行精准画像,从而提供更为垂直和细分的内容和服务。新闻信息的个人化定制成为新时期信息消费的模式,但由此带来的个人化的信息消费与公共利益信息缺失的矛盾,知识沟的问题愈加明显,这也值得我们探讨。

2.通过信息建立连接

新闻工作已经从单一的提供信息变成一场公共的对话。[①] 由于互联网的交互性以及多种传播通道的建立,过去单向的信息传播变为积极的反馈与联系。就单个(组)新闻报道本身而言,最初报道的故事由此成为整合多向评论和反馈的基础包,故事的开放性和延续性日益凸显。传统的新闻报道与播出意味着新闻的终结,而新媒体语境下的新闻播出则意味着故事刚刚开始,新闻报道会形成开放的模式:

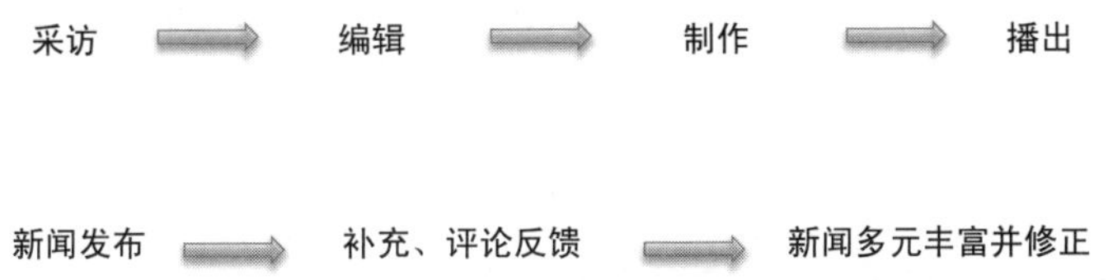

采访 ➡ 编辑 ➡ 制作 ➡ 播出

新闻发布 ➡ 补充、评论反馈 ➡ 新闻多元丰富并修正

图 13-1-5　传统电视媒体与融媒体内容传播与反馈对比

这样的开放模式,借助于融合化的技术手段,新闻故事是逐渐丰富并延展的。一次的内容发布与传播不是结束,而是分享和扩散的开始,因为用户的参与交互,媒体和用户不断生成新的内容。在这个持续的过程中,实现影响用户的认知、获取用户认同的效果,从而增强用户的黏性。

不仅如此,由于网络的交互性,传统单纯的信息消费变为通过信息产生社交关系,通

[①] 科瓦奇,罗森斯蒂尔.真相:信息超载时代如何知道该相信什么[M].陆佳怡,孙志刚,译.北京:中国人民大学出版社,2014:180.

过信息的转发与分享,形成圈层的社交连接。微视频、微博、微信推送、H5、VR等技术形态的新闻报道成为网络社交的载体。比如在全国"两会"期间,《人民日报》、中央人民广播电台等推出的交互产品"我们给总书记寄明信片""2017两会总理朋友圈""王小艺的朋友圈"等,利用微信、微博等社交平台进行推广传播,形成点击、转发、分享与评论。美国《赫芬顿邮报》,也利用"脸书"社交平台,开办"社交新闻(social news)",让用户了解社交圈里的哪些好友也在阅读自己感兴趣的新闻,从而形成一个建立在新闻兴趣和习惯基础上的关联。而这些社交行为又会产生新的信息,使报道进一步延展。

3. 故事和信息服务并重

传统的报道和节目以讲述故事为中心,报道的封闭性形成了故事的完整闭环。但随着融合化趋势的发展,以故事为中心的传统报道开始出现讲述故事和提供数据、信息、知识等服务并重的趋势。故事轻量化,消费故事不再是绝对的核心,使用信息成为用户的重要诉求。媒体从原来提供一个新闻报道,转变为解答用户问题并积极提供各种资源和工具为主的服务。① 英国BBC的数字内容和服务围绕"分享(share)""发现(find)""使用(play)",鼓励用户去发现、使用自己所需的信息。艾德里安谈及报纸网站的变革时说,报纸网站应该改变以故事为中心的传统方式,既要提供故事报道又要开放记者获取的原始数据和材料,为用户提供更为丰富的、个性化的背景信息。②这个观点无疑是具有前瞻性的,对传统新闻业和内容生产者具有借鉴意义。比如,在《跨越边境线》③这部融合作品中,报道每年大量偷渡客由中美洲经德克萨斯州偷渡到美国境内的故事,在以文字、视频为主的故事叙述中,不断穿插交互式图表和多样态的信息。在三维地图中,把12年来中美洲不同国家的暴力事件、中美洲各国到美国的偷渡线路、偷渡集团、沿途检查站,甚至防护网、沿途发现的偷渡者的尸体等信息以图片、数据的形式呈现出来,故事线和数据、信息、知识共同构成了这篇融合报道。

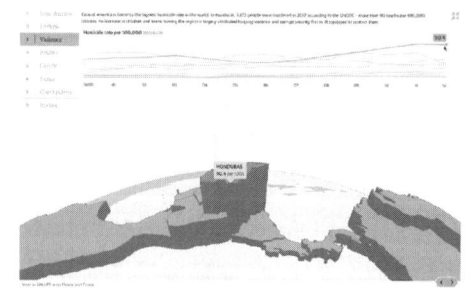

图 13-1-6　交互报道《跨越边境线》

---

① 科瓦奇,罗森斯蒂尔.真相:信息超载时代如何知道该相信什么[M].陆佳怡,孙志刚,译.北京:中国人民大学出版社,2014:180.
② HOLOVATY A. A fundamental way news paper sites need to change[EB/OL].(2006-9-6).http://www.holovaty.com/writing/fundamental-change/.
③ 美国《德克萨斯观察家报》(The Texas Observer)和英国《卫报》(The Guardian)交互团队联合制作的交互报道。

在《纽约时报》2016年融合报道作品《谁统治夏季奥运会优势项目》中,翔实的可视化数据把历届夏季奥运会项目的优势国家呈现了出来。

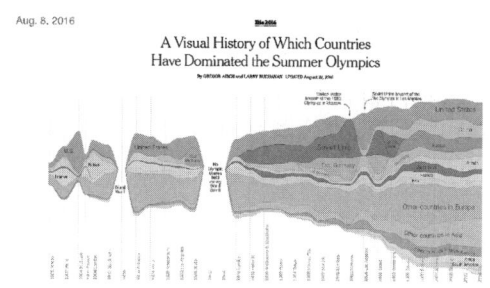

图13-1-7　《纽约时报》交互作品《谁统治夏季奥运会优势项目》报道

4. 内容报道产品化

产品是生产出的物品,用于满足人们的需求。内容报道产品化的概念是在网络语境下的新闻生产指向的变化,具体说来,以下几个方面促成传统的报道内容向具体的产品发展:

(1)样态裂变

由于内容的多种生成、多元发布,原有的单一内容报道成为多样态的内容产品,内容以网页融合报道、微信推送、客户端、微视频、视频节目等不同形态存在,用"产品"的概念来定义更加贴切。

(2)内容融合

由于报道的融合化,内容以更加综合的方式存在,形成一个包裹式信息集合,用产品模式加以概括。

(3)用户指向

更重要的是,受众变身主动消费产品的用户,针对特定用户的产品垂直性加强,面对特定消费者的内容自然成为产品模式。

基于以上这些变化,媒体由过去更注重报道作品的形成,转变为重视产品跟用户的连接,关注产品的营销模式。

5.传播的人格化

(1)人格化

所谓人格化(personality),即拟人化,赋予内容、产品或服务拟人的要素,比如性格、价值观、态度和格调,使产品具有区别于其他竞争者的特征和品质。品牌人格化、传播人格化、报道人格化——不仅在内容的主题层面,而且在诉诸对象的态度、表达方式、形态以及互动方面都能形成拟人化的表现,使传播不再是冷冰冰的信息表达。

传统媒体在报道上的逐渐软化,其实已经在触及这一方面。比如我们前文所说的报道从小切口着手,从人的角度切入、个体的显现、形象化个性化的语言等,其实都是在赋予信息一种人格化的表达。

(2)网络人格化

人格化真正成为一个显象是在互联网时代。随着社交互动传播的勃兴,点对面的传播融入了点对点的传播,传播语境更加以个体的人为中心,更加趋于拟人化。

（3）人格化的具体呈现

拟人化的方式，让信息变得自带社会化的人格倾向，某些产品甚至有拟人化的形象。比如湖南广播电台创造出的虚拟主持人形象——嘻芮，构建了微信公众号"完美的'嘻芮'"和微博"完美的女神'嘻芮'"，并在电视节目《汉语桥》中出现，又在芒果TV真人秀节目《完美假期》中担任"房东角色"，成为一个虚拟人格的元素。自带标签和拟人化的表达方式更加促使用户去产生互动。

- 价值和情感诉求越来越重要。2016年，英国《牛津词典》把"后真相（post-truth）"定为年度词语，即真相被披露后，"相对于情感及个人信念，客观事实对形成民意只有相对小的影响"①。媒体的客观性和中立性让位于核心价值观的诉求，事实主导社会共识的力量越来越微弱，情绪的影响力超过了事实。传统的宏大叙事逐渐让位于态度和立场，而情感共振也远大于理性逻辑分析。情感是网络话题的根本动力。② 比如，2017年4月9日晚，美联航暴力赶客事件的视频刷爆社交媒体，乘客的喊叫声和被拖拽下飞机等充满情绪性的场景，使该视频迅速成为病毒式传播的视频（截止到2017年4月13日，微博有1 755万点击量）。由于乘客的亚裔身份，该视频引起了中国网民大规模抵制美联航的呼声。
- 性格化。媒体和产品具有自己一以贯之的独有的性格，形成自己独有的标签，从而在用户心中留下深刻印象。
- 点对点。由于网络的交互性，社交媒体的信息传播更加趋于个人化的特点，更加趋于点对点和一对一的信息沟通。信息具有可沟通性，不再是灌输，而是在语言、语态上都能使接受方"秒懂"，从而产生共鸣。

> 记住：媒体融合语境下，生产流程、生产主体、记者角色、生产方式都发生了深刻的变革。

第二节 采访报道方式的变革

一、如何理解融合报道

对于融合报道的理解，许多人简单认为，由过去单一介质的报道转化为多媒体、多介质

---

① "后真相"牛津词典2016年度词为啥是它？[EB/OL].（2016-11-08），新华社，http://news.xinhuanet.com/world/2016-11/18/c_129368227.htm.
② 蒋晓丽，何飞.互动仪式理论视域下网络话题事件的情感传播研究[J].湘潭大学学报：哲学社会科学版，2016（2）：120-123.

的报道,即由记者单一的采、摄、编、写技能,向综合技能、"全媒体"发展。如果我们认真思考一下,这样的工作方式固然高效,但仔细分析,却不能笼统对待。全媒体记者不是万金油,单个记者能力和精力有限,从过去专业化的分工到现在的技能融合,是利还是弊?有学者研究,媒介融合也表现出了消极面:整体新闻质量下降,全媒体新闻记者的报道能力不如传统媒体的记者。① 因此,不能将全媒体记者简单地理解为"全能记者""背包记者(所有的摄像摄影录音设备放在一个背包里,完成文字、图片、音频、视频等写作、制作任务)",并不是要求一个记者要精通所有的技术和技能,也不意味着要求其单独完成所有的采访报道工作。那么,如何理解融合报道?笔者认为,至少要从四方面去厘清:

1.融合报道是一种意识

融合报道是每个记者都应该具备的意识与观念。在采访报道中自觉地考虑报道在不同终端的呈现形态,并最大限度地在前采中获取信息。

2.融合报道是一种素养

要求每个记者都应该把握融合报道的基本技术、技巧与方法,具备综合的素养,具有鉴别、理解并把握一个优秀融合报道的能力。

3.融合报道是一个团队

融合报道需要团队分工协作,不同的记者、编辑形成合力,形成不同产品在不同终端传播。尤其是在技术共享的融媒体平台,记者和编辑分离,记者的信息采集在后期会被编辑成不同形态,进入不同的载体和终端。

4.融合报道是一个过程

特别是在突发事件报道中,融合报道是一个信息不断丰富发展的过程。就如《波士顿环球报》获得2014年普利策突发报道奖的《波士顿马拉松爆炸案》(*The Boston Marathon Bombings*),从刚开始的碎片的信息——公众现场手机视频、现场记者的照片、推特短讯到逐渐丰富的细节和交互式地图嵌入的信息,使故事徐徐展开,不断丰富发展。

二、融媒体记者的素养

在融媒体语境下,作为一个全媒体记者,应该在意识、技术、技能三个方面形成融媒体标配,在此基础上发挥所长。

1.融媒体意识

打破原有的报纸、广播、电视等媒介界限,自觉地形成融媒体意识,灵活把握信息的不同

---

① WALKER T. Doing more with less? Convergence and public interest in the New Zealand News Media[C]. A thesis submitted to Auckland University of Technology, 2009.

 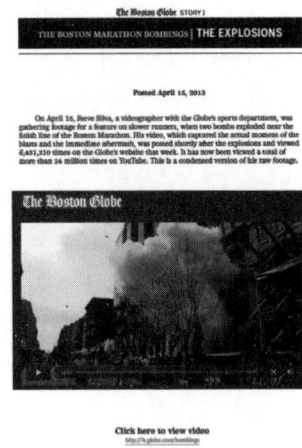 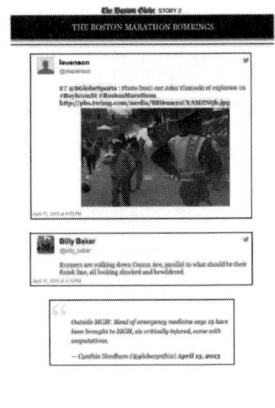

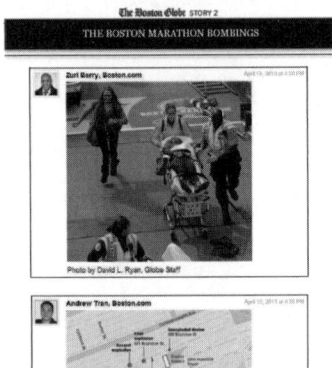 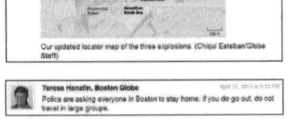 

图 13-2-1 《波士顿环球报》融合报道《波士顿马拉松爆炸案》

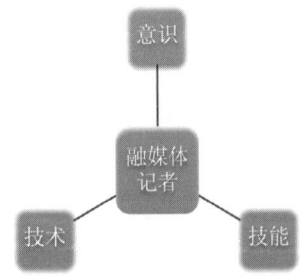

图 13-2-2 融媒体记者素养

媒介类型的呈现方式,根据新闻事件和不同媒介的传播特点,迅速判断并决定展开报道的方式。具体而言有如下几点:

- 分析判断新闻在什么平台上首发;
- 如何利用不同的媒介特点展开有针对性的报道;
- 不同终端的用户有何消费习惯和特点;
- 同一信息以怎样的流程在不同终端发布。

2.融媒体技术

总体而言,记者要综合把握采、写、摄、录、编等技术手段,了解计算机编程、HTML 等网络技术。具体来说,至少把握以下几方面:

- 把握音频视频制作、摄影摄像、图像处理、网站建设、移动终端、数据可视化技术等工作流程。
- 了解虚拟现实、无人机拍摄、移动直播技术等新型采访技术手段。
- 熟悉融媒体编辑呈现技术,比如 H5、微信推送等。

图 13-2-3　中央电视台记者"悬崖村"移动直播报道

3. 融媒体技能——一专多能

就记者而言,传统的信息采集和整合能力、新闻价值的判断能力、采访及写作编辑能力仍然是必备技能。尺有所短,寸有所长,在融媒体时代,记者不可能精通所有的技能,但应该了解文字写作、图片拍摄、视频及音频制作等技能与手段,熟悉社交媒体的信息传播与交互方式,做到一专多能。正如中央电视台在 2016 年"两会"报道时,要求记者"双机拍摄、双屏发稿"一样,能够具备多栖作战的能力。

在这个阶段,记者需要不断进行业务升级培训。比如,英国《每日电讯报》所有部门记者均需要接受多媒体的培训。美国《纽约时报》每年培训"全能记者"的时间达 3 个月之久。

纽约《新闻报》派摄影记者去专门的培训机构参加视频培训,英国广播公司培训与发展部专门设置了新媒体的面对面和在线培训等。①

三、采访报道方式的变革

1. 重新定义"快"和"准"

传统媒体报道的快速、准确仍然是媒体竞争的利器。但"快"和"准"在融媒体语境下已经发生了新的变化。传统媒体"中心制"的传播方式是先筛选、甄别信息,再发布传播。而互联网"去中心化"的信息场往往是先发布传播信息,再筛选和甄别。在这样的语境下,媒体对信息的筛选和甄别就成为一个至关重要的环节。

传统媒体遵循先筛选、甄别后传播的机制强调可靠信源和平衡,虽然具有后发优势,但其时效性和先发优势正受到极大的挑战。"真相还在穿裤子的时候,谎言都环游世界一周了",融媒体语境下,媒体不仅要加强对信息的筛选和甄别,还要努力使甄别和传播同步进行。微博和微信的传播特点是"相同的内容不会转第二次",努力掌握"首发"是把握舆论主导权的关键所在。

如何兼顾"快"和"准"?目前看来,信息甄别和求证的透明化与过程化成为趋势。比如,美国福克斯新闻台(Fox News)《谢帕德史密斯报告》(*Shepard Smith Reporting*)设计了全媒体演播室"新闻甲板"(News Deck),其中的推特墙通过大屏幕呈现出三栏内容:社交媒体上的热点事件、正在验证的信息和经过验证的信息。通过这样的设计,利用直播技术、社交媒体技术,媒体把信息甄别的过程完全透明化、过程化,同步呈现在观众面前。其核心理念正符合比尔·科瓦奇等所言:客观性并非中立性。它真正的含义是,媒体应该使用客观、透明的新闻采编和信息核实方法。②

2. 验证式报道

(1)内容甄选

互联网的用户生产内容数量庞大,在搜集内容的过程中,媒体记者根据自己的需求进行挑选。判断内容质量的标准主要包括两个方面:

首先是创作、制作质量,即视频、图片质量以及文字表达的基本水平。媒体需要对创作质量进行把关,以避免内容质量过低而影响播出效果。

其次是新闻价值。擅长专业分析以及理性价值判断的新闻媒体,以信息是否有效率和新闻价值高低来进行挑选:哪些用户生产内容能得到更多观众的关注,哪些用户生产内容能讲述更好的故事。因此,信息相关度高、内容详尽完整、新闻价值高、视角独特的用户生产内

---

① 葛方度.浅议媒介融合时代背景下全媒体记者的培养策略[J].中国广播,2015(11):61-63.
② 科瓦奇,罗森斯蒂尔.真相:信息超载时代如何知道该相信什么[M].陆佳怡,孙志刚,译.北京:中国人民大学出版社,2014:178.

容往往会受到媒体的青睐。

（2）内容验证

验证与核实是新闻媒体采用用户生产内容时面临的最大挑战,疏于验证给不少新闻机构的公信力和权威带来冲击。随着用户生产内容越来越受到重视,用户生产内容的核实也将从辅助性工作成为必要步骤。

- 成立专门团队。BBC 的用户内容生产中心(UGC Hub)设有专门进行内容验证的工作人员——这是一种被称为"信息鉴定"的新工种；而计算机技术也为内容验证提供了可靠的工具。① 当用户生产内容出现时,验证的第一步是直接找到并联系现场信息来源者,这也通常是验证人员开展工作最直接有效的方法。此外,还可以联系各领域专业记者、当地媒体,对社交媒体中同一事件或话题的内容进行交叉验证。

- 借助技术工具。由于互联网的匿名性,上述第一步往往难以直接实现。在这种情况下,记者可以使用一些技术和工具来对内容进行溯源和验证。BBC UGC Hub 的记者常用 PhotoForensics(检查图片 exif 数据)等工具、Fake Follower Check(检查用户社交媒体账户的真实性)等网站以及 Pipl(搜索人物信息)等网站库来对内容进行信息检验。②

- 不确定性提示。对于无法核实的内容,BBC 的做法是在视频文本提示、图片说明以及文字报道末尾添加警告,以声明内容的不确定性。③ 这在叙利亚危机、乌克兰危机等战争或冲突报道中使用得尤为频繁,来自当地的视频被西方各主流媒体广泛使用,但几乎无法被核实。如 2014 年 10 月,乌克兰议会选举前,该国流行起激进者将政客扔进垃圾桶的"垃圾筒挑战"活动(trash bucket challenges),无论是电视报道还是文字报道,在使用该事件中用户生产的视频及截图时,BBC 均添加了内容警告。④

内容验证尚处于初级发展阶段,虽然步骤烦琐,但将在更多编辑室中出现专门的验证团队,独立于新闻媒体的专门验证机构也将崭露头角。2013 年成立于爱尔兰的"Storyful"就是一家帮助新闻从业者进入社交媒体并验证用户生产内容的公司,其自称"全球首个社交网络通讯社",2014 年为新闻集团(News Corp)收购。而在提供新闻消息并以时效性著称的美联社等通讯社中,内容验证将会迅速发展。无论怎样,可以预见的是,随着用户生产内容在新闻中使用比例的增加,内容验证也将不断常规化、标准化、智能化,更加快速、便捷、有效。

3. 参与现场

记者从全知全能者转变为点上的深入体验者。

---

① TURNER D. Inside the BBC's verification hub-technology and human intuition are key [J]. Nieman reports,2012,66(2):10.
② BAROT T. UGC：Source,check and stay on top of technology [EB/OL]. http://www.bbc.co.uk/blogs/collegeofjournalism/entries/1fbd9b88-1b29-3008-aae6-1cab15e13179. 2013,12.
③ The BBC has not been able to fully authenticate this footage,but based on additional check made on it,it is believed to be genuine.
④ 该案例可见 2014 年 10 月 5 日 BBC 报道：Ukraine crisis：Brutal trash bucket challenges' spread. http://www.bbc.com/news/world-29476740.

由于传统媒体传播的信息垄断,记者作为把关者对信息有绝对的控制权,观众对事件的了解基本来源于媒体和现场记者。因此,记者要努力成为一个冷静的旁观者,秉持"价值中立""客观报道"的原则,努力客观报道现场事件和事态。

随着互联网信息的泛滥,自媒体无处不在,分享、转发等成为信息社交的手段,用户可以多渠道了解事件信息。但是,在各方都靠转发和分享获得信息的时候,记者在场的亲历和报道显得更加珍贵。从信源而言,不仅记者"我在场"的独家事实更趋重要,而且从信息的深度而言,更强调记者与现场的关系,更能显现体验与感受。正是这种切身的体验与感受,把记者现场报道的信息与互联网上的信息拉开了差距。比如,2017年的武汉面馆杀人事件,短短几天,从吃面到找工作引发纠纷进而到胡某患有精神病,嫌疑犯胡某与面馆老板姚某产生纠纷的原因、杀人动机等产生多次反转,原因在于,在没有事实信息的情况下,许多自媒体妄加论断,标题党突出"身首异处""一碗面、一块钱、一场血案"等,让其自带"热播体质",各种猜测迅速弥漫。自媒体的表达在事实信息面前是极其脆弱的,在这样的语境下,媒体的"我在场"显得弥足珍贵,媒体的专业性此刻在现场中得以凸显。

4. 评论现场

在互联网语境下,信息成为冗余,用户不缺乏对信息与事实的把握,但缺乏对事实的判断,用户需要的是一种信息的安全感。事实意义何在?原因为何?影响波及何处?产生何种联系?记者借助手机、卫星电话等通信技术,可以在采集现场新闻的同时,同步获取场外的信息。记者不仅能掌握现场的信息,也能对事件的背景和意义有清晰的把握。因此,记者可以赋予事件意义与判断,形成自己的独家评论,这改变了过去事实与评论分离的状态。

> 记住:融媒体记者不是万金油,而是具有融媒体意识、技术、技能的记者。

第三节 融合报道产品的变革

一、空间与时间的汇流——融合新闻产品

随着技术的发展,多媒体、融合化的产品形态逐渐成熟,文字、图片、视频、可视化数字图表、交互图形、三维图形等信息形态共同完成新闻故事的讲述。过去电视记者只考虑单一的影像信息呈现,现在要思考的是不同信息形态的布局和呈现,既要有视频的时间布局,又要有文字、图片等的空间布局,从而形成融合化的信息产品。

比如获得美国网络新闻奖的《正在融化的格陵兰岛》(Greenland is Melting away),获得普利策奖的《雪崩》(Snow Fall)、《波士顿马拉松爆炸案》(The Boston Marathon Bombings)等产品拓展了单一介质讲故事的形式,不同介质信息形成流畅、动态的完整叙事。而仔细分析这些产品,我们发现传统新闻故事线的方法仍然暗含其中。在《正在融化的格陵兰岛》这部作品中,无人机航拍的格陵兰岛融化的河流视频作为全景式的开篇,接着是文字娓娓道来:

> 午夜1点的太阳仍然照耀在格陵兰岛的冰原上,怀俄明大学水文学博士生布兰登,深一脚浅一脚地行走在这片冻土上……如果他掉进去,"那百分之百没命了"。他的朋友及研究伙伴林肯如是说。

故事由此展开。报道样态变了,但基本的内核还在,仍旧是先放一张脸,一张能够讲故事的脸。

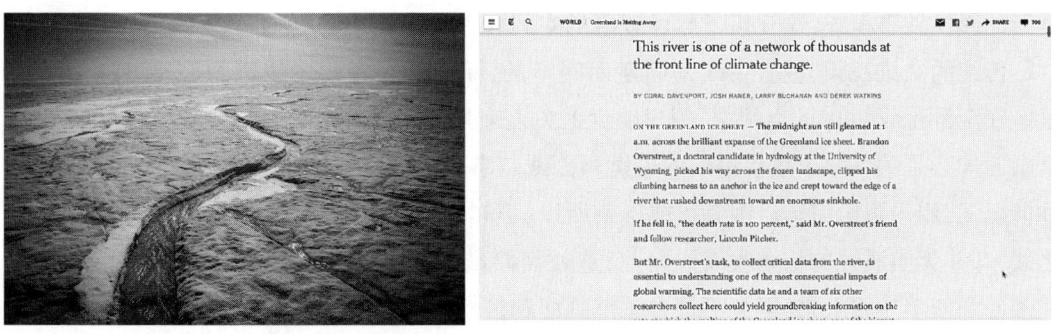

图 13-3-1　《纽约时报》融媒体产品《正在融化消失的格陵兰岛》(Greenland is Melting away)

二、沉浸式新闻报道

沉浸式体验是"能让使用者产生自己似乎完全置身于虚拟环境之中,并可以感知和操控虚拟世界中的各种对象,而且能够主动参与其中各种事件的逼真感觉"[①]。沉浸式新闻报道以第一人称视角展开对新闻事件的报道,更能使用户体会到现场的氛围,感同身受。比如《纽约时报》集团推出的 VR 全景纪录片《流离失所》(The Dispatched),通过全景拍摄技术,以三个孩子为焦点,分别讲述了叙利亚、乌克兰、南苏丹三个国家平民因为战乱而流离失所的故事。应当说,在 VR 多数停留在展示和噱头的时候,这是第一部比较完整地用 VR 技术连贯叙事的纪实作品。半岛电视台利用谷歌地图制作的《街景故事:在一个个街区中探索新闻》(Street Stories:Explore the News as It Unfolds-Block-By-Block),讲述美国密苏里州弗格森小镇一名黑人男孩儿被警察枪击身亡,并导致大规模骚乱的事件。讲述者把被枪杀男孩儿的照片及资料、弗格森警察局的新闻发布会、枪击以来的事态进展和骚乱情况、奥巴马总统的

---

① 杭云,苏宝华.虚拟现实与沉浸式传播的形成[J].现代传播,2007(6):21-24.

讲话等相关信息嵌入到谷歌街景地图中,用户在360°移动、点击中获得详尽的信息。

应当说,技术手段的丰富给我们带来了叙事的无限可能,但从产品的发展来看,如何让用户参与到故事的讲述之中,形成共同的信息建构和传播是主要方向。

三、全景视频叙事

全景视频给用户提供了360°的视角选择,但是由于人类视角的有限性,用户只能通过身体的转动或设备的移动来变换视角,获得360°的全景体验。这就意味着,在某一瞬间,用户仅能看到全景视频所呈现的信息的一部分。换言之,很有可能出现下面这种情况:两个人观看了同一部全景视频作品,但是看到的内容却可能有所不同。视角的增广带给用户前所未有的视觉体验,同时也给叙事带来了有史以来最大的挑战:哪儿都能看到,在一定程度上也意味着,很有可能重点恰恰没有被看到。因此,和传统视频相比,全景视频势必会创造一个全新的影像叙事模式,这开拓了影像叙事的空间和手法,同时也带来了全新的挑战。

传统的二维视频,叙事主线是固定而明晰的,而全景视频的主线则隐藏于360°的场景里。在全景视频360°的空间中,用户缺少把关人来强制其观看某些信息,用户选择观看的某个画面未必是关乎整个故事进展的关键画面或叙事主线,甚至有可能完全错过关键画面,这种情况下,用户观影完毕后很有可能不明所以,不知道记者或导演想说什么,感到震撼、炫酷之后,却并无实质性的信息收获。因此,这就需要借助以下几个叙事要素的帮助,将用户适时带回到叙事主线上来,至少不错过关键画面和信息。

1.利用运动引导视觉焦点

阿恩海姆说:"运动,是最容易引起视觉强烈注意的现象。"动物的天性使然,移动物体对其注意力具有天然的吸引力,因为只有确认有没有物体或者其他动物在向自己靠近后,才能躲避危险。人和其他动物一样,亘古流传的基因决定了我们的注意力会更容易被正在运动的物体吸引,我们的视觉焦点会自然而然地转移到它们身上。因此,画面中人物的走动、手势的指引、物体的运动等,都能成为捕获观众注意力,把大家的视觉焦点从360°的自由空间吸引到叙事关键画面上的手段。《纽约时报》的第一部全景纪录片《流离失所》就是一个很好的例子。这部纪录片在叙事过程中多次娴熟地利用运动物体对观众的吸引力来使叙事流畅完整。例如,片中主人公哈娜(Hana)在农场摘黄瓜挣钱,通过哈娜的走动,把观众的注意力转到画面的右后方;下一个镜头中是收黄瓜的卡车,哈娜会把收获的黄瓜送到这里。在美国《国家地理》的VR视频《和熊一起在堪察加游泳》(*Swimming with Bears in Kamchatka*)中,运动物体对叙事的积极影响更为明显。通过熊在水里追逐嬉戏、游泳、捕捉三文鱼等数量众多的运动,牢牢抓住用户的目光,实现流畅叙事。

VR视频由于有360°的画面空间,这就需要360°空间中所有人和物都处于被拍摄状态,任何一个方向上都不能有摄制人员、设备道具等外来因素的干扰。因此,VR视频中这些关乎叙事的关键性运动需要在拍摄前就有精确的设计和演练。这不可避免地会加大导演设计的工作量,但是其在促使叙事更加流畅方面的作用不可小觑,同时也能在很大程度上使用户获得更好的观影体验。

2. 运用声音吸引注意力

追溯一切视频的发展源头,都得从卢米埃尔兄弟的《工厂大门》说起。电影发明之初,虽然是无声的,但是在放映时逐渐有了和画面相配的音乐,来满足人们对视听体验的基本要求。现在,声音已成为影响影片叙事的一个重要因素。声音在叙事效果的呈现上表现在诸多方面,如声音在叙事视角、叙事时间、叙事空间、节奏的控制、悬念的设置、隐喻的表达、冲突的表现等方面起重要作用。在全景视频中,声音起到了吸引观众注意力、捕获观众视觉焦点的作用。通过声音的吸引,继而由导演间接引导叙事,确保观众不错过全景视频中的关键信息。《流离失所》在叙事方面就充分利用了声音对观众进行吸引。例如,在飞机给难民空降食物的场景中,飞机出现前先响起巨大的轰鸣声,吸引观众找寻声音的源头,接着观众就能看到飞机从远处渐渐靠近,然后投递食物的场景。通过声音来引导用户,这样即使是在360°的空间画面中,用户也能捕捉到核心内容,不致错过影响影片叙事的关键镜头。基于视听体验中"画面"和"声音"的不可分割性,和其他叙事要素相比,声音是一种最自然,同时也是较简便可靠的引导叙事的方法。

3. 多向字幕补充画面内容

字幕对画面信息有着强调、提示、补充、说明的作用,能够简明扼要、直截了当地将画面中的重点信息传达给观众。在全景视频中,字幕发挥的作用同样重要。但是全景视频在字幕设置方面和传统视频有很大不同。由于全景视频360°的画面空间,字幕若仅出现360°空间的某一个方向,很容易背对观众。由于人类视角的有限性,从而导致字幕被完全忽略,字幕对叙事的诸多有益影响也就无从谈起。因此,在全景视频中,基于其视频空间的全角度特性,导演可在多个方向设置字幕,确保画面补充信息不丢失,从而使叙事更加完整,用户能够更精准地捕获视频的核心信息。例如在《流离失所》中,字幕总是均匀分布在水平面的4个方向或者3个方向;而在《和熊一起在堪察加游泳》中,字幕则多数设置在前后两个方向。灵活运用字幕来引导用户,使影片叙事尽可能地流畅自然,是全景视频中导演引导叙事的又一方法。

4. 少量剪辑使叙事更流畅

强烈的沉浸感,使全景视频有别于传统视频,但也给叙事带来了巨大的挑战。传统视频用镜头讲故事,频繁的镜头切换是使故事往前推进的重要保证,但是在传统视频里的普通剪切,到全景视频里就变成了360°的空间转换,若镜头频繁快速切换,就会给用户一种时空穿越的晕眩感。因此,至少目前看来,除非特意要制造"乾坤大挪移"的震撼效果,高频率剪辑、镜头移动等使视频内空间产生剧烈变化的叙事方式在全景视频中应尽可能少地出现。例如,在《流离失所》长达 11 分 08 秒的时间里,只有 30 个镜头,切换了 29 次,其中有 19 次(将近 2/3)的切换方式都是通过屏幕逐渐变黑再转入新场景,3 次是渐隐渐显,仅有 7 次是直接切换而且是切换到了同一场景下的不同角度。诚然,和传统视频相比,低频率的剪辑方式不能发挥全景视频的蒙太奇叙事,但不可否认的是,现阶段,少量的镜头切换确实能使用户获得更好的体验,使叙事更流畅自然。视频用画面讲故事,而不是靠剪辑。全景技术虽然给传统的叙事方式带来了巨大的挑战,但是并非和传统叙事方式割裂。就像电影发明之初,《火车进站》用一个长镜头给观众带来巨大震撼一样,我们也可以这样认为,现在的全景视频就像是彼时新生的电影一样,经过一段时间的发展,其推动叙事的手段、方法等都会逐渐丰富多样起来。

四、"微"内容大行其道

在移动信息消费时代,得移动端者得天下。用户越来越多地在碎片化时间里消费内容,内容消费也在向"微"处发展,简短的文字、短小的音视频内容等易于在微博、微信等社交平台上发布。这些微内容不仅便于碎片化时间阅读,也便于指尖分享。有学者认为,微内容是作为最小的独立内容数据而存在的。许多细微的网络数据,诸如超链接、一篇网络文章、用户上传的一张图片或者一个音频视频文件、发送出的一封邮件等,将这些用户在每一次网络操作行为中点击过的东西加以聚集,就会演变为网络神奇力量的真正来源。[1]

我们着重分析一下微视频。微视频也可分为草根用户发布的微视频,比如反映突发事件和生活情趣的病毒性视频,还有专业用户和专业媒体打造的微视频,比如像《人民日报》、新华社、中央电视台以及"一条""二更"等专门打造的微视频。

1.微视频"微"在何处

微视频的"微"在时长,这个问题看似很简单,但实际上"微"影响到了微视频的方方面面。但多少文字、多长时间可以定义为"微",尚没有一个确切的数量值,微是相对的。一般而言,微博字数不超过 140 字,微信的文章一般不超过 1 500 字,微视频一般在 20 分钟以内,但这个标准并不是严格固定的。有人认为,微视频是指短则 30 秒,长则不超过 20 分钟,内容广泛,视频形态多样,可通过多种视频终端摄录或播放的视频短片的统称。[2]也有人认为新闻资讯类微视频应一般在 1 分钟或 30 秒内讲清楚,前 15 秒尤其要抓住用户,而非新闻资讯类微视频则多 1-3 分钟。还有人认为,在微视频中,场景表达 6 秒钟、情节表达 15 秒、故事表达 60 秒、完整叙事 180 秒。[3] 根据视频播放完成率调查,"桌面端网络视频的最佳时长是

---

[1] 汤雪梅.微内容对互联网的价值重构[J].国际新闻界.2006(10):55-58.
[2] 杨纯,古永锵.微视频市场机会激动人心[J].中国电子商务,2006(11).
[3] 以上观点,摘自"网络原创节目发展系列研讨之短微视频"研讨会,地点,中国传媒大学电视学院,时间:2017 年 3 月 22 日。

90秒,移动端视频最佳长度是45秒"。

问题的关键并不在于此,微视频是互联网时代的产物,其特征不仅是体量小,这与传统电视媒体时代消息类新闻简短的特性一样,更重要的是微视频从选题、内容、表现形态、话语方式等方面都要适应互联网的传播、社交、分享。换言之,微视频有时是自带传播性的。

2.微视频的采制类别

从采制方式而言,微视频被划分为三种不同的制作策略:

第一种是现场随机采访抓取的短视频,多为突发事件和日常生活中的即时场景。

第二种是从设计层面就以"微视频"为出发点,并且微视频是唯一构成故事的形式。故事总体时长偏短,一般会从制作层面限制故事的长度。我们来看一个案例,南阳市在南水北调中扮演着中线渠首的重要角色。为了让南阳人民的牺牲与奉献精神让全国更多的民众知晓,明晰清水来之不易,笔者所在团队与南阳市合作制作了微视频系列短片。这些短片在制作前就十分明确要用短小的篇幅进行故事的叙述,以适应目前互联网化的传播环境。这些系列短片后来在人民网、新华网、腾讯网、优酷、爱奇艺等各大网站推出,迅速铺开传播渠道,形成立体的传播层次(见图13-3-2)。

第三种是从"母故事"中脱离而出的微视频,将传统时长的"长故事"加以剪辑,构建出微视频版本进行播出。对"母故事"的片段化截取,构成了"形式化"的微视频,而故事生产的过程并没有以微视频为制作理念。例如,纪录片《走进和田》是一部全景式反映和田发展的4集纪录长片,但是其中护林员孤独守护绿洲的故事被单独摘取出来,放置在网络上进行传播,成为有关和田公益的微视频题材。

图13-3-2 南水北调中线工程南阳微视频《不平凡的一个》

3.少而精,多而浅——故事建构策略

"微视频"的"微"字限制了故事的时间元素,故事时长的缩短意味着故事内容的减少,但视频仍必须保证故事的完整性,而不能以牺牲故事质量为代价。因此,在相对简短而独立的环境中,观众更倾向于爆发力的信息呈现,而非铺陈式的娓娓道来。

少而精是指在微视频之中,即便是繁杂的枝节,也要有一个明确且独立的线索。主题要集中,此外主角、事件、空间至少有一个要保证集中。主题必须要集中,是因为一个主题必须通过一个故事完成,一个故事很难进行多主题的表现。观众的观赏体验也习惯于从一个故事提取出一个主题,设置过多的主题会让观众在观赏时迷茫和混乱。对于其他故事元素的塑造,标准就是设置集中点。例如只在故事中表现一个主角,在这样的情况下即便事件、空间较多也可以使得故事有提纲挈领的主干;或者事件单一,即便角色很多,也有围绕着的原点。例如,中央电视台的《真诚沟通》是公益微视频的品牌栏目。在笔者参与拍摄的《感恩亲情》中,凝练出"自行车"这一物件为连接多年父子情的贯穿线索,通过父亲载儿子和父亲被儿子载的角色变化,讲述了两代人在不同的时间阶段相互扶持的感情。节目选取"儿子叫父亲做什么"这一个悬念系扣,形成了这个微故事的叙事张力。

图 13-3-3 中央电视台《真诚沟通》栏目《感恩亲情》公益广告

多而浅是指,由于题材的需要,在微视频当中必须要对某些元素进行大量的表现,例如一个事件中有多个角色,在表现的过程中,一定要集中表现每一个元素与主题相关的那方面,而不需要对这一元素进行全方位的深挖。如果企图对多个事物面面俱到,结果就是在短时间的限制内面面不到。传统叙事中强调故事各环节的相互关联,强调通过冲突的安排获得叙事的节奏,以期将叙事推向顶峰。多而浅的微视频策略颠覆了传统的叙事原则,情节在每一个事件中相对独立,事件之间多为平行的弱联系,而非因果、递进等强联系。例如,中国共产党建党95周年的微视频《我是谁》串联了众多工作在一线的共产党员的敬业点滴瞬间,形成一个集中的群像式的铺陈。

4. 时隐时现——多种信息形式的呈现

微视频的叙事注重短小精悍,节奏明快,点到为止。因此,"藏"和"露"的关系在微视频中尤其明显。"藏"和"露"主要服务于叙事的洗练与悬念、包袱的设置,让小故事产生最大的叙事张力。因此,什么信息应该重点突出,什么时候要戛然而止,都要精心设置。而在形态上,更应注重声音(解说词、对话、独白、旁白)、文字、画面等各种信息的时隐时现、交替补充与丰富,共同完成叙事。这样行文走板,微视频叙事才张弛有度、紧凑有致。

5. 聚焦与放大

一寸短一寸险,微视频因为篇幅短小,不具备铺陈叙事的条件。碎片化的观赏习性使得制作者无法预测用户的信息接收环境,不能要求每一个观赏碎片化的人都在安静的氛围中观看,更不用说像在电影院里那样聚精会神地凝视。因此,为了获得以一当十的效果,通常使用强势性的观点输出,"放大"画面的叙事功能,极致化地使用影像手段和叙事符号,利用视觉和听觉的双重冲击,短时间内抓取观众的注意力。例如,保护国际基金会发起的公益项目《大自然在说话》,让著名演员扮演大自然中的一个角色,代表大自然发声。影片的脚本一改环保类影片温情的自然定位,而将大自然塑造成严厉,甚至残酷的角色,核心概念就是"大自然不需要人类,人类需要大自然"。强硬的观点伴随着演员的声音被观众接纳,让观众在

1分钟的篇幅内清晰地理解故事的观点,产生对大自然的敬畏。

6.网络语言与形态的探索

"洗脑"歌曲打通传播通道。所谓"洗脑",是指为适应互联网语态和传播逻辑,借助互联网亚文化传播方式,加重信息传播的密度和频度,以强化人的注意和记忆。随着互联网亚文化的发展,《江南style》、PPAP(Pen Pineapple Apple Pen)等火爆视频为"洗脑"神曲打上了传播力强、影响范围广的标签,主流媒体也因此开始尝试创造性地利用"洗脑"元素。从复兴路上工作室推出的《十三五之歌》到2017年新华社推出的Let's Go Belt and Road,主流媒体将音乐形式融入时政报道当中,力求以新奇有趣的歌曲"唱"出特点鲜明的时政主题。由"播"到"唱",拓展了原本严肃的媒体形象;与Rap、京剧等元素的结合也更好地凸显了中国媒体的幽默感。

网络新兴语言助力病毒传播。鬼畜和弹幕等新兴文化表现方式开始在微视频中大行其道。融合网络"二次元"的"鬼畜"文化,将图像与声音不断进行重复、放大、插接,给人以新奇的打断感和卡顿感,让用户难以忘记视频中的鲜明配色和突出文字,打造接地气、具有个性,并且迎合年轻人的时政微视频。

7.无声观看的探索

无声观看是微视频适应用户不同场景收视习惯的新做法。据统计,美国数字媒体网站脸谱上,85%的用户选择在无声状态下观看视频。① 使用社交媒体观看新闻视频的用户,在通勤途中、公共场合、会议中,不希望手机或电脑突然发出声音,因此,解释性新闻视频(news explainer)应运而生,即新闻视频以文字+画面的形态出现,现场信息和轻量阅读的文字信息共同诠释事件,不用打开声音也能看明白。

图13-3-4 《今日美国》微视频《空乘拯救被拐女孩儿》

五、网络直播

网络直播,尤其是移动网络直播,为新闻直播带来全新的变革,移动性、现场性、互动性和社交性使其成为新闻传播新的增长点。

---

① 王向韬.赴美学习记(四):创新转型 稀缺为王:美国传统新闻机构的短视频策略[EB/OL]."SMG智造"微信公众号,2017-03-13.

1. 网络直播发展

2016年被称为"直播元年",国内的一大批直播平台、应用纷纷涌现。自2016年5月20日起,"央视新闻"新媒体依托移动直播APP"央视新闻+"以及新浪微博直播开始进行移动网络直播。2017年2月19日,央视上线了以原有"央视新闻+"为基础的央视新闻移动网,当天就推出超过11场移动直播。①

腾讯新闻在客户端内正式开通"直播"页面之前,已经策划了许多起基于事件的直播,例如谷歌人机大战、阿尔法狗(AlphaGo)大战李在石。又比如其推出的《一个日本女孩的车站》的直播,以日本北海道一即将关闭的火车站为背景,进行了一场软新闻直播,引起了包括中国、美国、日本在内的多国网民的关注,此次直播页面累计UV(独立IP访问人数)45万,PV(页面浏览量)53万。在开通直播选项卡之后,腾讯新闻也尝试了很多新闻类直播,如在2016年9月天宫二号空间实验室发射的新闻事件中,对发射过程进行了全程4个小时的直播,从晚间7点直播到11点,收获了1 850多万的观看量。

其他传统媒体、新媒体门户平台也陆续推出了一系列自己的直播内容与平台,如北京电视台推出号称"24小时视频新闻直播"的全新APP"北京时间",浙江卫视则推出"蓝魅"直播平台,广东台推出"荔枝直播",SMG联合旗下一财推出Yicai Global、Yicai Live等。

脸书(Facebook)作为世界最大的社交媒体平台,也推出了自己的直播平台Facebook Live。由于许多媒体在此前就有自己的官方Facebook页面,并积累了大量的用户资源,所以利用这一平台进行直播变得理所当然。它们根据自身的实际需要在平台上直播,如BBC和《纽约时报》都尝试在Facebook上进行网络直播。2016年3月,BBC在其Facebook页面进行的关于欧盟、土耳其峰会的新闻报道,吸引了数十万用户观看,整个直播过程中收获了数千条评论。此外Snapchat、Twitter等新兴媒介也都加入了直播队伍,VR直播的创新手段也被这些著名媒体机构采用,新的创新形式也在不断地发展中。

2. 网络直播的新优势

除了第一时间和第一现场之外,网络直播相对于传统新闻直播而言,具有更多的优势。

(1)互动参与激发"在场感"

互联网是一种关系赋权,网络直播除了新闻的现场性,也同样赋予了用户说话的权利,可以说网络新闻直播也是一个"民主化的新闻生产过程"。在直播中,双向互动能力得以加强,传播内容更加广泛,网络直播直接通过留言就可以实现,用户们通过"弹幕""评论"等方式发表意见,用户之间还可以根据所见进行热烈的谈论。

网络直播就是通过人机互动模拟人与人面对面的过程,人们聚集在同一个网络建构起的虚拟空间中,产生互动行为的"昵称"背后是一个个活生生的人。他们对同一事件、同一客

---

① "央视新闻"移动直播超500场触达用户4.1亿[EB/OL]. http://www.cctv.cn/2017/02/27/ARTICHyVyWWDLzJmc-QzEoc6P170227.shtml.

体产生兴趣,从而引发注意力的集聚。在这个或大或小的场域之中,人们分享着共同或相异的情绪以及情感体验,从而产生互动交流。

(2)社交关系

与传统直播不同,互动场景的介入,使得用户不再像传统电视直播的观众一样,被动接收信息,网络直播不仅制造了一种独立"观看的空间",而且搭建了一个活动的场域,营造了一种社交关系。用户形成在线的人际关系,在这个互动场景中的各种话语表达与日常话语别无二致,用户群体形成因某种情感和兴趣维系的虚拟社群。在某些情况下,直播的内容本身甚至退居次要位置,用户之间以及直播主体与用户之间的交流反而成为主要的需要维系的关系。

(3)创造新的话题

直播成为移动网络舆论的重要载体,可以创造新的网络舆论议题。比如在2016年年初发生的"快播案"中,当时新浪微博的直播聚集了超过百万名网友的围观,并发表评论,话题讨论也很快从案件本身转到了对技术属性、互联网伦理等层面的讨论,甚至还引发了不同政治立场人士的争辩。比如中央电视台在2016年12月31日的直播中,"元旦假期出行,看这里不添堵",本来讨论的是假期交通问题,但是网友话题却衍生出了高速公路收费、雾霾、假期旅游、假期加班等话题,大大拓展了讨论空间。

(4)伴随性的传播

在网络新闻直播中,直播者往往是手持一个移动设备进行拍摄,相较于传统长镜头,有了更多"共时性"的特征。这种改变的本质其实是传受关系的一种变化,用户不是被动地接受直播者提供的内容,而是与直播者共同去探索,在这一过程中,用户可以通过评论等方式与直播者进行互动交流。通过这种方式,直播者可以得到并给予新的反馈,传受之间形成互动。以2016年9月发生在北京大红门地区的一场火灾为例,接到线索后,《法制晚报》派出多名记者第一时间赶往事件现场,对突发事件进行网络直播。每位记者被安排从不同角度对事件进行报道,其中一位记者手中的设备完整地记录了该记者从下车到赶往事发现场的全过程。在以往的新闻报道中,这些过程性镜头往往是通过解说词、画外音的方式予以呈现,用户对其到底如何获得新闻事实的过程其实并不十分明晰。但移动网络新闻直播使得采访过程从过去的"暗箱"变成了"透明的盒子"。

网络直播突破了对时长的限制,使得这样一种共同探索的过程,能以全记录"长镜头"方式表现出来,用户的主体性地位得以彰显,长镜头这种表现方式也成了一种"陪伴性"传播,而不会让观众感到厌烦。

这种陪伴性在美联社的新闻实践中也得到验证,他们称之为 slow Television(慢电视),美联社认为,网络视频相关内容的播放场景与传统电视存在巨大的不同。传统电视更多关注不断发展的变化,但在网络中,人们并不需要了解内容发展的每一个节点,而是习惯于在观看视频直播过程中,同时处理完成其他工作。这种"陪伴"类视频播出效果更好。①

3.如何做好网络直播

(1)选题把握

直播哪些选题?在传统媒体时代,很大程度上取决于媒体对新闻价值的判断以及自身媒体立场。但基于上文互动性分析可以看出,如果想很好地利用网络新闻直播用户的互动参与,就需要基于网络时代的特性对直播选题进行进一步的遴选。否则即使直播,也很难达到想要的效果,互动性也难以展现。

网络直播内容要聚焦适合的题材,集中发力,而不是每个领域都浅尝辄止,有些网络新闻直播的效果就不尽如人意,比如,2016年5月21日@央视新闻直播的《央视新闻记者网络直播:"四不像"如何过夜》,就只收获了666次的点击量。2016年3月7日,央视微博上《云直播:政协委员白岩松怎么看绿色发展?》,只有5次点击量。② 直播类新闻在题材、场景、时间、直播方面都应有前置思考、选择,不能盲目报道。

互联网是一种关系赋权,由于网络空间是一个虚拟的个人表达空间,个人的意见和情绪、情感能得到充分释放。相较于传统媒体,网络直播更趋自由和真实,个人的立场与价值诉求、个人感兴趣的"槽点"、个人的情绪表达和同一事物的共鸣等都能充分体现。例如,腾讯新闻在2016年3月25日直播了《一个人的小站》,这个直播的背景是,新干线日本北海道一个古老的车站——旧白泷站,因地处偏僻,货物停运而使铁路公司持续亏损。铁路公司本来计划关掉这座车站,但却发现有个叫原田华奈的女高中生需要乘坐它去上学。因为这一个学生,这个车站被保留了下来。车站进出两班车刚好是女生的上学和放学时间。如今,原田华奈即将高中毕业,往返家和学校的日子就要结束,旧白泷站也将随之关闭。2016年3月25日是该列车停靠旧白泷站的最后一天,腾讯新闻以拍客的形式全程视频直播车站告别日。这个选题极具故事性和人文关怀,投射出人性的温暖,具有很强的话题性,因此在直播当天,引起了无数关注和评论。

笔者的研究生对网络直播的话题关注度进行过一个研究,发现了这样一些规律:③

• 科技军事类题材的新闻直播无论是从转发比、点赞比还是评论比来看,都是最高的。所以,科技军事类题材的新闻互动性最高。

• 自然环境的转发比和评论比居于第二位,但与第一位差别较大,且点赞比是最低的。

• 突发事件的点赞比较高。面对突发事件,人们更喜欢通过参与的方式来表现对流行事件的把握:当发生了突发事件,由于事件的突然性以及即时性,人们可以通过参与评论、点赞的方式参与事件当中,满足自己信息获得的需要。

---

① 美联社直播大旗:要做和电视相反的事情[EB/OL]. http://news.qq.com/original/quanmeipai/ap.html.
② 王佳航,孟雨佳. 移动新闻直播的制播策略初探:以中央电视台移动直播节目为例[J]. 新闻论坛,2016(6):12-16.
③ 何尹屏.移动直播新闻互动性研究:以@央视新闻为例[D].中国传媒大学,2016. 抽样选择了@央视新闻11—12月的新闻类移动直播案例,调取新浪微博平台的@央视新闻微博进行分析。

- 时事政治类的转发比和评论比是最低的。

为什么会形成这样的规律,主要有以下几点原因:
- 科技军事类新闻直播与国家联系十分紧密,与国家及其象征意义密切相关。而且基本上都为正性框架,彰显国威,展现了国人充分的自信。

这一类新闻直播的播放量都很高,原因在于这种话题营造的一种仪式感。学者詹姆斯·凯瑞(James Carey)曾经提出过著名的"两种传播观":一种是传递信息,另一种是塑造仪式。我们不能把直播仅仅看成一个传递信息的工具,人们有时候往往是通过看直播感受一种共同在场、共同观看的仪式感。① 《神十一载人飞船,接航天员回家》这一新闻直播的播放量高达565万,转发约2万次,评论7万多条,点赞数达21万。《"胖五"首飞启程向太空》这一新闻直播的播放量达384万,评论数5万条,点赞数7万余次。相比于其他只有几万的播放量,只有几百几千的评论的新闻直播来说,这两场新闻直播的关注度是相当高的。用户观看这两个直播可能不仅仅是为了获得表面信息,主要是出于作为一名中国人的仪式感,弥补不在现场的缺失,为航天事业感到自豪,为祖国感到骄傲。

- 虽然自然环境在总体的新闻数量上并不多,但引起的关注却不少。

在这个研究样本里,自然环境详细内容分为两类:雾霾和候鸟迁徙。这也可以看出人们在关注与自身密切相关的东西。由环境问题,尤其是雾霾引发的讨论较多,大家参与其中的互动性较高,但是点赞比很低,表明大家对这样的环境是很不满的,是急于去改善的。而针对候鸟迁徙这个主题,央视新闻在两个月内直播了4次,题材新颖,场面壮观,获得了不少的关注度。

- 直击现场类移动新闻及突发新闻的现场直播更受青睐。

虽然@央视微博进行了多条社会人文类及信息发布类的移动直播,但是点击量并不高,甚至许多播放量还不到万次。反而直击现场类,比如《记者正在湖北鄂州面包车坠湖事故现场》《直击江西宜春工地坍塌事故现场》《新西兰8.0级强震》等突发事件的直播,往往在短时间内播放量就能超过几十万。突发新闻一般都是负面和灾难性的,其移动直播虽然数量少,但是播放量和点赞数一直遥遥领先。这也是直播的魅力所在,给用户第一时间亲临现场的体验。

- 时事政治类的评论比和转发比很低,主要有如下原因:

第一是由于事件的敏感性和政治正确性,微博禁止评论或者屏蔽了一些字眼,造成评论数据的缺失。例如《"百名红色通缉令"头号嫌犯杨秀珠回国投案》《纪念孙中山先生诞辰150周年大会》这两个新闻直播,都禁止评论,所以数据无法统计。第二是马斯洛需求理论的具体体现。马斯洛需求理论主要包含生理需要、安全需要、爱与归属需要、尊重的需要、自我实现的需要。② 其需求从低到高,缺乏时满足欲望逐层降低,高层需要的满足需要建立在

---

① 王佳航,孟雨佳. 移动新闻直播的制播策略初探:以中央电视台移动直播节目为例[J]. 新闻论坛,2016(6):12—16
② 鲁瑶瑶,郭晓蓓.关于人类需要理论的分析和研究[J].科技展望,2015(21):263.

低层需要满足的基础之上。现在人们的需求还远远没有达到忧国忧民、探索世界的程度,而且话题比较枯燥,不易激发人们的爆点。但这其中有两个是意外,即关于俄国和韩国的时事政治,都有很高的关注量和互动程度。

(2)加强策划,提升信息量

无论形式如何变化,"内容为王"的本质不会改变。网络直播在选题和现场信息的开掘上仍然要下功夫。单纯靠网络直播技术噱头的方式已经无法引起用户的兴趣。对新闻直播进行有效策划,以开掘直播时的信息量,从这一点而言,网络新闻直播与传统电视新闻直播绝无二致。2017年1月,腾讯新闻推出《回家的礼物》新年特别节目,请来了电视新闻节目主持人李小萌做新闻直播。李小萌有丰富的报道经验,而这次的直播也获得了热烈的反响。跨度5天,历时10个多小时的直播,李小萌该给用户信息时及时展示,该给信息空白填补时也能立即填补,整个直播虽然时间长,但是张弛有度,观看性强。李小萌在这次手机直播首秀后接受采访时提到,她的"小屏幕意识"都是来自大屏报道的多年积累,她的每一个思考都能找到出处。

现在的网络直播与20世纪八九十年代的电视纪实潮时代颇为相似,技术的革新首先带来的是技术噱头的炫技,而很少挖掘有效信息量。同理,直播需要明确报道主体、内容、角度等,否则容易加重用户接收信息的负担,真正有价值的信息没有传递。例如,南京某网站直播一场马拉松比赛,由于缺乏前期策划,致使主持人在其中一条路上只是沿路直走,一个采访对象也没有碰到,直播出现了大量无意义的空白段落,整个直播也因此变得极度无聊。①

(3)适配网络新闻直播的内容与场景

由于移动新闻直播改变了原有的媒介和用户的关系,重新建立起人与人、人与信息、人与媒介在不同时空和情境下的联系,因此场景成为网络新闻直播的要素,用户在了解新闻信息的同时也能够获得愉悦的体验和情感共鸣,增强了用户的黏性。而新闻报道方式也将朝着立体化、体验化方式进一步发展。

比如,在央视新闻新媒体2016年10月8日直播的《大国工匠》中,就做了这方面的努力。在专题片正式播出前30分钟,先开始一场直播进行预热,进行大屏小屏互动、创作人员与用户互动。直播中主持人邀请各分集导演以及主创人员,为观众讲述专题片拍摄制作背后的故事;展示其中的重要道具,如歼15战机模型、第五套人民币等。② 这些道具都是即将播出的专题片中出现的展品,用户可以在观看直播之前就知道一些背后的故事,无疑增加了真实感。

此外,节目播出之后,节目组还创新性地邀请采访对象家人,并对采访对象日常生活进行直播,如工匠女儿在镜头前采访自己的父亲等。这无疑是对新交互方式的一种尝试。这种贴近感让用户觉得"工匠精神"就在我们身边,也更容易让"工匠精神"深入人心。

---

① 刘敏.媒介融合背景下网络新闻直播特点探析[J].新闻研究导刊,2016,7(21).
② 从《大国工匠》看央视新闻的媒体融合[EB/OL].https://wx.abbao.cn/a/4074-4da84ffd3c32fffc.html.

(4)即时互动

与传统直播不同的是,网络直播不仅要关注事件走向,更要关注用户的话题走向,直播内容随时根据评论和反馈进行适当调整;把握事件发生发展的同时,关注用户对话题的开掘,及时深挖与用户相关的话题方向,积极引导用户的参与方向。

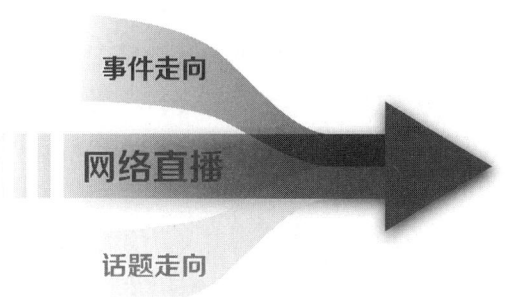

图 13-3-5　网络新闻直播事件和话题关系

比如《流动的中国·央视记者探秘上海虹桥动车所(2017/1/12)》的直播,记者在动车里报道,有用户提出,能不能看看驾驶舱,记者随机进入动车驾驶舱进行了报道。而《流动的中国·央视记者现场报道全国返程高峰(2017/2/2)》是多地接龙直播,其中在广州高铁站的那段,记者与网友进行了较为充分的互动,比如有网友说:我在你身后。记者看到评论后读出来,并回头去看,这一段的播放量迅速增长。

充分利用多平台互动,客户端、微信、微博、QQ 等多平台形成联动,共同发力。

充分利用多种手段互动,留言、评论、弹幕、主持人的社群运营与互动等,不仅吸纳用户留言评论,更通过事先策划吸纳用户对事件和话题的自制视频,获取多元素材,丰富直播内容和样态。

(5)形态创新

技术发展极大地释放了网络直播的能量。自 2016 年以来,许多视频直播平台纷纷引进所谓"黑科技",将 AR、VR、GoPro、无人机航拍、人工智能等高科技融入直播中。在突发事件中,现场的全景角度、无人机视角无疑给用户提供了沉浸式的体验感受。场景的获得感、在场感和即时性更加凸显,有利于吸引用户加入评论并提供信息等互动。

(6)避免"舆论失焦"

用户根据直播事件和现场会延伸出很多话题,这带来了事件解读的丰富性,但同时也可能使讨论的话题走入误区。用户在互动交流中会有很多情绪化的表达和不同观点的解读。比如在一些科技国防类的新闻直播中,除了表达对祖国航天事业的自豪之外,还引发了一些争论:"该不该发展航天事业""那些吃不饱饭的人民重要还是星辰大海重要""浪费国家物力财力""中日关系""中美关系""两岸关系"等等。一个直播主题下面衍生了很多次生话题,但是再仔细看评论,并没有提供什么实质性的内容。[①] 互动性带给新闻很多益处,但这个弊端也应该有所重视。

这个所谓弊端其实就是互动性引发的"舆论失焦"。新闻在通过移动手段进行直播的过

---

① 李琳. 新闻网络直播:媒介融合时代下新闻报道的新思维[J]. 新闻世界,2017(2):50-52.

程中,用户多方互动交流,每个人都可以从个人既有的经验出发来提出自己的见解。争论、激辩甚至争吵常会因所处立场不同而变得频繁,使得舆论关注焦点不在新闻核心内容本身,转而指向了其他方向,甚至导致整个新闻直播出现娱乐化倾向。因此,把握话题走向,既能引发用户讨论的兴趣,又能坚持正能量的指向,思辨性地探索问题,这是网络新闻直播一直需要在实践中平衡的问题。

> 记住: 融媒体产品、微视频、网络新闻直播是融媒体语境下报道的发展趋向,技术的变革带来形态与方法的变革,但不变的仍然是对"人"的理解。

思考及练习题

1.在新媒体的发展背景下,传统新闻媒体以内容报道为核心,以讲故事为主要手法的方式出现了变化。有人认为,故事轻量化,应当从单纯的报道和讲故事转变为为用户提供更多的结构性数据,让用户能够根据地域、兴趣等获得数据,从而开拓内容更多的价值。请对这一命题做出研究、阐释。

2.开放式新闻成为媒体聚合内容的重要途径,是媒体生产方式的重要变革,也是平台型媒体发展转型的重要方式。请思考媒体如何将社交媒体作为报道工具,如何利用 UGC、PGC 内容? 媒体的内容聚合与传统生产如何有效结合?

3.在媒体互动传播的语境下,新闻报道似乎变成了记者与用户互动的过程,新闻报道也逐渐活动化,你是如何理解这个问题的?

4.随着自媒体的发展,新闻线索与新闻源越来越复杂难辨,新闻的核实、求证、查证工作越来越成为记者的重要职责。请举例分析当前媒体求证、证实性报道的方式与特点。

5.在媒介融合背景下,全媒体记者成为一个热门话题。请结合实例,分析全媒体记者的工作方式、操作理念、应具备的技能。

主要参考书目

[1] 叶子,赵淑萍.电视采访学[M].北京:北京师范大学出版社,2000.

[2] 叶子.中国电视名记者谈采访[M].北京:长城出版社,1999.

[3] 叶子.电视新闻节目研究[M].北京:北京师范大学出版社,1999.

[4] 孙玉胜.十年:从改变电视的语态开始[M].北京:生活·读书·新知三联书店,2003.

[5] 包军昊,张晓明.相聚《新闻会客厅》[M].北京:文化艺术出版社,2006.

[6] 王志,耿志民,欧阳询.面对《面对面》[M].北京:文化艺术出版社,2006.

[7] 苗棣.美国经典电视栏目[M].北京:中国广播电视出版社,2006.

[8] 梁建增.《焦点访谈》红皮书[M].北京:文化艺术出版社,2002.

[9]《新闻调查》栏目组."调查"十年:一个电视栏目的生存记忆[M].北京:生活·读书·新知三联书店,2006.

[10] 张洁,吴征.调查《新闻调查》[M].北京:文化艺术出版社,2006.

[11] 中央电视台新闻评论部.新闻背后[M].北京:人民文学出版社,2005.

[12] 钟大年,于文华.凤凰考:建构一个新传媒[M].北京:北京师范大学出版社,2004.

[13] 朱冰,毕蜂.口述凤凰(1996—2006)[M].北京:作家出版社,2006.

[14] 张林,等.大事背后:凤凰卫视资讯台揭秘[M].北京:中国和平出版社,2005.

[15] 吕宁思.凤凰卫视新闻总监手记[M].北京:昆仑出版社,2005.

[16] 胡智锋.电视节目策划学[M].上海:复旦大学出版社,2006.

[17] 余仁山,杜骏飞.解密《新闻调查》:电视调查性报道的策划与运作[M].福州:福建人民出版社,2008.

[18] 麦基.故事:材质、结构、风格和银幕剧作的原理[M].周铁东,译.北京:中国电影出版社,2001.

[19] 布隆代尔.《华尔街日报》是如何讲故事的[M].徐扬,译.北京:华夏出版社,2006.

[20] 海曼,韦斯廷.最佳方案:公平报道的美国经验[M].郭虹,李阳,译.汕头:汕头大学出版社,2003.

[21] 施瓦茨.如何成为顶级记者:美联社新闻报道手册[M].曹俊,王蕊,译.北京:中央编译出版社,2003.

[22] 门彻.新闻报道与写作[M].展江,等,译.北京:华夏出版社,2004.

[23] 纳瓦罗,卡尔林斯.FBI教你破解身体语言[M].王丽,译.长春:吉林文史出版社,2009.

[24] 苏宁 L,苏宁 N.最初四分钟接触:人际关系的奥秘[M].北京:作家出版社,1989.

[25] 高鑫,高文曦.电视艺术:多元与重构[M].北京:北京师范大学出版社,2009.

[26] 中央电视台机关党委.我们也是战士:2008重大事件报道中的央视人[M].北京:中国广播电视出版

社,2008.

[27] 科瓦奇,罗森斯蒂尔.真相:信息超载时代如何知道该相信什么[M].陆佳怡,孙志刚,译.北京:中国人民大学出版社,2014:180.

[28] 斯考伯,伊思雷尔.即将到来的场景时代:大数据、移动设备、社交媒体、传感器、定位系统如何改变商业和生活[M].赵乾坤,周宝曜,译.北京:北京联合出版公司,2014.

[29] 舍恩伯格,库克耶.大数据时代:生活、工作与思维的大变革[M].盛杨燕,周涛,译.杭州:浙江人民出版社,2013.

[30] 腾讯传媒研究院.众媒时代[M].北京:中信出版社,2016.

[31] TOMPKINS. Write for the Ear, shoot for the eye, Aim for the heart-A guide of TV producers and reporters [M].Bonus Book,2004.

[32] WALLACE M.GATES G P.Between you and me[M].New York:Hyperion Books,2005.

[33] SHOOK F.Television field production and reporting[M]. 4th edition.London:Person Education,2005.

[34] ISAACSON W.Steve Jobs[M].New York:Simon & Schuster,2011.

主要参考电视栏目

中央电视台《焦点访谈》　　　　　　　浙江电视台民生频道《范大姐帮忙》
中央电视台《新闻调查》　　　　　　　美国哥伦比亚广播公司《60分钟》
中央电视台《新闻30分》　　　　　　　美国广播公司《20/20》
中央电视台《新闻会客厅》　　　　　　美国有线电视新闻网《拉里金访谈》
中央电视台《新闻联播》　　　　　　　美国有线电视新闻网《AC360°》
中央电视台《面对面》　　　　　　　　美国全国广播公司《今日秀》
中央电视台《新闻直播间》　　　　　　美国全国广播公司《晚间新闻》
中央电视台《新闻1+1》　　　　　　　美国广播公司《世界新闻》
中央电视台《看见》　　　　　　　　　美国哥伦比亚广播公司《晚间新闻》
中央电视台《高端访问》　　　　　　　美国辛迪加《奥普拉访谈》
中央电视台《等着我》　　　　　　　　卡塔尔半岛电视台 The Stream
北京电视台《档案》　　　　　　　　　卡塔尔半岛电视台《断层线》
东方卫视《杨澜访谈录》　　　　　　　历届中国新闻奖获奖节目
凤凰卫视《时事直通车》　　　　　　　历届中国广播影视大奖获奖节目
凤凰卫视《有报天天读》　　　　　　　近三年《人民日报》、新华社、人民网、新华网微视频
凤凰卫视《时事辩论会》

后 记

《电视采访》已经出到第3版了,而今年也是我在中国传媒大学任教的第18个年头。记得从事广播电视教学初期,2004年,作为第28届世界遗产大会主席工作组成员,我承担了大会主席、时任教育部副部长章新胜同志的新闻宣传策划工作。在一次席间,章部长问我能不能用一句话说出电视采访是什么,我当时无言以对,因为,单从学理上去阐释电视采访显然不是最佳答案。后来,当这本教材完成以后,我找到了答案,那就是"人"。电视采访是人性探求的形象艺术。本书一再提及电视采访的核心是"人",人是新闻的理由,人是贯穿本书写作思想的核心概念。所有采访与讲故事的技巧都不过是为了更真实地展现事件,为了更真实地展现事件背后的人。因此,在电视采访课程的学习、实践创作中,对人的理解、对人性的揣摩都应该成为采访准备与实施的核心。以此为核心,我试图在本书中贯穿讲故事的技巧,因为故事是有力量的,历史、真理、谎言皆可通过故事来传达。如何讲好故事,是本书一以贯之的核心方法。除此之外,记者的视角是决定记者把握事件和人的关键因素,能否在宏观和微观视角、现实和历史视角之间辗转腾挪,决定了记者把握问题的能力。

因此,一言以蔽之,人、故事、视角是我试图通过本书传达的三个核心要素。

本书是根据我在中国传媒大学电视学院的授课教案整理而成的,十数载授课,几经打磨,而第3版修订集中花了近一年时间,未敢怠慢。在撰写过程中,我尽量从视听媒介的传播特点出发来结构全书的体例、具体的采访理论和采访方法。时代在变革,新媒体技术的发展,为采访带来了全新的变革,但因应变革的同时,我们更应看到它的不变。在变中求生,不变顺万变。在写作过程中,我始终以如何让学生在学习过程中更好地发挥视听媒介优势,掌握视听媒介采访与传播规律为目标。因此,在此过程中省略了较多一般性的采访理论和采访技巧,而着重论及视听采访的特有方式和技巧。同时,在写作过程中,我尽量从问题出发,从提供解决办法的思路出发,避免一般性的介绍特点、性质等方式,从而能够给读者提供一个切实可行的学习、思考、操作的路径。

在写作中,着重选用近五年来国际国内电视媒体以及视听新媒体名牌栏目的案例,但同时也保留了一些经典获奖节目案例。尤其是有意识地选取了中国新闻奖及中国广播影视大奖的获奖作品,并特别关注美国三大电视网及有线电视网的最新发展和作品,尽量做到中西结合、经典与创新结合,这就使本书在理论梳理与总结的基础上,能够结合丰富的案例分析,形成较有操作性与指导性的知识点,并能跟进业界发展的最新趋势。

现在,《电视采访》这本书入选了国家级规划教材,并在几十所高校使用,这对本书作者是莫大的鼓励。

在这里,我要特别感谢我的老师叶凤英教授、赵淑萍教授。她们对中国"电视采访"的教学体系和课程架构做了开创性的工作。本书在撰写过程中也参考和借鉴了她们已有的研究成果。

感谢中央电视台新闻中心公益广告导演吕牧先生,我们合作拍摄了公益广告《爱的重量》,他与我分享了许多采访拍摄的经验;同时,感谢中央电视台驻欧洲中心站首席出镜记者陆幽女士,她与我分享了许多大型体育赛事出镜报道的经验;特别感谢中宣部对外推广局影视交流处处长孙海东先生,他提供了许多中外合作大型纪录片的创作经验和照片资料。感谢中国农业电影电视中心《聚焦三农》栏目制片人钟倩女士,她为本书提供了许多大型纪录片的现场摄制照片;感谢纪录片导演李侠先生,他与我分享了许多大型纪录片的一线创作经验并为本书提供了照片资料;感谢中央电视台经济频道记者平凡先生,他与我分享了采访经验,并提供了照片资料;感谢中央电视台新闻中心社会新闻部杨阳女士,她为本书提供了一线策划案原案;感谢中央电视台时政记者李铮先生,他为本书提供了一线时政报道的照片;由衷感谢中央电视台新闻中心驻四川记者站白璐女士、蒋林先生,他们与我分享了许多一线采访经验和心得并提供照片,受益颇多,他们的新闻理想和热情令人钦佩。

特别感谢中央电视台中文国际频道主持人鲁健先生,他为本书提供了现场采访报道的照片;感谢中央电视台《等着我》制片人杨新刚先生,他与我分享了栏目的创作体会并为本书提供了照片资料;感谢中央电视台新闻中心制片人刘若欠女士,她为本书提供了中央电视台大型系列片《大国工匠》的现场拍摄照片;感谢中央电视台新闻中心制片人杨晓波女士,她为本书提供了大型纪录片《数说命运共同体》的现场拍摄照片;感谢北京电视台《档案》栏目制片人吕军先生,他为本书提供了《档案》栏目及其摄制的许多大型纪录片的照片资料;感谢北京电视台新闻中心主持人李杨薇,她为本书提供了"一带一路"采访报道的照片。

特别感谢、怀念美国哥伦比亚广播公司《60分钟》原主持人迈克·华莱士,他在88岁高龄、百忙之中还接受我的采访,对我是莫大的鼓励。他生前的许多访谈都成为电视采访的经典案例,正如他自己所言,他爱"追问(nosy)"和"坚持(insistent)",这形成了他鲜明的采访风格,他让人们记住他的"强硬(tough)"但"公正(fair)"的主持风格。[①] 感谢美国全国广播公司洛杉矶分台李若先生,他为本书提供了部分照片资料;感谢美国哥伦比亚广播公司《60分钟》原制作人斯蒂芬·谢帕德先生,在与他连续两次合作举办"中美深度报道高级讲习班"期间,他带来的许多节目创作理念令我受益匪浅。

---

① 美国全国广播公司《晚间新闻》2012年4月8日播出。

后 记

感谢本书编辑——中国传媒大学出版社的李水仙女士,在她的督促之下,本书才得以按时完成。感谢我的硕士研究生和博士生们,他们的年轻、锐气、灵动感染了我。

特别感谢我的母亲谢佐惠女士,她的坚韧和乐观深深影响了我。

理论是灰色的,而生命之树长青,电视采访报道是实务性很强的课程,许多知识需要在实践中去验证、去调整。如果有一天,在实际采访创作中,这些知识有偏差,没关系,一切以现场为主。操千曲而后晓声,观千剑而后识器,电视采访课程注重实践,需要观摩大量的节目,并经过严格的实战训练,希望这本书的出版能够对广播电视专业的学生以及业界同仁有点滴启发,在实战中运用并修正。

不想当将军的士兵,不是好士兵。同样,每一个进入视听传媒这个行业的同学都渴望有一天振臂高呼,众声百应,都渴望用自己的作品向世界发出自己的声音。报道不仅仅是告知大众,更是启迪、警醒、引领大众,新技术带来了报道的变革,但上述的要义不变,记者的责任正在于此。然而,实际的电视采访却并非只见光环与荣耀,其间的艰苦、磨难、困惑、危险难以道尽,所有已有的电视技巧和经验仿佛毫无用处。这是一个分水岭,只有在这时候,才能显现出一个优秀电视记者的素质,而优秀的电视报道的产生恰恰要经历这些磨难。报道者的责任、坚持、正义闪现其间。与其说作家在写人,不如说在写自己。电视记者何尝不是这样,与其说记者在报道事件,不如说在报道自己。

因此,在电视采访中,记者应该有万千险境中力拔千钧的豪气、有万物俱寂中振聋发聩的猛呼,有虽千万人吾往矣的坚持,在披荆斩棘之后呈现世间的光明。毛泽东在《星星之火,可以燎原》一文结尾说:"它是站在海岸遥望海中已经看得见桅杆尖头了的一只航船,它是立于高山之巅远看东方已见光芒四射、喷薄欲出的一轮朝日,它是躁动于母腹中的快要成熟了的一个婴儿。"

记者的坚持即在于此,是为后记。

曾祥敏

2018 年 2 月于中国传媒大学